Baedeker

Allianz Reiseführer

Fuerteventura

www.baedeker.com

Verlag Karl Baedeker

TOP-REISEZIELE ★★

Schöne Sandstrände sind das große Kapital der Wüsteninsel. Doch davon abgesehen, gibt es manch interessante Sehenswürdigkeit zu entdecken. Hübsche Fischerorte, charmante Dorfkirchen, stille Täler, sich im Wind wiegende Palmenoasen – wir haben für Sie zusammengefasst, was Sie auf keinen Fall versäumen dürfen!

Strandleben
an der Playa de Sotavento

DIE BESTEN BAEDEKER TIPPS

Von allen Baedeker Tipps in diesem Buch haben wir hier die interessantesten für Sie zusammengestellt! Erleben und genießen Sie Fuerteventura von seiner schönsten Seite.

! Zwei Inseln in einem Urlaub

Ideal ist die Inselkombination von Fuerteventura und Lanzarote. Im Stundentakt pendeln Fähren zwischen beiden Inseln hin und her, und die Überfahrt dauert nur 30 Minuten. ► **Seite 58**

Surfen ...

... ideal sind die Bedingungen vor allem im Sommer.

! Feste und Termine

Auf Fuerteventura ist immer was los. Wo aber finden gerade in Ihrer Urlaubswoche die tollsten Feste, Sportereignisse oder kulturellen Veranstaltungen statt? Recherchieren Sie ... ► **Seite 70**

! Einkaufen mit Spaß

Hübsches Kunsthandwerk, ausgefallene Souvenirs, hausgemachte Leckereien und vieles mehr findet man sonntags auf dem großen Markt in Antigua. ► **Seite 86**

! Nur fliegen ist schöner

Die Insportart auf Fuerte ist Kitesurfing. Machen Sie einen Schnupperkurs und sausen Sie, auf einem winzigen Brett stehend, gezogen von einem Drachen, über die Wellen. ► **Seite 90**

! Ferien auf dem Land

Warum nicht mal in einem gemütlichen alten Bauernhaus die Ferien verbringen? Einige hübsche Häuser wurden zu komfortablen kleinen Hotels oder zu Ferienwohnungen umgebaut. ► **Seite 112**

... und Tauchen

... sind die beliebtesten Sportarten auf Fuerte. Schnupperkurse werden überall angeboten.

! Auf Pilgerpfaden
Ein alter Pilgerweg verbindet Antigua mit Betancuria. Er führt durch eine abgeschiedene Berglandschaft und zeigt einmal eine ganz andere Seite der Insel. ▶ Seite 126

! Golfen mit Meerblick
Auch wer noch nie einen Golfschläger in die Hand genommen hat, könnte es in Costa Caleta ja einmal probieren. Die nötige Ausrüstung kann auf Fuerteventuras erstem und bisher einzigem Golfplatz gemietet werden. ▶ Seite 145

! Qual der Wahl
In La Pared gibt es gleich zwei wirklich gute Restaurants ... ▶ Seite 149

! Ein Surfbrett vom Profi
... muss es nicht gleich sein! Im Laden der Familie Hönscheid in Lajares gibt es jede Menge schickes Zubehör zum Surfen und selbstverständlich auch den richtigen Dress. ▶ Seite 157

! Souvenirs, Souvenirs
In der Casa Marcos in Villaverde ist die Auswahl an nach traditioneller Art hergestellter Keramik und hübschem Kunsthandwerk groß. ▶ Seite 175

! Bootsprozession
Um den 16. Juli wird in Morro Jable die Fiesta Nuestra Señora del Carmen gefeiert. Sie wird mit einer farbenprächtigen Bootsprozession geehrt. ▶ Seite 180

! Essen mit Aussicht
In Puertito de los Molinos gibt es zwei Restaurants mit schöner Terrasse. Das Speiseangebot ist begrenzt, aber wen kümmert das angesichts der herrlichen Szenerie? ▶ Seite 199

! Historienspektakel
Höhepunkt der mehrtägigen Fiesta de San Miguel ist alljährlich die Aufführung eines Historienspiels, das an die Schlacht von Tamacite erinnert. ▶ Seite 202

Fein gemacht
Bei den Inselfesten wirft sich jeder in Schale ...

Meeresfrüchte
stehen überall auf der Karte.

Eine grandiose Dünenlandschaft erstreckt sich südlich von Corralejo.
► **Seite 142**

HINTERGRUND

Preiskategorien

Hotels
Luxus: ab 140 €
Komfortabel: ab 90 €
Günstig: unter 90 €
Für ein Doppelzimmer

Restaurants
Fein & teuer: ab 20 €
Erschwinglich: 12 – 20 €
Preiswert: bis 12 €
Für ein Hauptgericht

PRAKTISCHE INFORMATIONEN VON A bis Z

Jedes Jahr ein Ereignis: Die Bootsprozession in Morro Jable
▸ **Seite 73**

TOUREN

REISEZIELE VON A bis Z

Hintergrund

SONNE, SAND UND MEER, DAS HAT FUERTE-VENTURA IM ÜBERFLUSS: DAS INSELINNERE IST WÜSTENHAFT KARG, NUR VEREINZELT SORGT EIN WENIG GRÜN – WIE HIER IN ANTIGUA – FÜR FARBAKZENTE.

VAMOS A LA PLAYA

Bei der Fahrt vom Flughafen zum Urlaubsdomizil macht sich bei vielen Reisenden, die erstmals nach Fuerteventura kommen, das blanke Entsetzen breit: Wo ist man hier gelandet? Ringsum nichts anderes als öde braune Berge und weite Geröllfelder. Kein Baum, kein Strauch belebt die Szenerie.

Doch schon bei der Ankunft im Hotel oder Appartement bessert sich angesichts üppig blühender Parkareale und architektonisch gelungener Ferienanlagen die Stimmung. Spätestens am nächsten Tag ist man mit der Wüsteninsel ausgesöhnt: Kilometerlange weißgoldene Dünenstrände begeistern jeden Badeurlauber. Sand und Meer ... das hat Fuerteventura im Überfluss zu bieten. Insgesamt laden 55 km feinste Sandstrände zur Entdeckung ein. Man kann stundenlang am Strand entlangwandern, auch FKK-Fans kommen auf ihre Kosten. Und das schönste ist, dass man sich um das Wetter nicht allzu viele Gedanken machen muss. Die Kanarischen Inseln haben doppelt so viele Sonnenstunden zu verzeichnen wie Hamburg! Das ganzjährig frühlingshafte Klima macht die Inselgruppe im Atlantik – nur vier Flugstunden vom europäischen Kontinent entfernt – auch bzw. gerade im Winter zu einem geeigneten Reiseziel für sonnenhungrige Nord- und Mitteleuropäer.

Ferienwelt
In romantisches Licht getaucht: Barceló Club in Costa Caleta

Wind und Wellen

Für sportliche Aktivitäten ist hinlänglich gesorgt. Tennisplätze gehören zu jedem größeren Hotel. Natürlich kommen Jogger und Mountainbiker auf ihre Kosten. Und Gymnastik im feinen weichen Sand ist auch ein Vergnügen. Aber die In-Sportarten sind Tauchen und Surfen. Bessere Wind- und Wasserverhältnisse finden Surfer in ganz Europa nicht. Ablandige Winde bescheren Fuerteventura vor allem im Sommer optimale Surfbedingungen. Die Szene trifft sich dann auf der Halbinsel Jandía, vor deren Küsten werden Spitzengeschwindigkeiten von 80 km/h erreicht, und Freestyler heben mehrere Meter hoch ab und drehen akrobatische Loopings und Pirouetten. Doch muss man nicht unbedingt ein Surf-Crack sein, um seinen Spaß auf

Hot Spot für Surfer
Wellenreiter und Surfer nennen die Insel in einem Atemzug mit Hawai.

Lassen Sie sich verwöhnen
In den Ferienclubs ist man rund um die Uhr um das Wohl der Gäste bemüht.

Sport und Spaß
Gymnastik im feinen Sand und vor derart grandioser Meereskulisse ist ein Hochgenuss.

Entdeckungen
Klassische Sehenswürdigkeiten sind auf Fuerte dünn gesät, doch dann steht man plötzlich vor einer hübschen kleinen Kapelle ...

Einzigartig ...
ist die Flora. Viele Pflanzen – wie die Kandelaberwolfsmilch – kommen nur auf den Kanaren vor.

Lebensfreude
In einer repräsentativen Umfrage bezeichneten sich über 80 Prozent der Canarios als glückliche Menschen.

Fuerte zu haben. Es gibt auch harmlose Reviere für Anfänger, wie die Bucht von Caleta de Fustes. Taucher bevorzugen die Meerenge zwischen Corralejo und dem vorgelagerten Inselchen Lobos. Lavaströme sind zu einer bizarren Unterwasserwelt erstarrt, in der sich farbenprächtige Fische tummeln.

Stille Dörfer, kahle Vulkanberge

Doch auch wenn Strand und Wasser noch so locken und die Hotelanimation für ausreichend Unterhaltung sorgt, sollte man sich Zeit für ausgedehnte Inselausflüge nehmen, am besten mit dem Mietwagen – oder noch besser mit dem Jeep. Schon wenige Kilometer landeinwärts der Touristenzentren beginnt das »andere« Fuerteventura. Man braucht etwas Zeit, um dieser spröden Landschaft etwas abgewinnen zu können. Großartige Kulturdenkmäler – das sei gleich gesagt – wird man nicht entdecken. Als schönster Ort der Insel gilt die alte Inselhauptstadt Betancuria, die mit ihrem Namen an den normannischen Inseleroberer erinnert. Hier sind immerhin zwei kleine Museen, die bedeutendste Kirche der Insel und einige herrschaftliche Häuser zu besichtigen. Doch Kulturulauber werden mit der Insel nicht glücklich. Ihr Reiz liegt auf einem anderen Sektor. Wildromantische, noch weitgehend einsame Strände an der Westküste oder im Sonnenlicht in unterschiedlichen Farbtönen leuchtende Berghänge faszinieren den Liebhaber extremer Landschaften. In einigen Tälern wiegen sich Palmen im Wind. In manchem Fischerdorf oder auch in einer Siedlung im Landesinnern scheint die Zeit stillzustehen. Hier findet man Ruhe und Entspannung, kann in einem einfachen Restaurant stundenlang sitzen, aufs Meer schauen oder dem Treiben auf der Plaza zusehen.

Afrikanisch
Der Strand ist für alle da ...

Fuerte macht süchtig ...

Doch Vorsicht! Es kann leicht passieren, dass man nach dieser kargen urtümlichen Insel süchtig wird und dass man sie wie der Schriftsteller Miguel de Unamuno y Jugo, der 1924 für einige Monate nach Fuerteventura verbannt worden war, als »Oase in der Wüste der Zivilisation« erlebt. Nach Fuerteventura reist man nur einmal und dann nie wieder – oder aber immer wieder!

Fakten

Fuerteventura ist die zweitgrößte Insel des Kanarischen Archipels. Endlos lange weiße Strände stehen in deutlichem Kontrast zum wüstenhaften Inselinnern, zu dunklen Lavageröllfeldern und kargen Berghängen. Nur in wenigen Tälern wachsen vom Wind zerzauste Palmen.

Naturraum

Kanarische Inseln

Die Wüsteninsel Fuerteventura ist mit einer Fläche von 1662 km² die zweitgrößte Insel des Kanarischen Archipels. Geografisch gehört die weit draußen im Atlantik gelegene Inselgruppe zu Afrika, politisch und auch gesellschaftlich jedoch zweifellos zu Europa.
Die Kanarischen Inseln (span. **Islas Canarias**) sind eine Gruppe von sieben Inseln und sechs kleineren Eilanden, die sich 500 km von Osten nach Westen und 200 km von Norden nach Süden ausdehnen und etwa auf demselben Breitengrad wie Florida liegen.

Entstehung des Archipels

Bis Ende des 20. Jh.s gab es immer wieder neue Theorien um die Entstehung der Kanarischen Inseln. Mal sprach man vom versunkenen Kontinent **Atlantis**, der hier vermutet wurde, mal wurde behauptet, dass die Kanarischen Inseln einst Teile des afrikanischen Kontinents waren. Die heutige Forschung hält die Kanaren für Erhebungen der rund 4000 m tiefen Schollenbruchstücke des Atlantikbodens, der hier zwischen 150 – 180 Mio. Jahre alt ist. Tektonische Kräfte aus dem Zusammenstoß der europäischen und der afrikanischen Platte haben den ostwärts driftenden Ozeanboden gestaucht, zerbrochen und ineinandergeschoben, wobei sich die so entstandenen Schollenbruchstücke wie Keile unterschiedlich nach oben schoben. Entlang den Bruchstellen quoll seit dem mittleren Tertiär (vor ca. 30 – 40 Mio. Jahren) Magma aus dem Erdmantel nach oben. Letzte Zweifel über den vulkanischen Ursprung der Kanaren beseitigte 1999 eine Expedition mit dem Forschungsschiff »Meteor«. Die Wissenschaftler bargen während mehrerer Wochen unzählige Gesteinsproben aus bis zu 2500 m Wassertiefe. Das Ergebnis: Alle Gesteine waren **vulkanischen Ursprungs**. Die Kanarischen Inseln haben sich also tatsächlich in zahlreichen Eruptionen und in mehreren Entstehungsphasen vom Meeresboden her aufgebaut.
Die Landmasse oberhalb der Wasserfläche ist nur das »I-Tüpfelchen« dieser Eruptionen. Fuerteventura tauchte vor ca. 16 – 20 Mio. Jahren aus dem Meeresspiegel auf, Teneriffa und Gomera vermutlich vor 8 – 12 Mio. Jahren, La Palma und Hierro erst vor 2 – 3 Mio. Jahren.

? WUSSTEN SIE SCHON ...?

- wie Fuerteventura zu seinem Namen kam? Die Insel verdankt ihren Namen angeblich Jean de Béthencourt. Er soll bei der Eroberung der Insel ausgerufen haben »fuerte ventura« (= »welch großes Abenteuer«). Da sich jedoch bereits auf Landkarten des 14. Jh.s die Bezeichnung »Forte Ventura« für die Insel findet, kann dies nicht der Wahrheit entsprechen. Neben einer Übersetzung des Wortes »ventura« im Sinne von »Glück« oder »Schicksal« ist auch die Herleitung vom lateinischen »ventus« (= »Wind«) denkbar.

Vulkanismus

Bis in jüngste Zeit kam es auf den Kanaren immer wieder zu Vulkanausbrüchen. Die letzten ereigneten sich 1949 und 1971 auf La Palma

Kanarische Inseln Orientierung

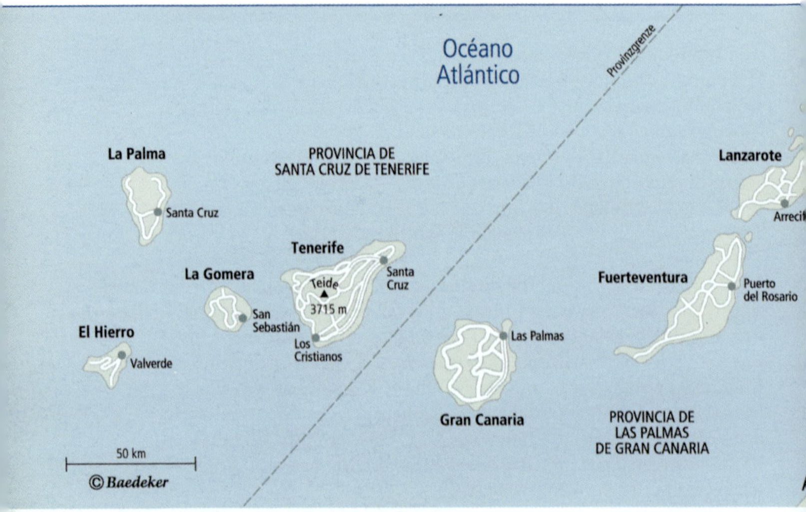

sowie 1909 auf Teneriffa. In den Jahren 1730–1736 und 1824 wurden große Teile Lanzarotes bei Vulkanausbrüchen fast völlig verwüstet. Gran Canaria und Fuerteventura blieben in historischer Zeit von Eruptionen verschont; auf Gran Canaria soll der letzte Vulkanausbruch vor ca. 3000 Jahren erfolgt sein, auf Fuerteventura vermutlich schon vor 10 000 Jahren. Dennoch ist auch diese Insel nach wie vor vom Vulkanismus geprägt. Mäßig hohe Vulkankegel bestimmen das Landschaftsbild, manche Gebiete bedecken dunkle Lavaströme. Die Spanier bezeichnen sie als »malpaís« (= »schlechtes Land«), weil eine landwirtschaftliche Nutzung des Bodens nicht möglich ist.

Landesnatur

Fuerteventura bildet gemeinsam mit der nördlich anschließenden Nachbarinsel Lanzarote eine geografische Einheit. Im Altertum erhielten beide den Namen »**Purpurarien**« (hier wuchs die Orchillaflechte, die man in der Antike zur Herstellung von Purpurfarben verwendete). In der nur ca. 30 m tiefen Meerenge zwischen Fuerteventura und Lanzarote liegt das 6 km² große Eiland **Lobos**. Die geringste Entfernung zwischen Fuerteventura und Lobos beträgt 2000 m.

Fuerteventura erstreckt sich von Südwesten nach Nordosten über ca. 110 km, die größte Breite beträgt etwa 30 km. Das Zentrum der lang gestreckten Insel bildet ein durchschnittlich 300 m hohes Plateau, es wird zur Ost- und Westküste hin von kleineren Gebirgszügen begrenzt. Nach Westen hin erreicht das Bergland im Betancuria eine Höhe von 724 m ü. d. M., während es im Osten im Rosa del Taro bis 593 m ü. d. M. ansteigt. Dieser als **Maxorata** (oder Majorata) bezeichnete Hauptteil von Fuerteventura ist im Süden durch eine 5 km

Zahlen und Fakten Fuerteventura

Inselgruppe
- Kanarische Inseln (span. Islas Canarias)
- Hauptinseln: Teneriffa, La Palma, La Gomera, El Hierro, Gran Canaria, Lanzarote und Fuerteventura

Lage
- zwischen 27° 92' und 28° 45' nördlicher Breite sowie zwischen 13° 90' und 14° 31' westlicher Länge

Entfernungen
- zum afrikanischen Festland: 100 km
- nach Spanien: 1100 km

Fläche
- 1662 km² (alle Kanaren: 7541 km²)
- Damit ist Fuerteventura nach Teneriffa die zweitgrößte Insel des Archipels.

Ausdehnung
- Länge: ca. 110 km
- Breite: ca. 30 km
- Küstenlänge: ca. 325 km
- Höchste Erhebung: Pico de la Zarza mit 807 m

Einwohnerzahl
- 75 000 (Kanaren gesamt: 1,8 Mio.)
- 13 500 Ausländer leben auf der Insel

Bevölkerungsdichte
- 45 Einw./km² (im Vergleich dazu leben auf Gran Canaria 444 Einw./km²)

Sprache
- Spanisch (Castellano)

Religion
- 98,3% Katholiken

Hauptort
- Puerto del Rosario

Verwaltung
- Spanische Provinz Las Palmas de Gran Canaria, Zugehörigkeit zur Autonomen Region Kanarische Inseln (Comunidad Autonóma de Canarias)
- Höchste politische Instanz: Cabildo Insular (Inselrat)
- Sechs Verwaltungsbezirke: Puerto del Rosario, Antigua, Betancuria, La Oliva, Pájara und Tuineje

Wirtschaft
- Wichtigste Einnahmequelle ist der Tourismus.
- Wichtigste Exportprodukte: Ziegenkäse und Tomaten

Tourismus
- Ca. 1,4 Mio. ausländische Gäste pro Jahr
- Die Deutschen stellen einen Besucheranteil von gut 50%, gefolgt von den Briten mit 32%.
- Wichtigste Ferienzentren: Corralejo, Morro Jable/Jandía, Costa Calma und Costa Caleta

breite Landenge, den **Istmo de la Pared**, mit der etwa 30 km langen **Halbinsel Jandía** verbunden. Auf ihr liegt die höchste Erhebung der Insel, der Pico de la Zarza oder Jandía (807 m ü.d.M.). Die Halbinsel Jandía soll möglicherweise Teil eines riesigen Kraters sein, dessen nördlicher Kraterrand im Meer versunken ist. Der erste Eindruck, den man von Fuerteventura bekommt, bestätigt sich bei Fahrten durch das Landesinnere. Die hügelige Landschaft macht einen kahlen, geradezu öden Eindruck. Für etwas Abwechslung sorgt lediglich das in diversen Rot- und Brauntönen schimmernde Gestein.
Wohl kaum ein Reisender würde sich hierher verirren, wenn es darüber hinaus nicht außergewöhnlich lange und noch weitgehend einsame **Sandstrände** gäbe. Es sind die schönsten des gesamten Archipels, wenn nicht ganz Europas. Von der insgesamt 325 km langen Küstenlinie entfallen 55 km auf feine Sandstrände (20 km sind Kiesstrände, der Rest wenig attraktive Felsstrände). Kilometerlange, weiße Sandstrände erstrecken sich im Norden und Süden der Insel, während der Mittelteil hauptsächlich kleinere, schwarze Sandstrände aufweist. Für die Strände und Dünen von Fuerteventura werden vielfach Staubstürme aus der Sahara verantwortlich gemacht. Da die Sande jedoch fast ausschließlich aus Karbonaten (und nicht aus Quarzen) bestehen, müssen sie im Flachwasserbereich der Insel selbst entstanden sein.

Pflanzen und Tiere

Eine karge Insel

Fuerteventura ist eine karge Insel. Kaum ein Baum, kaum ein Strauch bieten dem Auge Abwechslung. Die spärlichen Niederschläge ermöglichen nur extrem trockenheitsliebenden bzw. gut an die Trockenheit angepassten Pflanzen das Überleben. Lediglich in Jahren mit ergiebigeren Winterregenfällen verwandelt sich das Land im Februar/März für kurze Zeit in einen Blütenteppich.
Das war nicht immer so. Besucher vergangener Jahrhunderte berichteten von Wäldern, auf alten Gemälden sieht man grüne Täler, und die Eroberer Béthencourt und de la Salle mussten sich durch einen grünen Dschungel ins Inselinnere vorkämpfen. Noch vor 400 oder 500 Jahren ähnelte die Vegetation der auf den westlichen Kanaren. Erst rücksichtsloser Raubbau und intensive Ziegenhaltung machten Fuerteventura zu einer Wüsteninsel.

Hoher Prozentsatz endemischer Pflanzen

Insgesamt umfasst die Kanarische Flora ca. 3000 Arten. Ein Großteil davon wurde als Nutz- oder Zierpflanzen eingeführt. Es wird geschätzt, dass ca. 1300 Arten bereits in vorhistorischer Zeit auf den Inseln wuchsen. Auffallend ist der mit ca. 30% hohe Prozentsatz endemischer, also nur hier vorkommender Pflanzenarten. Man fand im Mittelmeerraum, im Alpengebiet und in Südrussland zahlreiche Fossilien (Früchte und Blätter), die beweisen, dass Pflanzen, die heute nur auf den Kanaren wachsen, einst auch in diesen Gegenden verbreitet waren. Die Klimakatastrophen des ausgehenden Tertiärs (Be-

Als schönste Palmenoase auf Fuerteventura gilt Vega de Río de las Palmas.

ginn der Eiszeit, Austrocknung der Sahara) verdrängten die subtropische Flora aus ihrem Lebensraum. Die isolierte Lage der Kanarischen Inseln und das milde Klima ließen sie hier jedoch überleben.

Von den 600 auf Fuerteventura vorkommenden **Pflanzenarten** sind 18 nur auf dieser Insel beheimatet (Lokalendemiten), 26 weitere Arten sind nur auf Fuerteventura und Lanzarote anzutreffen. Ca. 60 Arten gelten als so genannte Kanarenendemiten. Die weitere Vegetation zeigt vorwiegend nordafrikanische Elemente. Die dem Wind besonders ausgesetzten Flächen und Berghänge sind nahezu vegetationslos. Bewachsen sind vor allem die Hügel östlich von La Oliva, die Gegend um Betancuria und Vega de Río de las Palmas, Tiscamanita und Gran Tarajal. Das reichste Pflanzenleben findet man in den höchsten Bergregionen der Jandía-Halbinsel. In Felsspalten wachsen Farne und viele Blütenpflanzen. Sie können hier überleben, da in diesen Höhen keine Ziegen weiden.

? WUSSTEN SIE SCHON ...?

- Viele der endemisch auf den Kanaren vorkommenden Pflanzen sind heute selten geworden bzw. vom Aussterben bedroht. Man sollte dies auch bei Jeepfahrten quer über die Insel bedenken. Auf dem ausgedörrten Boden dauert es Jahrzehnte, bis sich wieder eine Pflanzenwelt ansiedeln kann.

Kanarische Dattelpalme

Zu den wenigen einheimischen Baumarten gehört die Kanarische Dattelpalme (Phoenix canariensis), die sich von den Kanarischen Inseln über den gesamten Mittelmeerraum verbreitet hat. Eng verwandt ist sie mit der nordafrikanisch-arabischen Dattelpalme (Phoenix dactylifera), ihr Stamm ist jedoch gedrungener und sie trägt eine dekorativere und vollere Krone mit größeren üppigeren Wedeln. Die kleinen Früchte dieser Palmenart sind holzig und nicht essbar. Schöne Exemplare der Phoenix canariensis sieht man auf Fuerteventura vor allem in der Umgebung von Betancuria.

Weitere Baumarten Als einheimische Baumarten gelten ferner Phoenix dactylifera (vor allem bei Pájara und Gran Tarajal) sowie zwei **Tamariskenarten**. Sie wachsen in Tälern und Schluchten und säumen die Felder. Da die Wurzeln der Palmen bis zu 30 m tief reichen, kommen sie auch in völlig trockenen Gebieten vor. Vereinzelt zu sehen sind Feigenbaum und Johannisbrotbaum.

Kandelaberwolfsmilch Ein Kanarenendemit ist die auch auf Fuerteventura häufig anzutreffende Kandelaberwolfsmilch (Euphorbia canariensis). Auf den Kanaren bezeichnet man sie als »**cardón**«. Sie wächst bevorzugt an trockenen Berghängen und Felsen. Auf den ersten Blick wie ein Kaktus aussehend, unterscheidet sie sich von diesem u.a. durch den giftigen milchigen Saft in Pflanzenarmen, Wurzeln und Früchten und durch die unscheinbaren Blüten. Die Kandelaberwolfsmilch wächst langsam. Die riesigen Expemplare, die man mancherorts sieht, dürften einige hundert Jahre alt sein.

Eng verwandt mit der Kandelaberwolfsmilch ist die natürlicherweise nur noch auf Fuerteventura auf der Jandía-Halbinsel vorkommende **Jandía-Wolfsmilch** (Euphorbia handiensis). Sie wächst auf Geröllwüsten in Höhen bis zu 150 m.

Salzwiesen Eine besondere Vegetation hat sich auf strandnahen, in regelmäßigen Zeitabständen von Meerwasser überfluteten Ebenen entwickelt. Eine solche »Salzwiese« gibt es bei Morro Jable auf der Jandía-Halbinsel und auch auf der Insel Lobos. Die Ebenen bedecken sattgrüne Salzpflanzen, vor allem Gänsefußgewächse.

Feigenkaktus Der Feigenkaktus (Opuntia ficus indica) wurde im 16. Jh. auf den Kanaren eingeführt. Bis in mittlere Höhen hinauf bedeckt er vielfach die Hänge der Insel. Seine Früchte sind essbar und werden zum Verkauf angeboten. Auf den Feigenkakteen wird (auf der Nachbarinsel Lanzarote) die **Cochenille-Schildlaus** gezüchtet, aus der ein roter Farbstoff gewonnen wird, den man zum Färben verschiedener Lebensmittel und von Lippenstiften verwendet.

Zier- und Nutzpflanzen Neben dem Feigenkaktus und einigen Agavenarten brachten die spanischen Eroberer etliche üppig blühende Zierpflanzen auf die Inseln. In den Parkanlagen der Hotels und rund um die Ferienbungalows sieht man heute auf Fuerteventura überall Oleander, Hibiskus und natürlich Bougainvillea. Entscheidend verändert wurden die ursprünglichen Vegetationsverhältnisse daneben durch den Anbau von Kulturpflanzen (vor allem Kartoffeln und Gemüse).

Artenarme Fauna

Bedeutend artenarmer als die Pflanzenwelt ist die Fauna, allerdings sind ebenfalls verhältnismäßig viele endemische Arten vorhanden. Von den 328 in Spanien geschützten Arten kommen 63 auf den Kanaren vor.

Säugetiere

Größere wild lebende Säugetiere sind bis auf Kaninchen, Igel und Fledermaus auf den Kanaren nicht heimisch. Ein Paar **Nordafrikanischer Erdhörnchen**, das 1965 auf Fuerteventura ausgesetzt wurde, hat sich derart vermehrt, dass man die possierlichen kleinen Tiere heute überall beobachten kann. Der ungefähr eichhörnchengroße Nager ernährt sich von pflanzlicher Kost.
Als **Haustiere** wurden u.a. Ziegen, Schafe, Esel, Hunde und Katzen auf Fuerteventura eingeführt. Die einst als Reit- und Zugtiere geschätzten Dromedare fungieren heute nur noch als Touristenattraktion. Zu einem Problem hat sich die Ziegenhaltung auf Fuerteventura entwickelt. Die Ziegen nagen sämtlichen Pflanzenwuchs bis auf die Wurzeln ab. Auf der ohnehin vegetationsarmen Insel Fuerteventura verursachen die ca. 40 000 größtenteils frei weidenden Ziegen verheerende Schäden.

Reptilien

Beruhigend ist die Tatsache, dass es weder Skorpione noch giftige Schlangen auf den Kanarischen Inseln gibt. Dagegen sieht man überall Eidechsen. Auf Fuerteventura kommt eine sandbraune Art vor,

Die ersten Dromedare kamen bereits im 15. Jahrhundert auf die Inseln.

die fast keine Zeichnung hat. Die Tiere werden nur bis zu 20 cm groß. Eine nur auf Fuerteventura und Lanzarote anzutreffende Art ist der Fuerteventuragecko.

Vögel Zahlreich vertreten ist die Vogelwelt. Amseln, Blaumeisen, Buchfinken, Spechte, verschiedene Taubenarten, Bussarde, Turmfalken, Schmutzgeier, sowie Möwen und Ibisse leben auf den Inseln. Einige dieser Vogelarten haben auf Fuerteventura Unterarten entwickelt. So ist der Turmfalke hier kleiner und rötlicher als auf den anderen Kanaren. Sehr selten geworden sind die in Wüsten- und Halbwüstenlandschaften lebende Kragentrappe sowie Rennvogel und Sandflughuhn. Letzteres ist hervorragend an die Trockenheit angepasst. Die Männchen können in ihrem Bauchgefieder Wasser transportieren, mit dem sie ihre noch nicht flüggen Jungen versorgen.
Nur auf Fuerteventura kommt der so genannte Kanarenschmätzer vor. Diese kleine mit dem europäischen Schwarz- und Braunkehlchen verwandte Singvogelart hat nur noch einen Bestand von wenigen hundert Paaren. Ferner hört man den Gesang von Brillengrasmücke und Kanarenpieper.

? WUSSTEN SIE SCHON ...?

- Vergeblich wird man in der freien Natur nach dem gelblichen, hübsch trillernden Kanarienvogel Ausschau halten. Der Urahn des als »Harzer Roller« bekannten Kanarienvogels ist ein etwas unscheinbarer Girlitz mit graugrünem Gefieder. Seine Sangeskunst ist bei weitem nicht so volltönend wie die seiner domestizierten Verwandten. Der meist in großen Schwärmen auftretende Wildvogel bevorzugt die westlichen Kanareninseln als Lebensraum.

Insekten Extrem viele endemische Arten hat die Insektenwelt ausgebildet. Vor allem im Frühjahr, wenn sich weite Landstriche für kurze Zeit in ein Blütenmeer verwandeln, summt es überall. Wildbienen – Honigbienen gibt es auf Fuerteventura nicht –, verschiedene Wespen- und Fliegenarten durchschwirren die Luft. Liebhaber von Schmetterlingen kommen auf ihre Kosten. Auffallend sind der Kanarische Admiral sowie der Zitronenfalter, der orangerote Vorderflügel hat. Größte auf den Kanaren vorkommende Art ist der Monarchfalter, dessen Flügel eine Spannweite von fast 10 cm erreichen.

Heuschrecken ► Ab und an weht der Scirocco vom afrikanischen Festland Insekten herüber. Zur regelrechten Plage haben sich immer wieder riesige Heuschreckenschwärme entwickelt, die auch auf Fuerteventura verheerende Verwüstungen anrichteten. Heute bekämpft man sie möglichst schon über dem Meer mit chemischen Mitteln.

Fische Die Gewässer rund um die Kanarischen Inseln sind ausgesprochen fischreich. Knapp 400 Arten von Fischen und Meerestieren umfasst die Meeresfauna. Salm, Tunfisch, Tintenfisch, Muräne, Barsch, Rochen und Sprotten gehören zu den hier vorkommenden Arten. Rings um die Inseln werden Meeräschen geangelt, und so steht auf vielen Speisekarten »Vieja«, eine nur in dieser Meeresregion vorkommende Meeräschenart. Felsige Küstenzonen sind das bevorzugte Revier des Conger, eines aalähnlichen Fisches. Gefährliche Haifische wurden in Küstennähe noch nicht gesehen, dagegen begleiten mitunter ganze Delfinschwärme die Fährschiffe, und fast 20 Walarten wurden in kanarischen Gewässern gesichtet.

Fossilien

Vor allem im Dünengebiet von Corralejo liegen auf dem Sandboden vielerorts 2 – 3 cm lange ovale, hohle Gebilde. Es handelt sich um versteinerte Sandkugeln, in denen Pelz- oder Erdbienen ihre Eier ablegten. Diese Bienenart kommt heute auf Fuerteventura nicht mehr vor, sie kann nur in einem feuchteren Klima überleben.

Naturschutz

Umweltschutzgesetz

Naturschutz war auf der wüstenhaften Insel, der die Bauern nur mit großem Einsatz Erträge abgewinnen können, lange Zeit ein Fremdwort. Mittlerweile versucht man jedoch auch auf Fuerteventura zu retten, was noch zu retten ist. Es werden weniger Baugenehmigungen für touristische Anlagen erteilt (allerdings sind zahlreiche Projekte bereits seit langem genehmigt, nur noch nicht ausgeführt!), und neue Hotels dürfen nicht mehr als fünf Stockwerke haben. Gebaut werden darf nur noch ab 300 m vom Strand entfernt. Ein Umweltschutzgesetz sieht Wiedergutmachungspflicht, den weiteren Erwerb von Naturzonen durch die kanarische Regierung, härtere Strafen bei ökologischen Delikten u.a. vor.

Schutzgebiete

Ein erstes Naturschutzgebiet wurde 1982 bei Corralejo geschaffen. Inzwischen wurden größere Teile der Westküste zum Schutzgebiet erklärt, und das Dünengebiet von Corralejo erhielt zusammen mit der kleinen Insel Lobos von der EU den Status eines besonderen Schutzgebietes. Hier kommen besonders seltene und gefährdete Brutvogelarten vor. Auch die Playa de Sotavento und der Strand bei Morro Jable/Jandía stehen unter Naturschutz. Ob durch die Einrichtung der Schutzgebiete allerdings ein dauerhafter Naturschutz gewährleistet ist, bleibt dahingestellt. Bodenspekulation und Lokalpolitik schaffen schnell neue Bedingungen.

Klima

Meist scheint irgendwo die Sonne

Auf den Kanarischen Inseln herrscht ein warm-gemäßigtes Klima. Es ist milder und angenehmer, als man es in diesen Breiten erwarten würde. Beeinflusst wird es vor allem durch den **Passat**, dann durch das **Azorenhoch** und eine kühle Meeresströmung, den **Kanarenstrom**.

Generell gilt, dass sich die Witterungsverhältnisse auf den Kanaren schnell ändern können. Langanhaltende Schlechtwetterperioden gibt es nicht. Verdecken wirklich einmal dicke Wolken die Sonne, so braucht man meist nur wenige Kilometer weiter zu fahren, um wieder einen strahlend blauen Himmel zu erleben.

Angenehme Temperaturen

Die Temperaturschwankungen sind im Jahresverlauf außergewöhnlich gering. So liegen die Durchschnittstemperaturen in den Wintermonaten um 19° C, während im Sommer durchschnittlich nicht mehr als 24° C erreicht werden (► Praktische Informationen, Reisezeit). Mitunter wird der Einfluss der Sahara auf das Klima deutlich spürbar: An den Tagen (vor allem im Juli und August), an denen die **Calima**, ein heißer, trockener Wind, von Nordafrika herüberweht, steigt das Thermometer plötzlich um 10° C an. Die Sichtweiten betragen dann manchmal nur 100 m, so sehr ist die Luft mit feinem Sand und Staub angefüllt. Nach drei bis vier Tagen ist die Hitzewelle meist wieder vorbei. Frost und Schneefall gibt es auf Fuerteventura nicht. Die Wassertemperaturen liegen im Winter bei 19° C, im Sommer bei 22° C.

Spärliche Niederschläge

Die Niederschläge sind im Wesentlichen auf das Winterhalbjahr beschränkt. Hervorgerufen werden sie dann durch die Zyklonen aus nördlichen Breiten. Auf Fuerteventura sind die Niederschläge jedoch auch im Winter spärlich; sie betragen im Jahr meist nicht mehr als 140 mm. In manchen Jahren bleiben die Regenfälle ganz aus, in anderen kommt es zu tropisch anmutenden Starkregen, innerhalb weniger Stunden fallen dann bis zu 300 mm Niederschlag. Sie verwandeln die Barrancos kurzzeitig in reißende Flüsse. Die Luftfeuchtigkeit liegt bei 15 – 55%.

Wolkenlos ist es selten

Die geringen Niederschlagsmengen besagen aber nicht, dass Fuerteventura ständig in gleißendes Sonnenlicht getaucht ist. Vor allem im Winter gibt es durchaus Tage, an denen dicke Wolken den Himmel verdunkeln. Dies ist im Norden häufiger als im Süden der Fall.

Der Passat bläst fast das ganze Jahr über

Ebenso wie die anderen Kanarischen Inseln liegt Fuerteventura im Bereich des Nordostpassats. Der fast das ganze Jahr über aus Nordosten – meist mit Stärke 4 – wehende Wind hält Regen bringende Luftmassen ebenso fern wie trockenheiße. Im Gegensatz zu anderen Klimaeinflüssen kennzeichnet den Passatwind Beständigkeit. Die Passatzirkulation nimmt am Äquator, wo die Sonne die Erdoberfläche am stärksten erwärmt (Innertropische Konvergenz, kurz ITC), ihren Ausgang. Die warmen Luftmassen steigen nach oben. Dabei kühlen sie ab und fließen 12 – 15 km hoch über der Erde polwärts. Nach weiterer Abkühlung sinken sie etwa in einer Breite von 30° wieder auf die Erdoberfläche hinab und strömen bodennah in Richtung Äquator. Wegen der Erddrehung wird die Strömung jedoch aus ihrer eigentlichen Richtung abgelenkt. Auf der Nordhalbkugel entsteht eine Nordost-, auf der Südhalbkugel eine Südost-Strömung. Diese Strömungen bezeichnet man als Passate (von span. »pasar« vorbeigehen). Dabei handelt es sich oberhalb ca. 1500 m um warme trockene Winde, unterhalb dieser Grenze um etwas kühlere und feuchte. Solange die Schichtung von Ober- und Grundströmung, die **Passatinversion**, erhalten bleibt, kommt es kaum zu Wolkenbildungen. Trifft die Passatströmung jedoch auf einen genügend hohen Berg, so wird die Passatinversion gestört. Die kühlere feuchte Passatunterströmung staut sich an den von der Sonne beschienenen Berghängen, wird dadurch erwärmt und steigt nach oben. Dabei kühlt sie ab und kondensiert. Es bilden sich zwischen 600 und 1700 m Wolken (dementsprechend nachts keine Wolkenbildung!). Auf Fuerteventura mit maximalen Berghöhen von 600 bis 800 m kommt es kaum zur Wolkenbildung. Lediglich den Pico de la Zarza umgeben mitunter einige Wolken, die sich gegen Abend wieder auflösen. Sie bringen jedoch kaum Feuchtigkeit.

Im Winter ist der Einfluss des Passats weniger ausgeprägt. Die Sonnenstrahlen treffen erheblich flacher auf die nördliche Erdhalbkugel (am 22.12. steht die Sonne senkrecht über dem Südlichen Wendekreis). So verschiebt sich die Passatzone nach Süden und die Kanaren können in den Einflussbereich atlantischer Tiefausläufer geraten.

Bevölkerung • Wirtschaft

Statistik

Die Autonome Region Kanarische Inseln zählt insgesamt 1,8 Mio. Einwohner, von ihnen haben ca. 75 000 ihren Wohnsitz auf Fuerteventura. Von allen Kanarischen Inseln ist Fuerteventura damit die mit Abstand dünnbesiedeltste. Hier leben nur 45 Einw./km² (auf Gran Canaria sind es dagegen 444 Einw./km²). Noch deutlicher wird das Zahlenverhältnis, wenn man bedenkt, dass die zweitgrößte Kanareninsel nur 4,15% der Gesamtbevölkerung des Archipels zu verzeichnen hat.

Infolge der ungünstigen Naturgegebenheiten waren in der Vergangenheit viele Einwohner gezwungen, auszuwandern. Jahrhunderte hindurch stagnierten die Bevölkerungszahlen. Wohnten 1787 etwa 10 000 Menschen auf der Insel, so waren es um 1900 lediglich 11 700. Ein größerer Zuwachs ist seit 1950 festzustellen. Von damals 13 500 erhöhte sich die Zahl bis 1960 auf 18 000 und belief sich 1980 auf 27 000. In den letzten 25 Jahren hat sich diese **rasante demografische Entwicklung** fortgesetzt. Rund

? WUSSTEN SIE SCHON ...?

- ... dass die Canarios glückliche Menschen sind? Nach einer repräsentativen Untersuchung, die in der kanarischen Tageszeitung »La Gaceta de Canarias« veröffentlicht wurde, bewertet die überwiegende Mehrheit aller Insulaner die persönlichen Lebensumstände als äußerst positiv: 81% bezeichnen sich als »glückliche Menschen«, und 59% beurteilen ihre Lebenssituation als »gut«.

Fiesta in Betancuria: Das Patronatsfest ist eines der wichtigen Ereignisse im Jahreslauf. Groß und Klein sind dabei.

30% der Inselbewohner haben ihren Wohnsitz im Bezirk der Hauptstadt Puerto del Rosario, die ländlichen Gebiete verzeichnen demgegenüber schon seit Jahren einen Bevölkerungsrückgang.

Majoreros

Die Ureinwohner der östlichen Kanareninseln Lanzarote und Fuerteventura bezeichneten sich selbst als »Majos«; nach der spanischen Inbesitznahme der Inseln wurde daraus »Majoreros«. Bei diesem Namen blieb es für die Einwohner von Fuerteventura bis heute.
Wie Anthropologen einwandfrei nachgewiesen haben, unterscheiden sich die Majoreros in mancherlei Hinsicht von den übrigen Spaniern. Viele Merkmale weisen noch auf ihre Abkunft von den Ureinwohnern hin (►Geschichte).

Patriarchalische Strukturen

In der Familie sind patriarchalische Strukturen vorherrschend. Der Mann ist nach wie vor das Familienoberhaupt, die Frau sollte sich in erster Linie um Kinder und Haushalt kümmern. Infolge der hohen Arbeitslosenrate und des relativ niedrigen Lohnniveaus (ein Facharbeiter verdient ca. 1300 Euro, ein Zimmermädchen ca. 800 Euro), dem relativ hohe Lebenshaltungskosten gegenüberstehen, ist jedoch auch die Frau vielfach gezwungen, das Familienbudget aufzubessern. Obgleich in den Städten heute die Kleinfamilie die vorherrschende Lebensform ist, lebt man auf dem Land vielfach noch in Großfamilien zusammen, allerdings nimmt auch hier die Kinderzahl ab.

Wirtschaft

Hoffnungsträger Tourismus

In wirtschaftlicher Hinsicht stand Fuerteventura lange Zeit im Schatten der anderen Kanaren. Die natürlichen Voraussetzungen ermöglichen nur eine Landwirtschaft in äußerst bescheidenem Rahmen. Da die Insel über keinerlei Rohstoffvorkommen verfügt und sich als Industriestandort kaum eignet, ruhen die ökonomischen Hoffnungen auf dem **Tourismus**. Heute sind bereits 75% aller Beschäftigten im Dienstleistungssektor tätig, 21% im Handwerk und noch 4% in der Landwirtschaft.

Landwirtschaft im Rückgang

Die Inselbevölkerung lebte bis weit ins 20. Jh. hinein vorwiegend von Getreideanbau und Viehzucht. Obwohl das milde Klima das ganze Jahr über den Anbau von Kulturpflanzen ermöglicht hätte, ließ Wassermangel keine effektive Landwirtschaft zu. Missernten führten häufig zu verheerenden Hungersnöten, die die Majoreros wiederholt zur Massenflucht zwangen. Besonders dramatisch war die Situation im 18. Jh., als es 52 Dürrejahre gab. Bis heute setzt Wassermangel einer ergiebigen Landwirtschaft Grenzen. Wurden Anfang der 1970er-Jahre noch 3,5% der Inselgesamtfläche für den Ackerbau genutzt, so sind es heute gerade noch 0,1%.

Heute werden Mais, Kartoffeln, Gemüse und Getreide nur noch auf kleinen Feldern für den Eigenbedarf angebaut. Wichtigstes Anbauprodukt ist die Tomate. Steigende Produktions- und Transportkosten führten jedoch dazu, dass auch mit deren Anbau kaum noch Gewinne zu erzielen sind.

Schweine- und Rinderhaltung ist auf Fuerteventura nicht von Bedeutung. Aus dem Landschaftsbild nicht wegzudenken sind jedoch die großen **Ziegenherden**. Der Ziegenbestand wird von offizieller Seite mit derzeit ca. 40 000 Tieren angegeben (die tatsächliche Zahl ist möglicherweise noch erheblich höher). Da die Ziegen nur selten in Gehegen gehalten werden, sieht man überall auf der Insel kleine Herden durch das Land streifen. Auf der ohnehin vegetationsarmen Insel fressen sie auch noch das letzte Grün ab; Fuerteventura ist hoffnungslos überweidet. Die Ziegen spielen bei der Ernährung der einheimischen Bevölkerung als Fleischlieferant eine Rolle, zudem produziert man aus der Milch Ziegenkäse. Für viele der etwa 450 Ziegenherdenbesitzer ist die Vermarktung der Milch die einzige Einnahmequelle. Das natürliche Futterangebot auf der Insel reicht vielfach nicht aus, es muss mit teuren Importprodukten zugefüttert werden.

Fischerei

Traditioneller Erwerbszweig auf Fuerteventura ist die Fischerei. Die Fischfangflotte umfasst ca. 300 kleine Boote. In den letzten Jahren sind die Fangquoten beträchtlich gesunken. Den größten Anteil an der Fangmenge hat Tunfisch. Da der Konsumentengeschmack jedoch erheblich differenzierter ist, muss ein Großteil des auf den Inseln benötigten Fischs importiert werden.

Industrie Fehlende Rohstoffe, hohe Transportkosten für Importprodukte und Energie sorgen dafür, dass der Sektor Industrie auf Fuerteventura nahezu bedeutungslos ist. Nur in Meerwasserentsalzungsanlagen, Elektrizitätswerken und beim Sand- und Kiesabbau sind einige Arbeitnehmer beschäftigt. In kleinen und kleinsten Produktionsstätten werden kunsthandwerkliche Gegenstände (z.B. Stickereiartikel) gefertigt.

Handel Seit 1852 sind die Kanarischen Inseln **Freihandelszone**. Der Mangel an Wasser, Rohstoffen und Energie macht die wirtschaftliche Entwicklung dennoch schwierig. So ist die Handelsbilanz seit langem negativ, die Importe steigen. Wichtige Importwaren sind Rohöl, Konsumgüter und Nahrungsmittel – nach Fuerteventura müssen mehr als 90% aller benötigten Nahrungsmittel importiert werden! – ferner elektrische Geräte sowie Kraftfahrzeuge. Der Export beschränkt sich auf Fuerteventura im Wesentlichen auf Tomaten und Ziegenkäse.

Energie Der ständig steigende Energiebedarf – zwischen 1992 und 2002 erhöhte er sich auf den Kanaren um 73%, auf Fuerteventura sogar um 138% – wird bis heute fast ausschließlich durch Erdöl gedeckt. Solarenergie wird vereinzelt zur Meerwasseraufbereitung genutzt. Die auf allen Kanareninseln durch **Windkraft** gewonnene Energie spart 30 000 t Erdöl im Jahr ein. Eine der bedeutendsten Windkraftanlagen auf den Kanaren liegt bei Costa Calma. Hier stehen derzeit 45 Generatoren.

Tourismus

Entwicklung Auch auf dem Sektor Tourismus war Fuerteventura im Vergleich zu den Nachbarinseln lange Zeit Nachzügler – erst seit Ende der sechziger Jahre besuchen Ausländer in größerer Zahl die Wüsteninsel. Vor allem in den achtziger Jahren waren kräftige Zuwachsraten zu verzeichnen. Von 1989 bis 2003 hat sich die Zahl der deutschen Urlauber von 200 000 auf 700 000 mehr als verdreifacht. Die Deutschen stellen damit mehr als 50% aller ausländischen Gäste auf Fuerteventura, gefolgt von den Briten (440 000 jährlich).

Touristikzentren Das Bettenangebot wurde in den achtziger und neunziger Jahren kontinuierlich ausgebaut. Derzeit soll es 60 000 Gästebetten auf Fuerteventura geben, wobei Betten in Appartementhäusern gegenüber Hotelbetten bei weitem überwiegen. Viele Hotelzimmer und Appartements stehen allerdings die meiste Zeit des Jahres über leer.

Die Fremdenverkehrsgebiete konzentrieren sich auf den Norden und Süden der Insel, der Mittelteil hat sein ursprüngliches Gesicht weitgehend wahren können. Hochhäuser gibt es kaum auf der Insel, die meisten Appartement- und Bungalowsiedlungen wirken ansprechend und fügen sich gut in die Küstenregionen ein.

Ziegen liefern von Oktober bis Mai etwa 3 – 4 l Milch täglich, in den Sommermonaten sind es lediglich 0,5 – 1 l.

Wirtschaftliche Bedeutung

Heute trägt der Tourismus zu 67% zum Bruttosozialprodukt bei. Zwar hat der Tourismus auf Fuerteventura ebenso wie auf den anderen Kanareninseln andere Wirtschaftszweige angekurbelt, doch wurde seine weitreichende Bedeutung als Wirtschaftsfaktor durch fehlende Gesetzgebung und unrealistische Planung nicht genügend gewürdigt. Als Handicap erweist sich zudem die Tatsache, dass ausländische Investoren bzw. Investoren vom spanischen Festland in erster Linie an kurzfristigen Gewinnen und nicht an einer langfristigen positiven Tourismusentwicklung interessiert sind. Da die Wirtschaft der Kanareninsel völlig auf den Tourismus ausgerichtet ist, wirkt sich jeder Rückgang der Besucherzahlen verheerend auf die ökonomischen Gegebenheiten aus.

Der Tourismus fordert Tribut

Umweltprobleme sind in erster Linie auf die direkten Auswirkungen des Tourismus zurückzuführen. Infolge ständig steigender Touristenzahlen entstanden in den letzten drei Jahrzehnten zahllose Betonburgen. Vor allem im Norden und Süden der Insel wurden weite Küstenstriche gnadenlos zubetoniert. Noch immer sind viele weitere Hotelbetten geplant. Neben der Zersiedelung der Landschaft bereiten die Touristenmassen Probleme bei der Müllbeseitigung, beim Wasserhaushalt und bei der Klärung des Abwassers. Zudem sind ganze Karawanen von Mietwagen auf der Insel unterwegs, dennoch hält sich die Luftverschmutzung auf Fuerteventura in erfreulichen Grenzen. Dies liegt am geringen Aufwand an Wärmeenergie (mildes Klima!) und am fast ständig wehenden Wind.

WASSER IST RAR

Seit der Kolonialzeit stellt die Wasserversorgung auf den Kanaren ein Hauptproblem dar. Vor allem die östlichen Inseln leiden unter dem Wassermangel, während ihre bergigen westlichen Nachbarn die bis zu vierfache Niederschlagsmenge erhalten.

Auf der westlichen Insel La Palma fällt mit 660 mm pro Quadratmeter die höchste Niederschlagsmenge im Kanarischen Archipel; auf dem vergleichsweise sehr niedrigen Fuerteventura, wo sich die Passatwolken nicht entladen können, dagegen nur 140 mm. Von diesen geringen Niederschlägen fließen etwa achtzig Prozent ungenutzt ins Meer, und von dem bisschen Wasser, das versickert, lassen sich keine ergiebigen Quellen speisen.

Steigender Wasserverbrauch

Historischen Berichten zufolge gab es auf Fuerteventura bis zum 18. Jh. zahlreiche **Quellen und** ganzjährig fließende **Bäche**. Die Inseleroberer mussten sich durch einen reißenden Bach ins Inselinnere vorkämpfen. Heute jedoch verfügt die Insel kaum noch über natürliche Süßwasservorkommen. Lediglich den Barranco de la Madre del Agua und den Barranco de los Molinos durchzieht ständig ein Rinnsal. Doch der Wasserverbrauch auf Fuerteventura nimmt zu: Die Bevölkerung ist stark angewachsen und konsumiert infolge höherer Ansprüche mehr Wasser, Abertausende von Touristen möchten nicht auf ihre tägliche Dusche verzichten und legen Wert auf üppig blühende Grünzonen. Pro Tag verbraucht ein Tourist mehr als doppelt so viel Wasser wie ein Einheimischer. Mit traditionellen Mitteln allein – Ausschöpfen von Grundwasser und Auffangen von Regenwasser – ist das Wasserproblem schon lange nicht mehr zu lösen.

Das älteste Verfahren zur Wassergewinnung sind »pozos«, alte gemauerte, z.T. sogar über 30 m tiefe Brunnen. Von den ehemals rund 1500 Brunnen sind nur noch wenige in Betrieb. Die meisten der mehr als 1000 Windmühlen – vor dem Ersten Weltkrieg führte man motorgetriebene Windräder aus Chicago ein – sind ebenfalls nicht mehr intakt. Der **Grundwasserspiegel** liegt mittlerweile so tief, dass Meerwasser in die Brunnen einsickert. Das mitunter sehr brackige und salzhaltige Wasser kann dann oft nicht einmal in der Landwirtschaft genutzt werden, z.B. um Felder zu bewässern und Tiere zu tränken; für Menschen ist es auf keinen Fall als Trinkwasser

-unnen in Pájara: Einst beför-
-rten Dromedare das kostbare
-ass an die Oberfläche.

genießbar. Schuld am abnehmenden Grundwasserspiegel trägt der Mensch, der durch Abholzung der Wälder seit dem 15. Jahrhundert und durch übermäßige Ziegenhaltung die vorhandene natürliche Vegetationsdecke in großem Ausmaß zerstört hat, die das Wasser halten und in das Erdreich leiten könnte. Und schließlich kommen noch die hohen Temperaturen hinzu, die zu einer starken Verdunstung des Wassers führen. Bei den seltenen starken Regenfällen – meist in den Wintermonaten und fast ausschließlich im zentralen Bergland – verwandeln sich die Barrancos schon einmal für kurze Zeit in reißende Bäche. Mit »embalses« (**Stauseen**) versuchte man das kostbare Nass am zu raschen Abfließen zu hindern. Allerdings erwiesen sich die drei Talsperren, die von 1941 bis 1946 auf Francos Order hin gebaut wurden, zur Behebung der Wasserknappheit als untauglich. Grund: Sie verlanden. Keiner der Stauseen kann heute noch zur Wasserspeicherung genutzt werden. Effizienter lässt sich das Regenwasser in »aljibes« auffangen. Das sind Becken unterhalb von steinigen oder eigens betonierten Berghängen, über die das Regenwasser bei heftigen Niederschlägen herabfließt. Auch viele Häuser verfügen über »aljibes«, in Innenhöfen unterhalb der geneigten Dächer.

Lösung des Wasserproblems?

Mit dem Bau der ersten **Meerwasserentsalzungsanlage** (»potabilizadora«) in Puerto del Rosario 1969 konnte man endlich das Süßwasserproblem auf Fuerteventura in den Griff bekommen. Weitere Großanlagen sind inzwischen vor allem in den Touristenzentren entstanden, viele Hotels haben ihre eigenen Entsalzungsanlagen. Allerdings ist das entsalzte Wasser wegen seines unangenehmen Geschmacks nur ein kläglicher Ersatz für Grundwasser; und die Entsalzungsanlagen arbeiten teuer und umweltbelastend: Um 100 l Süßwasser zu erhalten, werden 6 l Öl verheizt. Erst zu einem geringen Teil sorgen umweltfreundliche Windräder für die notwendige Energie.

Wasser ist kostbar

Sparsamkeit im Umgang mit Wasser ist für die Einwohner von Fuerteventura seit jeher oberstes Gebot. Selbst gebrauchtes Wasser findet noch Verwendung: Spülwasser zum Pflanzengießen, Waschlaugen zum Aufwischen von Fußböden, aber auch Abwässer von Hotels und Feriensiedlungen werden, nachdem sie eine Kläranlage durchlaufen haben, zur Bewässerung von Parks genutzt. Dieser Methode verdankt beispielsweise die große Grünzone von Costa Calma ihr Überleben.

Geschichte

Wann erfolgte die erste Besiedlung der Kanaren, woher kamen die so genannten Guanchen? Was geschah mit ihnen nach der spanischen Eroberung der Inselgruppe? Die Forschung hält zu all diesen Fragen mittlerweile befriedigende Antworten parat.

Mythologie

Glückliche Inseln

Von Anbeginn seiner Geschichte woben sich Mythen um den Kanarischen Archipel wie kaum sonst auf der Erde. Als elysische Gefilde, glückliche Inseln, Inseln der Seligen, Gärten der Hesperiden usw. besangen und beschrieben antike Autoren wie Homer, Hesiod, Platon, Strabon, Vergil, Horaz, Ptolemäus und Plutarch weit entfernte, irgendwo am Westrand der Welt liegende Eilande, wo das Paradies auf Erden herrschen sollte. Auch im Mittelalter schwärmten Weltreisende, Dichter und Gelehrte wie Isidor von Sevilla von blühenden Inseln im fernen Westen.

Altkanarische Bevölkerung

ab 500 v. Chr.	Besiedlung in mehreren Einwanderungswellen
14./15. Jh.	Einfache Hirten- und Bauernkultur

Berber besiedeln die Inseln

Archäologische Funde und deren Datierung lassen den Schluss zu, dass die Kanaren erst nach 500 v. Chr. besiedelt wurden. Ihre Wurzeln hat die altkanarische Bevölkerung – darin sind sich die Wissenschaftler mittlerweile einig – in der berberischen Welt von **Nordafrika**. Als Belege hierfür dienen den Forschern Skelettauswertungen, die eine Verwandtschaft zwischen altkanarischen und nordafrikanischen Völkern nahelegen, ferner Übereinstimmungen mit berberischen Kulturen sowie Ähnlichkeiten von Sprachresten mit nordafrikanischen Sprachen, die in Ortsnamen, alten Dokumenten und Inschriften (Petroglyphen) erhalten geblieben sind. Angenommen wird auch, dass die Übersiedlung von Afrika auf die Kanaren in mehreren Wellen zu unterschiedlichen Zeiten stattfand. Welche Gründe diese Menschen dazu bewog, ihre nordafrikanische Heimat zu verlassen, ist jedoch weiterhin rätselhaft. Als mögliche Ursachen werden die zunehmende Verwüstung des Saharagebietes und der heftige Druck, der von der römischen Besatzung in Nordafrika ausging, angesehen. Spekulation bleibt auch, wie die Ureinwohner auf die Inseln gelangten. Reste von Wasserfahrzeugen sind

? WUSSTEN SIE SCHON …?

- Der Begriff »Guanchen« bezeichnet häufig die Urbevölkerung der Kanaren. Tatsächlich ist dieser Begriff jedoch auf die Bewohner von Teneriffa begrenzt, denn das Wort »Guanche« bedeutet »Sohn von Teneriffa«. Die Ureinwohner von Fuerteventura bezeichneten sich selbst als »Majos«.

←Der ehemalige Luxusliner »American Star« lief 1994 vor Fuertes Westküste auf Grund.

nicht gefunden worden, was die Vermutung zulässt, die Überfahrt sei in Schilfbooten erfolgt, die später verrotteten.

Leben und Kultur der Majos

Als die Europäer sich im 14./15. Jahrhundert der Kanaren bemächtigten, trafen sie auf eine einfache **Hirten- und Bauernkultur**, die ohne jegliche Verbindung zur übrigen Welt zu sein schien. Fuerteventura wurde damals von zwei »Königen«, Ajose und Guise, beherrscht. Eine Steinmauer am Istmo de la Pared trennte ihre beiden Reiche, von denen das nördliche als **Maxorata**, das südliche als **Jandía** bezeichnet wurde. Die Erbfolge war an die weibliche Linie geknüpft. Ein Matriarchat bestand jedoch nicht. Die Frau übte die Königswürde nicht selbst aus, sondern ihr Ehemann, den sie durch ihre Wahl dazu legitimierte. In der Praxis hat die mutterrechtliche Erbfolge sicher zu einer hohen Bewertung der Frau geführt. So gibt es auch etliche Belege dafür, dass Frauen im Kultus eine große Rolle spielten. Auf Fuerteventura sollen zwei Frauen über den Rechts- und Kultbereich entschieden haben. Über die Sozialstruktur weiß man nur wenig. Es gab Adlige und Bauern, wobei der Adel nicht erblich war, sondern durch persönliche Tugenden erreicht werden konnte.

Auf kleinen gerodeten Feldern, allerdings ohne Pflug, bauten die Majos Gerste und Weizen sowie Hülsenfrüchte an. Als Haustiere hielten sie vor allem Ziegen. Hauptnahrungsmittel der Majos war **Gofio**. Dabei handelt es sich um geröstete Gerstenkörner, die gemahlen mit Honig und Wasser zu einer Masse geknetet und anschließend zu Kugeln gerollt wurden. Wichtige Ernährungsbestandteile waren ferner Ziegenfleisch, Milch und Butter. Auch Meerestiere haben bei der Ernährung eine wichtige Rolle gespielt.

! *Baedeker* TIPP

Auf den Spuren der Majos

Einen guten Eindruck davon, wie die altkanarische Bevölkerung lebte, gibt die Ausgrabungsstätte La Atalayita bei Pozo Negro mit ihren rekonstruierten Steinhütten, deren unterstes Geschoss häufig in die Erde eingelassen war (s. S. 190).

Auf die spanischen Eroberer muss die Kleidung der altkanarischen Bevölkerung befremdlich gewirkt haben. Die Majos trugen Ziegenfälle, die sie mit Pflanzenstacheln sorgfältig zusammen nähten. Aus Palmfasern und Bast geflochtene Materialien dienten als weitere Bekleidungsstücke. Auch die **Werkzeuge und Waffen** wirkten für die Spanier des 15. Jh.s primitiv. Die Majos konnten sich nur mit Wurfsteinen und mit Holzkeulen verteidigen. Im Nahkampf verwendeten sie untereinander spitze, dünne Steinklingen. Sie waren so scharf,

dass man sie auch zum Zerschneiden verschiedener Gegenstände verwenden konnte.
Eine bedeutende Funktion im religiösen Vorstellungskomplex des Inselvolkes hatten, sozusagen als Begegnungsstätte zwischen der göttlichen und der irdischen Welt, heilige Berge. So kamen die Majos beispielsweise auf dem **Tindaya** zu heiligen Handlungen zusammen. Hier brachten sie ihrem Gott – sie glaubten an ein einziges allmächtiges höheres Wesen – Tier- und Trankopfer dar.

Eroberung und Kolonialzeit

23–79 n. Chr.	Erwähnung der Kanaren in der »Naturalis Historia« des Plinius
1312	Lancelotto Malocello landet auf Lanzarote.
1403–1405	Béthencourt nimmt Fuerteventura ein.
1478	Durch Kauf erlangt die spanische Krone die Oberhoheit über die Insel.
1740	Schlacht von Tamacite
um 1770	Infolge von Hungernöten verstärkte Emigration

Erste Kontakte

Viel ist in der Wissenschaft darüber diskutiert worden, ob die **Phönizier**, die als kühn und tüchtig bekannten Seefahrer, bei ihren Erkundungsfahrten entlang der westafrikanischen Küste im ersten Jahrtausend vor Christus mit dem Kanarischen Archipel in Berührung kamen. Beweise hierfür gibt es nicht. Der erste für die Nachwelt erhaltene Bericht über einen Besuch auf den Kanaren ist bei **Plinius dem Älteren** (23–79 n. Chr.) nachzulesen, der in seiner »Naturalis Historia« über eine Expedition schrieb, die der König von Mauretanien, Juba II. (gest. 23 n. Chr.), zu den Kanarischen Inseln entsandt hatte. Ob diese Expedition erfolgreich verlaufen ist, ist nicht belegt, doch taucht in Plinius Bericht zum ersten Mal der Name »Canaria« auf. Den ersten eindeutigen Beweis für die Landung römischer Seefahrer auf den Kanaren liefern Gefäße aus dem 3./4. Jh., die auf Lanzarote und La Graciosa gefunden wurden. Bis zu Beginn des 14. Jh.s dürften ab und an Seefahrer und Abenteurer den Kanarischen Archipel angesteuert haben. In zahlreichen europäischen, byzantinischen und arabischen Quellen werden die Inseln am Westrand der damals bekannten Welt erwähnt, doch ein Eroberungsinteresse an den Kanaren, die keine Reichtümer zu versprechen schienen und einfach zu weit entfernt waren, zeigten die Seefahrermächte des Abendlandes und Vorderen Orients nicht.

Eroberung der Kanaren

Erst im 14. Jh. wurden die europäischen Seefahrermächte auf die Kanaren aufmerksam. Ausschlaggebend hierfür waren u.a. die Berichte von der Seereise des Genuesen Lancelotto Malocello, der 1312 auf der später nach ihm benannten Insel Lanzarote gelandet war, wo es ihm so gut gefiel, dass er sich hier einige Jahre niederließ. In der Folgezeit suchten viele Seefahrer, Kaufleute und Piraten die Kanarischen Inseln auf. Durch die Versklavung der Bevölkerung erhofften sie sich schnellen Reichtum. In mehreren Dokumenten aus der zweiten Hälfte des 14. Jh.s wird gern auf den Reichtum des Archipels mit menschlicher Ware hingewiesen.

Als Oberhaupt »Aller noch zu entdeckender Länder« ernannte Papst Clemens VI. 1344 den aus der spanischen Königsfamilie stammenden Luís de la Cerda zum **König der Kanarischen Inseln**. Mit diesem Titel war ein tatsächlicher Besitzanspruch jedoch nicht verbunden. Nachfolger von Luís de la Cerda wurde Roberto de Bracamonte, der sich allerdings ebenfalls mit der rein theoretischen Königswürde begnügte und keinen Eroberungsversuch unternahm. Diesen überließ er vielmehr seinem Vetter **Jean de Béthencourt** (1359 – 1425; ► Berühmte Persönlichkeiten). Gemeinsam mit dem spanischen Edelmann **Gadifer de la Salle** (ca. 1340 – 1422) unternahm der Normanne Jean de Béthencourt den ersten Versuch, die Kanarische Inselwelt für die spanische Krone einzunehmen. Nach der 1402 erfolgten Besetzung von Lanzarote wurde Béthencourt der Titel »König der Kanarischen Inseln« zugesprochen. In den folgenden Jahren gelang es Béthencourt sich auch der Insel Fuerteventura zu bemächtigen. Er gründete im Inselinnern als Hauptort das nach ihm benannte **Betancuria**. Um die Besitzverhältnisse zu festigen, besiedelte er das neu eingenommene Land mit 200 spanischen und normannischen Bauern.

Béthencourt, dessen Eroberungsversuche auf Gran Canaria und La Palma scheiterten, kehrte 1406 auf das europäische Festland zurück. Er ernannte seinen Neffen Maciot de Béthencourt zum Vizekönig der Inseln. Auf Intervention des spanischen Königs musste er das Amt 1415 wegen schlechter Ausübung jedoch wieder aufgeben. Aus dieser Situation schlug Maciot de Béthencourt mehrfach Kapital: Er verkaufte das Amt nacheinander an den königlichen Gesandten Diego de Herrera, an den Prinzen Heinrich von Portugal und schließlich an den spanischen Grafen Hernán Peraza den Älteren. Die Besitzverhältnisse auf den Kanaren waren so-

? WUSSTEN SIE SCHON ...?

- wie der Kanarische Archipel zu seinem Namen kam? Auf einer spanischen Seekarte erschien erstmals 1339 die Bezeichnung »Isla Canaria«. Plinius d. Ä. (23 – 79 n. Chr.) bezeichnete eine der Inseln als »Canaria«, angeblich wegen der großen Hunde (lat. canis = Hund), die dort lebten. Die Römer brachten die Inseln immer mit dem Totenreich im Westen in Verbindung. Denkbar wäre, dass diese Tatsache bei der Namensgebung eine Rolle spielte. Ist der Hund doch gemäß alter mythologischer Vorstellungen der Führer in die Totenwelt. Eine andere Erklärungsvariante weist darauf hin, dass es auf den Inseln den Vogel Canora (von lat. »canere« = »singen«) gegeben haben soll. Möglicherweise rührt der Name auch von dem an der afrikanischen Küste gelegenen Cabo Caunaria (vermutlich das heutige Cap Bojador) her.

mit völlig ungeklärt. Sowohl Spanier als auch Portugiesen schickten in den folgenden Jahrzehnten Schiffe zur Eroberung der Inseln aus. Die spanische Krone erlangte 1478 durch Kauf die Oberhoheit über Fuerteventura – ebenso wie über Lanzarote, Gomera und Hierro – zurück. Der ein Jahr später geschlossene **Vertrag von Alcáçovas** klärte die Besitzansprüche von Spanien und Portugal: Die Kanarischen Inseln gingen an Spanien, Portugal erhielt dafür ganz Westafrika samt sonstiger vorgelagerter Inseln.
Erst 1496 war mit der Eroberung von Teneriffa durch Alonso Fernández de Lugo die **Eroberung der Kanarischen Inseln** abgeschlossen. Ein großer Teil der Altkanarier wurde nach der Inbesitznahme der Insel versklavt und ins Ausland gebracht. Die überlebenden Majos hispanisierten sich erstaunlich schnell. Viele vermischten sich durch Heirat mit den Eroberern, sie nahmen die Sprache, Religion, die Sitten und Gebräuche der Spanier an und passten sich den neuen wirtschaftlichen Gegebenheiten an. Anthropologischen Forschungsergebnissen zufolge soll die Mehrheit der heutigen kanarischen Bevölkerung von den Altkanariern abstammen.

Señorio-Status

Nach der spanischen Eroberung bestanden auf den Kanaren zwei unterschiedliche Verwaltungssysteme: Während Gran Canaria, La Palma und Teneriffa direkt der spanischen Krone unterstellt wurden, galt für Fuerteventura ebenso wie für Gomera, Hierro und Lanzarote der Señorio-Status. Diese Inseln waren als feudalherrschaftliche »señoríos« (**Grafenherrschaften**) im Besitz der Adligen, die die Inseln erobert hatten. Die Bevölkerung musste Abgabepflichten an den jeweiligen Herrscher und zudem an das spanische Reich erfüllen.

Zwischenspiel: Kolumbus

Christoph Kolumbus (span. Cristóbal Colón, 1451 – 1506) lief auf seiner ersten Entdeckungsfahrt 1492 zunächst Gran Canaria und danach Gomera an. Auch bei seinen späteren Fahrten (1493, 1498 und 1502) legte er wiederholt auf diesen beiden Inseln und einmal auch auf Hierro an.

Piratenangriffe

In den folgenden Jahrhunderten waren die Kanaren wiederholt das Ziel von Piratenangriffen. Für Fuerteventura galt das weniger als für die westlichen Kanaren, die mit dem Anbau von Zuckerrohr und später mit Wein schnell wirtschaftliche Bedeutung erlangten. Wegen ständigen Wassermangels blieb Fuerteventura von dem neuen Reichtum weitgehend ausgeschlossen – und war daher seltener das Ziel von Seeräubern.
1740 ankerte jedoch ein englisches Schiff vor der Küste des heutigen Gran Tarajal im Süden Fuerteventuras und entsandte eine 50-Mann starke gut ausgerüstete Truppe zur Einnahme der Insel. Obgleich die eiligst zusammengerufenen Einwohner nur über wenige Gewehre verfügten, konnten sie die englischen Eindringlinge erfolgreich abwehren. Dieses Ereignis ist als **Schlacht von Tamacite** in die Inselannalen eingegangen (vgl. S. 202).

EIN »STARKES« ABENTEUER

Im Jahre 1344 ernannte der in Avignon residierende Gegenpapst Clemens VI. als Oberhaupt »aller noch zu entdeckender Länder« den Enkel des kastilischen Königs Alfons X., Luís de la Cerda, zum König der Kanarischen Inseln. Ein Titel, mit dem nicht allzu viel anzufangen war: Die Kanaren waren noch nicht erobert, ja man wusste nicht einmal genau, wie es auf allen Inseln des Archipels aussah.

Einen Eroberungsversuch unternahm erst zu Beginn des 15. Jahrhunderts **Jean de Béthencourt** (1359–1425), Graf von Granville aus der Normandie, der in Frankreich in Ungnade gefallen war. Der normannische Adlige konnte dabei auf den spanischen Edelmann **Gadifer de la Salle** (1340–1422) zurückgreifen, den er bereits seit 1390 kannte, als sie gemeinsam an einem »Kreuzzug« gegen Tunis teilgenommen hatten. Vom Charakter her waren beide recht unterschiedlich. De la Salle entsprach dem Abenteurertyp: ruhelos, unüberlegt, ritterlich-romantisch verklärt. Béthencourt dagegen war praktisch veranlagt: Ihn interessierte die Expedition auf die Kanaren mehr aus materiellen Gründen und weniger wegen des damit einhergehenden Ruhms.

Nachdem Béthencourt und de la Salle eine 63-köpfige Mannschaft zusammengestellt hatten, segelten sie am 1. Mai 1402 von La Rochelle aus los. Lanzarote war schnell eingenommen, die altkanarische Bevölkerung arrangierte sich mit den spanischen Eroberern. So setzte Béthencourt schon bald nach Fuerteventura über; allerdings scheiterte dieses Unternehmen. Nun, da wenigstens eine kanarische Insel Eigentum der kastilischen Krone war, und um Verstärkung und Lebensmittel zu holen, kehrte Béthencourt nach Spanien zurück; Gadifer de la Salle ließ er als Statthalter auf Lanzarote zurück.

Herrscher der Kanaren

In Sevilla verlieh Heinrich III. von Kastilien Béthencourt den Titel »Señor de las Islas Canarias«. Er erhielt er das Anrecht auf den »quinto«, d.h. das Fünftel vom Wert aller Waren, die in Zukunft von den Kanaren exportiert werden sollten. Zur weiteren Eroberung des Archipels bekam Béthencourt ein mit Lebensmitteln und Waffen gut ausgerüstetes Schiff.

…n de Béthencourt gründete 1405 … nach ihm benannte Hauptstadt … Fuerteventura. Die Lage im …elinneren sollte Piraten die Ein…hme erschweren.

Machtkampf

Gadifer de la Salle begab sich zwischenzeitlich von Lanzarote aus auf Entdeckungstour. Mit einem Trupp von 20 Männern erkundete er Fuerteventuras Westküste. Beim heutigen Puerto de la Peña, starteten die Männer eine erste Expedition durchs Tal des Río de Palmas hinauf in Richtung des heutigen Betancuria. Wie die Chronisten später berichteten, sei es dabei zum ersten Feindkontakt gekommen. Man habe vier Insulaner gejagt und vier Frauen gefangen genommen.

Am 19. April 1404 kehrte Béthencourt nach Lanzarote zurück. Eilig ließ er de la Salle wissen, dass nun er unumschränkter Herrscher der Kanaren sei. Es kam zur offenen Feindschaft zwischen den einstigen Partnern. Beide starteten von Lanzarote aus Überfälle auf die Nachbarinsel Fuerteventura, um sie auszubeuten. Schließlich verließ de la Salle verbittert die Inseln.

Unter spanischer Herrschaft

Die altkanarische Bevölkerung von Fuerteventura setzte sich inzwischen vehementer gegen die Eindringlinge zur Wehr. Im Januar 1405 allerdings kapitulierten die beiden Könige; sie ließen sich taufen und erhielten die Namen Alfonce und Louys. Auch die übrige Urbevölkerung wurde nun rigoros zum Christentum bekehrt.

Übrigens sollen die Priester, die Béthencourt bei der Eroberung begleiteten, der Insel Fuerteventura ihren Namen gegeben haben: »**Isle de forte aventure**« (Insel des starken Abenteuers). Einer anderen Version zufolge gilt Béthencourt als der Namensschöpfer – bei den Eroberungskämpfen soll er einmal ausgerufen haben: »que fuerte ventura« (welch großes Abenteuer). Beide Erklärungsvarianten entsprechen aber wohl nicht der Wahrheit (vgl. S. 15).

Hauptstadt unter Palmen

In einem fruchtbaren, von hohen Bergzügen umgebenen Tal, das somit einen relativ guten Schutz vor Piratenüberfällen bot, gründete Béthencourt 1405 das nach ihm benannte **Betancuria** als »villa real« (königliche Stadt).

Nachdem die Macht- und Besitzverhältnisse geregelt waren, konnte sich Béthencourt weiteren Eroberungsversuchen zuwenden. Ihm glückte die Einnahme von Hierro, nicht aber die von Gran Canaria und La Palma. Daraufhin segelte er in die Normandie und kam mit 200 Bauern und Handwerkern zurück, die sich auf Fuerteventura und Lanzarote niederließen. Im Jahre 1406 überließ er seinem Neffen Maciot de Béthencourt die Herrschaft über die Inseln und kehrte nach Frankreich zurück.

Wirtschaftliche Probleme

Schon im 17. und zu Beginn des 18. Jh.s war es wiederholt zu verheerenden Hungersnöten auf Fuerteventura gekommen. Nach Jahren extremer **Dürre und Missernten** spitzte sich die Situation um 1770 zu. Viele der Bewohner mussten nach Gran Canaria oder nach Mittel- und Südamerika emigrieren bzw. starben an Hunger. Von den 11 000 Einwohnern, die noch 1768 auf Fuerteventura lebten, waren 1772 nur 4400 geblieben.

19./20. Jahrhundert

1812	Offizielle Abschaffung der Señorios
1852	Die Kanaren werden Freihandelszone.
1912	Die Inseln erhalten eine örtliche Selbstverwaltung.
1927	Aufteilung des Archipels in eine West- und Ostprovinz
1936 – 1939	Spanischer Bürgerkrieg
1982	Bildung der Kanarischen Autonomen Region

Kaziken-System

Im Jahr 1812 beschloss das spanische Parlament die Abschaffung der **Señorios**. Tatsächlich aufgehoben wurde er auf Fuerteventura jedoch erst 1836. Von der Abschaffung der Feudalherrschaft profitierten bürgerliche Großgrundbesitzer, so genannte caciques. Sie hatten zwar nicht mehr so viele Privilegien wie ihre adligen Vorgänger, besaßen aber die besten Ländereien und hielten die politische Macht auf der Insel in ihren Händen. Für die kleinen Landpächter und Tagelöhner änderte sich unter diesem Kaziken-System wenig – sie blieben von ihrem jeweiligen Herrn abhängig. Selbst nach Ausrufung der Zweiten Spanischen Republik 1931 bestand das Kaziken-System weiterhin.

Freihandelszone

Das 19. Jh. hindurch blieb Fuerteventura am Rande des kanarischen Wirtschaftsgeschehens. Viele Majoreros versuchten auf den wirtschaftlich prosperierenden Nachbarinseln als Tagelöhner ein Auskommen zu finden. Viele emigrierten jedoch auch nach Südamerika. Um die Wirtschaftskraft der Kanaren zu erhöhen, erklärte die spanische Königin Isabella II. die Inselgruppe 1852 zur Freihandelszone.

Selbstverwaltung

Im Jahre 1912 wurden auf den Kanarischen Inseln die »cabildos insulares« eingerichtet, jede Insel hatte damit eine örtliche Selbstverwaltung. 1927 wurde der Kanarische Archipel in eine West- und eine Ostprovinz aufgeteilt. Seither gehört Fuerteventura zusammen mit Gran Canaria und Lanzarote zur Provinz Las Palmas de Gran Canaria. Die beiden kanarischen Provinzen wurden 1982 zur »Kanarischen Autonomen Region« zusammengefasst. Wie die übrigen 16 Autonomen Regionen Spaniens erhielten die Kanarischen Inseln eine Regionalverfassung (Autonomiestatut) sowie gewählte Vertretungskörperschaften. Das Inselparlament tagt seither abwechselnd in Santa Cruz de Tenerife und Las Palmas de Gran Canaria.

Unamuno auf Fuerteventura

Das kahle Eiland diente bis in die Gegenwart hinein als beliebter Verbannungsort für Regimekritiker. Auch der spanische Dichter und Philosoph Miguel de Unamuno (► Berühmte Persönlichkeiten) musste 1924 in dieser »Oase in der Wüste der Zivilisation«, wie er Fuerteventura betitelte, einige Monate verbringen.

Spanischer Bürgerkrieg

Im Juli 1936 putschten spanische Militärs, darunter General Francisco Franco (1892–1975), der damalige Befehlshaber des Militärbereichs Kanarische Inseln, gegen die demokratisch gewählte republikanische Regierung. Der Aufstand weitete sich schließlich zum Spanischen Bürgerkrieg (1936–1939) aus. Die Einwohner von Fuerteventura verhielten sich gegenüber General Franco loyal. Daher unterstellte er die Insel ab 1940 seinem besonderen Schutz. Diese Maßnahme brachte der Inselbevölkerung jedoch keine Verbesserung ihrer wirtschaftlichen Lage.

Nach dem Tode Francos gab Spanien 1975 seinen Anspruch auf die Kolonie Spanisch-Marokko auf. Die dort stationierte 3000 Mann starke **Fremdenlegion** wurde kurzerhand nach Fuerteventura verlegt und bezog eine Kaserne in Puerto del Rosario. Die einheimische Bevölkerung reagierte vor allem im Hinblick auf eine beachtlich steigende Kriminalitätsrate zunächst nicht allzu erfreut auf die Verlegung, arrangierte sich dann aber mit den Legionären. Schließlich halfen diese bei Unwetterkatastrophen, spielten Feuerwehr, wenn es brannte, und vor allem verdienten etliche ganz gut an den Soldaten – nicht nur im Amüsierviertel von Puerto del Rosario. So sahen es die Majoreros im Dezember 1995 durchaus mit Bedauern, dass die Legionäre (seit der Militärreform 1984 nahm die Legion keine Ausländer mehr auf!) ein letztes Mal durch Puerto del Rosario marschierten, bevor ihre Einheit nach Almería (Südspanien) verlegt wurde.

Die Legion rekrutiert sich nur aus Freiwilligen. Es ist eine hoch spezialisierte Elitetruppe.

Autonomiebestrebungen

In den siebziger Jahren war eine weitreichende Autonomie der Kanaren vom spanischen Mutterland ein Hauptthema der lokalen Politik. Für die kanarischen Separatisten waren die Festlandspanier (und die Ausländer) die Sündenböcke wirtschaftlicher Schwierigkeiten. An Mauern und Felswänden wurde gefordert »Fuera Godos« (= »Goten raus«; ursprünglich wurden mit »Godos« Angehörige der spanischen Adelsschicht bezeichnet, die ihre Abkunft auf westgotische Adelsfamilien zurückführen konnten, später betitelte man damit alle Nichtkanarier). Ihren Höhepunkt erlebten die **Separatismusbestrebungen** in den Jahren 1976 – 1978, als man sogar mit Bombenterror versuchte, die Parole »fuera godos« durchzusetzen. Bei den Aktionen, die von der Regierung Algeriens unterstützt wurden, kam jedoch niemand ernstlich zu Schaden.
Die Situation entspannte sich, als die Kanaren 1982 im Rahmen der spanischen Dezentralisierungspolitik eine gewisse Autonomie erhielten. Doch ist eine weitergehende Unabhängigkeit – beispielsweise eine weitreichende Autonomie innerhalb eines spanischen Bundesstaates – immer mal wieder ein Thema der Inselpolitik.

Wirtschaftsanbindung an die EU

Mit dem EG-Beitritt Spaniens (1986), das nach dem Tode Francos (1975) in eine konstitutionelle Monarchie umgewandelt wurde, ergaben sich für Fuerteventura zunächst keine wirtschaftlichen Konsequenzen, da die Kanarischen Inseln zur Sicherung ihres Status als Freihandelszone die Mitgliedschaft verweigerten. Aufgrund der spezifischen Insellage wurde deshalb für die Kanaren ein Sonderabkommen geschlossen. 1989 entschied sich das kanarische Parlament dann doch zum Beitritt in die Europäische Gemeinschaft, um vor allem von den EG-Subventionen und Strukturhilfen zu profitieren und den kanarischen Exportprodukten einen freien Zugang zum europäischen Binnenmarkt zu ermöglichen. Seit 1993 sind die Kanarischen Inseln voll in die EU (Europäische Union) integriert.

Entwicklung der letzten Jahre

2002	Der Tod von Eduardo Chillida führt zu erneuten Diskussionen über sein Kunstprojekt am Tindaya.
2003	Bau eines neuen Internierungslagers für Flüchtlinge

Gewaltiges Kunstprojekt

Der Tod des spanischen Bildhauers und Künstlers Eduardo Chillida am 19. August 2002 belebte auf Fuerteventura die Diskussion erneut, ob das von ihm 1997 initiierte »**Tindaya-Projekt**« verwirklicht werden soll. Mit der Aushöhlung des Berges wollte Chillida seine Idee des »leeren Raumes« verwirklichen. Bisher steht nicht fest, ob Chillidas »Monument der Toleranz, Leere und Bescheidenheit« jemals Realität wird. Die Inselregierung investierte bereits Millionen für Untersuchungen über die technische Durchführbarkeit. Bis darüber endgültig entschieden wird, vergehen vermutlich noch Jahre.

Illegale Einwanderung

Innerhalb weniger Jahre hat sich die Zahl afrikanischer Flüchtlinge, die sich von der Westsahara aus mit Booten Richtung Kanaren auf den Weg machen, vervielfacht. Die meisten von ihnen gehen auf Fuerteventura an Land. Die Immigranten wurden zunächst provisorisch in den ehemaligen Kasernen der Legion in Puerto del Rosario sowie im alten Flughafengebäude untergebracht. Ein neues Internierungslager mit Kapazität für über 1000 **Flüchtlinge** wurde 2003 gebaut. Patrouille-Einheiten sollten die illegale Zuwanderung künftig stärker eindämmen. Doch war auch 2005 kein Rückgang der Zuwandererzahlen festzustellen: Insgesamt 4751 Flüchtlingen gelang die gefährliche Überfahrt aus dem Gebiet der Westsahara auf die Kanaren.

Politische Machtverhältnisse

Aus den Kommunalwahlen und den **Wahlen** zum Kanarischen Parlament im Juni 2003 gingen die Kanarischen Nationalisten, die Coalición Canaria, als Sieger hervor. Sie errangen 22 von insgesamt 60 Sitzen im Kanarischen Parlament. Zusammen mit der konservativen Volkspartei PP, die 17 Sitze errang, bildeten sie – wie schon bei den letzten Wahlen 1999 – die Regierung.

Kunst und Kultur

Der Kultururlauber wird auf Fuerteventura nicht glücklich. Doch gibt es einige interessante Hinterlassenschaften aus altkanarischer Zeit und manch hübsche Dorfkirche zu entdecken.

Altkanarische Kunst

Erhalten sind einige schöne Keramikgegenstände aus vorspanischer Zeit. Sie wurden freihändig und nicht mit Hilfe der Töpferscheibe geformt. Vielfach sind die Gefäße mit Hohlgriffen versehen, die zugleich als Ausgusstüllen dienen konnten. Vorherrschend sind einfache glatte Gegenstände, daneben gibt es aber auch welche, die mit ornamentalen Kerben dekoriert sind. Je nach Insel weicht die Gestaltung voneinander ab. Im Zusammenhang mit altkanarischer Keramik ist auf die »**Pintaderas**« hinzuweisen. Dabei handelt es sich um Stempel mit vielfältig ornamentierten Siegelflächen. Sie wurden meist aus Keramik und nur selten aus Holz hergestellt. Vermutlich verwendete man sie dazu, um Gegenstände mit einer unverwechselbaren Signatur zu versehen. Noch nie wurden zwei Pintaderas gefunden, deren Abdrücke einander völlig gleichen. Die **Idolfiguren** waren wohl Elemente bestimmter Riten und Kulte. Sie sind fast ausnahmslos nur bruchstückhaft erhalten. Einen künstlerischen Rang besitzt lediglich das »Idol von Tara«. Dieses vermutlich berühmteste altkanarische Fundstück wurde auf Gran Canaria entdeckt (heute im Museo Canario in Las Palmas). Die Tonstatue wirkt mit ihren grotesk verdickten Gliedmaßen weiblich, obwohl Andeutungen der Brüste fehlen. Höhlenmalereien fand man nur auf Gran Canaria, in der Cueva Pintada bei Gáldar. Die Innenwände der Höhle sind mit farbigen geometrischen Mustern verziert. Insgesamt sind die Zeugnisse auf dem Gebiet der Kunst spärlich. Das Erhaltene wirkt schlicht.

Architektur

Nach der spanischen Eroberung der Insel entstanden im Laufe der Jahrhunderte in enger Anlehnung an europäische und vor allem spanische Traditionen Kirchen und bescheidene Repräsentationsbauten. Die verschiedenen architektonischen Stilrichtungen erreichten die Kanaren teilweise erst mit erheblicher Verzögerung und wurden hier häufig viel länger als auf dem europäischen Kontinent angewandt.

Auf Fuerteventura, wo die Bevölkerung jahrhundertelang ums Überleben kämpfen musste, war naturgemäß nicht genügend Geld vorhanden, um grandiose Bauwerke entstehen zu lassen. Zu verweisen ist lediglich auf einige schöne Beispiele für den **Mudéjarstil**. Er wurde in Spanien von den »Mudéjaren«, d.h. den »zum Bleiben ermächtigten Mauren«, aber auch von maurisch beeinflussten christlichen Baumeistern entwickelt und stellt eine Vermischung von maurischen mit gotischen bzw. Renaissanceformen dar. Seine wichtigsten Kennzeichen sind Hufeisenbögen, Stalaktitengewölbe und Stuckornamentik. Viele Holzdecken in sakralen und profanen Bauwerken sind im Mudéjarstil üppig verziert.

← Barocke Pracht am Hochaltar in der Iglesia de Santa María von Betancuria

Umgeben von einer zinnenbewehrten Mauer: Iglesia de San Pedro in La Ampuyenta

Von den ca. 30 **Kirchen** und Kapellen auf Fuerteventura sind neben der Kathedrale in Betancuria vor allem die Kirche von Vega de Río de las Palmas und die Kirche in Pájara mit ihrem ausgefallenen Portal sehenswert. Unter den wenigen Herrenhäusern der Insel sei besonders auf die Casa de los Coroneles in La Oliva verwiesen.

Bauernhäuser und Windmühlen

Einen Eindruck von der traditionellen bäuerlichen Bauweise bekommt man noch heute bei Fahrten in das Landesinnere. Beispielsweise in der Umgebung von Tesejerague im Süden der Insel sieht man viele halbzerfallene lehmfarbene Gehöfte. Sie unterscheiden sich farblich mitunter kaum von der Umgebung – und waren daher bei Piratenüberfällen aus der Ferne fast nicht zu entdecken. Bei Tefía wurden einige traditionelle Bauerngehöfte restauriert, sie sind heute als Freilichtmuseum zugänglich. Erst seit dem 18. Jh. ging man verschiedentlich dazu über, die Häuser hitzeabweisend weiß zu kalken.

Prägend für das Landschaftsbild von Fuerteventura sind daneben die vielen **Windmühlen**, etliche von ihnen wurden in letzter Zeit restauriert. Einige besonders schöne Expemplare verbindet eine »Windmühlenstraße«. Die Mühlen besaßen vier oder sechs Flügel auf einem gemauerten Unterbau. Ob-

? WUSSTEN SIE SCHON …?

- … was der Unterschied zwischen einem Molino und einer Molina ist? Bei der männlichen Mühlenvariante, der »Molino«, handelt es sich um einen runden Steinbau mit einem Dachaufsatz aus Holz oder Blech. An diesem sind die vier bis sechs Mühlenflügel befestigt. Bei der »Molina« sind die Flügel an einem Holzgestell befestigt, das auf einem flachen Gebäude steht. Erst seit dem 19. Jh. wurde dieser Mühlentyp verwendet, dessen Mahlleistung höher und die Handhabung einfacher ist.

gleich der Wind fast immer aus Nordosten weht, besitzen die Mühlen ein drehbares Obergestell, um den Wind bestmöglich ausnutzen zu können. In diesen gemauerten Mühlen wurde Getreide gemahlen.

Holzschnitzkunst

Durch alle Epochen hindurch entstanden auf den Kanaren kunstvolle Holzschnitzereien. Auf die reich verzierten Holzdecken wurde bereits hingewiesen. Das wohl typischste Kennzeichen kanarischer Architektur sind aber die prächtigen **Holzbalkone**. Auf Fuerteventura sieht man vor allem in Betancuria und Pájara schön verzierte Balkone.

Folklore

Aus dem Leben der Kanarier nicht wegzudenken sind die **Fiestas**. Sie haben einen religiösen Ursprung und gelten einem der Inselheiligen. In der Regel beginnen sie mit einer Prozession, der sich weltliche Vergnügungen anschließen. Eine große Rolle spielt bei derartigen Feierlichkeiten die Musik. Rhythmus und Melodie der Lieder sind leidenschaftlich. Bevorzugt begleitet werden sie von der Timple, einem kleinen Saiteninstrument. Die **Trachten** und Festgewänder, die man bei derartigen Feierlichkeiten sieht, sind meist moderne Schöpfungen. Lediglich der breitkrempige Hut und die mehrfach übereinander getragenen Röcke sind traditionelle Elemente einer kanarischen Volkstracht.

Zentrum für moderne Kunst: Casa Mané in La Oliva

Lucha Canaria In fast jeder größeren Ortschaft gibt es Kampfplätze, auf denen »lucha canaria« ausgetragen wird. Seine Blüte erlebte der Kanarische **Ringkampf** zu Beginn des 20. Jh.s; zuvor übte man ihn bei Festen meist spontan aus. Auf einer kreisförmigen Kampffläche mit einem Durchmesser von 9 bis 10 m stehen sich zwei Kämpfer gegenüber, die jeweils einer zwölfköpfigen Mannschaft angehören. Gekämpft wird maximal drei Runden, von denen jede drei Minuten dauert. Sieger ist, wer in dieser Zeit den Gegner zweimal zu Fall gebracht hat.

! *Baedeker* TIPP

Unbedingt zuschauen!

Eine Besonderheit der Kanaren ist »lucha canaria« (Kanarischer Ringkampf). Heute finden vor allem im Rahmen von Fiestas Kämpfe statt. Wenn sich die Gelegenheit bietet: unbedingt zuschauen!

Juego del Palo Außergewöhnliche Geschicklichkeit erfordert »juego del palo« (**Stockspiel**). Nach festen Regeln greift man den Gegner mit zwei Stöcken an bzw. versucht, den gegnerischen Schlägen auszuweichen. Der Körper soll dabei so wenig wie möglich bewegt werden.

Auf den Kanaren Volkssport: Lucha canaria

Kunsthandwerk

Zu den traditionellen Handwerken auf Fuerteventura gehören die Korbflechterei, **Stickereien** und Spitzenherstellung sowie die Töpferei. Bekannt auf der Insel als Kunsthandwerkszentrum ist die kleine Ortschaft Lajares im Norden. Hier werden die Stickereien nicht nur verkauft, sondern auch Nachwuchskräfte in der Kunst der Hohlsaumstickereien (Calado) oder Reliefstickereien (Bordado) ausgebildet.

Moderne Kunst

Wer sich für die moderne Kunstszene interessiert, sollte der **Casa Mané** in La Oliva einen Besuch abstatten. Hier sind die führenden zeitgenössischen kanarischen Künstler mit Plastiken und Malerei vertreten. Als Zentrum des Brauchtums gilt der Kulturverein Mafasca in Antigua, der neben Folklore- und anderen Veranstaltungen regelmäßig einen Markt und eine Kunsthandwerksmesse organisiert. Ansonsten ist Puerto del Rosario Zentrum des bescheidenen Kulturlebens. Hier werden vorwiegend für die einheimische Bevölkerung Konzert- und Theaterabende organisiert.

Berühmte Persönlichkeiten

Wer war der Mann, der die Insel für die spanische Krone erobert hat? Was hat der hl. Diego de Alcalá mit der Wüsteninsel zu tun? Warum verbrachte der spanische Philosoph Miguel de Unamuno einige Monate seines Lebens auf Fuerteventura – und was hat es schließlich mit dem mysteriösen Gustav Winter auf sich?

San Diego de Alcalá (um 1400 – 1463)

Der einzige Heilige der Kanaren

Rund 88 Jahre vor seiner Heiligsprechung wurde er schon von dem berühmten (und anonymen) Kölner Meister von St. Severin als Franziskaner dargestellt, mit einem Kruzifix in der Hand und auf einen Krückstock gestützt – San Diego de Alcalá. Angenommen wird, dass er um 1400 in San Nicolás (Andalusien; weswegen er auch Diego de San Nicolás genannt wird) das Licht der Welt erblickte. Schon in frühester Jugend führte Diego (bzw. Didacus auf lateinisch) ein Eremitendasein bei der Kirche San Nicolás in seinem Heimatort. Um sich Gott noch mehr hingeben zu können und vielleicht auch um dem wachsenden Ruhm, den er im Volk genoss, zu entfliehen, trat er als Laienbruder in das Franziskanerkloster von Arrizafa in der Nähe von Córdoba ein. 1441 wurde er gemeinsam mit einem anderen Priester als **Missionar** auf die Kanarischen Inseln gesandt. In der Bekehrung der Eingeborenen zum christlichen Glauben bewies er einen unermüdlichen Eifer; doch verteidigte er diese auch gegen die Raffgier der spanischen Eroberer, was ihm enorme Schwierigkeiten einbrachte. Obwohl er nur Laienbruder war, wurde er 1445 zum »Guardian« des Klosters von Fuerteventura ernannt. Im Jahre 1449 kehrte er nach Spanien zurück, wo er in verschiedenen Konventen seinem Orden diente. Er starb am 12. November 1463 an einer Infektion in Alcalá de Henares.

Vor allem nach seinem Tod wurden dem Heiligen, der für seine fanatische Bußstrenge und große Hilfsbereitschaft bekannt war, viele Wunder nachgesagt. Auch das Auffinden der nur 23 cm hohen Alabasterstatue der **Virgen de la Peña**, der Schutzheiligen von Fuerteventura, unterhalb von Vega de Río de las Palmas wird Diego nachgesagt. In einer kleinen Höhle in der Nähe des Inselklosters, wohin er sich gern allein zurückzog, soll er beim Gebet immer derart in Extase geraten sein, dass sein Antlitz zu leuchten begann und die Leute herbeieilten, in der Annahme, in der Höhle sei Feuer ausgebrochen. Bis vor gar nicht so langer Zeit galt die Erde aus der Höhle als gesegnet: Bauern streuten sie über die Felder, in der Hoffnung auf eine gute Ernte, auch Schwangeren wurde sie verabreicht, um eine gute »Frucht« zu garantieren. Auf Betreiben König Philipps II. von Spanien (1527 – 1598) wurde Diego am 2. Juli 1588 von Papst Sixtus V. heilig gesprochen.

Jean de Béthencourt (1359 – 1425)

Eroberer von Fuerteventura

Der Normanne Jean de Béthencourt genießt den Ruf, Eroberer von Hierro, Lanzarote und Fuerteventura zu sein. Was Hierro betrifft, mag das vollkommen zutreffen; im Hinblick auf die Eroberung von Lanzarote und Fuerteventura jedoch gebührt dem spanischen Edel-

←Erinnerung an den berühmten Schriftsteller und Philosophen in der Casa Museo Unamuno in Puerto del Rosario

mann Gadifer de la Salle die gleiche Ehre. Doch Béthencourt verstand es, seinen Partner de la Salle, mit dem er in königlichem Auftrag den Kanarischen Archipel der kastilischen Krone untertan machen sollte, geschickt auszubooten. Hinter dem Rücken von de la Salle sicherte er sich die Herrschaftsrechte über die Kanarischen Inseln – erleichtert wurde ihm dies durch seine guten Beziehungen zum königlichen Hof. Dieser ernannte ihn zum **Señor de las Islas Canarias**. Dazu trug nicht zuletzt die Chronik bei, die Béthencourt während seiner Expeditionen von zwei ihn begleitenden Geistlichen niederschreiben ließ. (Überhaupt sind die zeitgenössischen – aber auch spätere – Quellen sehr »Béthencourt-freundlich« verfasst und infolgedessen nicht ganz frei von Fehlern und Widersprüchen.) Nach der Eroberung Fuerteventuras betrieb Béthencourt eine kluge Siedlungspolitik: Die von ihm zur Kolonisierung der Insel herbeigerufenen Europäer befreite er eine Zeit lang von Steuerlasten; dadurch sicherte er sich ihre Ergebenheit. Zudem soll er durch verschiedene Maßnahmen eine friedliche Koexistenz zwischen den Eingeborenen und den Neuankömmlingen ermöglicht haben.

Nachdem er seinem Neffen **Maciot de Béthencourt** die Herrschaft über die Inseln übertragen hatte, bestieg Jean de Béthencourt am 15. Dezember 1406 ein Schiff, um die Kanaren für immer zu verlassen. Die Inselbewohner bereiteten ihm, wie die Chronik berichtet, einen überaus bewegenden Abschied. Béthencourt kehrte nach Frankreich zurück und starb dort 1425 auf seiner Burg in Granville.

César Manrique (1920 – 1992)

Mit dem Namen des auf der Nachbarinsel Lanzarote geborenen **Architekten, Malers und Bildhauers** César Manrique wird man auch auf Fuerteventura konfrontiert. Nach seinen Plänen entstanden hier ein Restaurant sowie ein Mirador bei Betancuria.

Nach ersten eigenen Ausstellungen auf den Kanaren siedelte Manrique 1945 nach Madrid über, wo er an der Hochschule der Schönen Künste sein Studium aufnahm. In den folgenden Jahren zeichneten sich auf dem Gebiet der abstrakten Malerei Erfolge ab. Seine Ausstellungen blieben nicht auf den spanischen Raum beschränkt, in vielen großen Städten Europas, Japans und der USA waren seine Werke zu sehen. Im Jahr 1965 zog der nunmehr international bekannte Künstler nach New York, wo er eine Berufung an das Internationale Institut für Kunsterziehung erhielt. Sein letzter Wohnortwechsel erfolgte 1968: Manrique ließ sich auf

seiner **Heimatinsel Lanzarote** nieder. Dort gründete er noch im selben Jahr das Museum für Zeitgenössische Kunst. In den folgenden Jahren arbeitete Manrique an vielen Bauvorhaben auf den Kanarischen Inseln. Vor allem auf Lanzarote und Teneriffa verwirklichte er seine Vorstellungen. Anknüpfend an einheimische Bautraditionen, bemühte er sich darum, die Landschaft so zu erhalten, wie sie ist. Als seine Hauptaufgabe sah es Manrique an, seine Heimatinsel Lanzarote gegen eine Verbauung zu schützen.
Ein Autounfall setzte dem Leben des engagierten Künstlers im September 1992 ein jähes Ende, begraben wurde Manrique in Haría auf Lanzarote.

Gadifer de la Salle (1340 – 1422)

Partner von Jean de Béthencourt

Gadifer de la Salle hatte bei der Eroberung von Fuerteventura das Nachsehen: Zwar hatte er die Expedition zur Eroberung der Kanarischen Inseln zum größten Teil organisiert, gehörte ihm das Schiff, mit dem er und sein Partner Jean de Béthencourt in königlichem Auftrag von La Rochelle aus losgesegelt waren, war er **der eigentliche Eroberer von Lanzarote und Fuerteventura** – doch das alles brachte ihm nichts ein. Während sich Béthencourt hinter seinem Rücken am kastilischen Hof die Herrschaftsrechte über die Kanarischen Inseln sicherte, musste er auf Lanzarote ums Überleben kämpfen – gegen Hunger, gegen Ureinwohner und gegen meuternde Soldaten aus den eigenen Reihen. Sein Protest gegen die Ernennung Béthencourts zum »Señor de las Islas Canarias« zeigte am Königshof keine Wirkung. Heinrich III. blieb bei seiner Entscheidung: Der Normanne galt als Eroberer der Kanarischen Inseln und somit als Herrscher über den Archipel. Verbittert und ohne materiellen Gewinn verließ de la Salle daraufhin die atlantische Inselgruppe für immer.

Miguel de Unamuno y Jugo (1864 – 1936)

Inselpoet

Er gilt als der Inselpoet. Dabei lebte er nur vier Monate auf Fuerteventura – und das nicht einmal freiwillig. Der spanische Dichter, **Schriftsteller und Philiosoph** Miguel de Unamuno y Jugo ist der bekannteste unter den zahlreichen Exilierten, die – bis in die 1960er-Jahre hinein – von den verschiedensten spanischen Regierungen hierher abgeschoben wurden.
Geboren wurde er am 29. 9. 1864 im Baskenland, in der Hafenstadt Bilbao. In seinen jungen Jahren gehörte er zu den Wortführern der literarischen und kulturphilosophischen Schule der Generation von 1898. Seine Romane, Essays und philosophischen Schriften, in denen er sich in undogmatischer, oft auch in widersprüchlicher und paradoxer Form zu Fragen der Religion, der Geschichte und der modernen Zivilisation, ihrer Perspektiven und ihrer Mängel, äußerte, waren weit über die Grenzen Spaniens hinaus bekannt. Von 1901 bis 1914 war er Rektor der traditionsreichen Universität von Salamanca, wo er

als Professor griechische und spanische Sprache und Literatur lehrte. Wegen seiner Gegnerschaft zur Militärdiktatur unter Primo de Rivera (konkret: wegen »Beleidigung« des gleichnamigen Generals und des spanischen Königs Alfons XIII.) wurde er 1924 nach Fuerteventura verbannt. Er begab sich allein, ohne seine Familie, in die Verbannung, weil er, wie er schrieb, die Einsamkeit brauche. Am 10. März 1924 kam er auf Fuerteventura an. Im **Hotel Fuerteventura**, einem einfachen Gasthaus, in Puerto de Cabras (im heutigen Puerto del Rosario) quartierte er sich gemeinsam mit einem anderen Deportierten, dem Abgeordneten und Journalisten Rodrigo Soriano, ein. Auf der Dachterrasse des Hotels, das mittlerweile in ein Unamuno-Museum, die Casa Museo Unamuno, umgewandelt wurde, habe er sich »nackt gesonnt und dabei geschrieben«, wie in seinem Werk »De Fuerteventura a Paris« zu lesen ist. Nach anfänglicher Verzweiflung entwickelte er rasch Sympathie für die Insel. Die außergewöhnlichen landschaftlichen Gegebenheiten müssen eine starke Wirkung auf ihn als Lyriker ausgeübt haben. Als »**Oase in der Wüste der Zivilisation**«; beschrieb er den Ort seines aufgezwungenen Exils. Die Einsamkeit, der der Dichter auf Fuerteventura ausgesetzt war, förderte seine Verinnerlichung, verstärkte aber andererseits, wie sein Werk zeigt, auch seine religiösen Zweifel. Neben schwermütigen Gedichten schrieb er auch Abhandlungen über das »alte« Fuerteventura, über Traditionen, über die Bevölkerung und auch über die »aulaga«, den weitverbreiteten Ginster, der an manchen Stellen der Insel praktisch ohne Wasser auskommt (in seinem Prosagedicht »Der Ginster von Fuerteventura«).

Am 9. Juli 1924 gelang Unamuno die von seinem ältesten Sohn und dem Direktor des »Quotidien de Paris« organisierte Flucht. Bei Playa Blanca schiffte er sich ein und floh nach Paris. Obwohl er auf Drängen Frankreichs kurze Zeit später von der spanischen Regierung rehabilitiert wurde, zog er es vor, weiterhin in seinem nunmehr freiwilligen Exil in Paris zu bleiben. Hier schrieb er »**De Fuerteventura a Paris**«, einen autobiografischen Roman über seinen Zwangsaufenthalt auf Fuerteventura. Erst 1930, nach dem Sturz des Diktators Primo de Rivera, kehrte er in sein Heimatland zurück und lehrte ab 1931 wieder an der Universität von Salamanca. Am 31. 12. 1936 starb er an einem Schlaganfall.

Gustav Winter (1892 – 1971)

Ingenieur mit dubiosem Hintergrund

Die Gerüchte um den Deutschen Gustav Winter werden wohl nie verstummen (► Baedeker Special, S. 134). Der Ingenieur Gustav Winter kam in den 1930er-Jahren nach Fuerteventura, nachdem er schon etwa 20 Jahre auf dem spanischen Festland gelebt hatte. In Morro Jable, auf der Halbinsel Jandía, versuchte er sich an der Errichtung einer Fisch- und einer Zementfabrik. Kurz nach Ausbruch des Zweiten Weltkrieges ging er nach Frankreich und baute in der Bretagne U-Boot-Bunker. Im Jahre 1947 kehrte er mit seiner Familie nach Morro Jable zurück, wo er sich der Landwirtschaft widmete. Gustav Winter starb 1971.

Bis heute wird gerätselt, welche Funktion er in der Anfangsphase des Zweiten Weltkrieges tatsächlich ausübte. Die Rede ist von seinem Wohnsitz, der von ihm mitten in der Einöde erbauten »**Villa Winter**«. Es heißt, das Anwesen habe über unterirdische Bunker verfügt, die – mit dem Einverständnis des Generalísimo Franco – u.a. als Nachschubbasis für deutsche U-Boote gedient hätten, und Gustav Winter sei Oberst der deutschen Kriegsmarine gewesen. Es wurden schon viele Versuche unternommen, das Geheimnis zu lüften – bisher ohne Erfolg. Der Mythos um die Person von Gustav Winter kann also weiterleben. Es wäre ja auch zu langweilig, sollte sich herausstellen, dass Winter mit militärischen Geheimprojekten auf Fuerteventura überhaupt nichts zu tun hatte, und er nur deshalb mit ihnen in Verbindung gebracht wurde, weil er eben Deutscher war!

Praktische Informationen

WELCHES IST DIE BESTE REISEZEIT, WO LIEGEN DIE SCHÖNSTEN STRÄNDE, WO KANN MAN AM BESTEN SURFEN, WIE SCHMECKEN KANARISCHE SPEISEN, BEI WELCHEN FESTEN MÜSSEN SIE DABEI SEIN? LESEN SIE ES NACH – AM BESTEN SCHON VOR DER REISE!

Anreise • Vor der Reise

Anreisemöglichkeiten

Mit dem Flugzeug Am preisgünstigsten und schnellsten (Flugzeit ca. 4 Std.) gelangt man mit **Charterflügen** (Condor, Hapag-Lloyd, LTU u.a.) von allen großen europäischen Flughäfen aus nach Fuerteventura. Linienflug-Direktverbindungen auf den internationalen Flughafen Matorral von Fuerteventura (5 km südlich von Puerto del Rosario) gibt es nicht. Die spanische Fluggesellschaft **Iberia** fliegt von Frankfurt am Main, Zürich und weiteren großen europäischen Flughäfen täglich mit Zwischenstopp in Madrid oder Barcelona nach Fuerteventura.

Mit dem Schiff Einmal wöchentlich verkehren Fährschiffe der spanischen Schifffahrtsgesellschaft **Trasmediterránea** auf der Route Cádiz – Santa Cruz de Tenerife – Las Palmas de Gran Canaria. Von dort aus hat man Anschluss nach Puerto del Rosario (Fuerteventura). Die Fahrt dauert etwa 62 Stunden. Die Schiffspassage kann auch über deutsche Reisebüros gebucht werden.

Ein- und Ausreisebestimmungen

Personalpapiere Reisende aus Deutschland, aus Österreich und der Schweiz benötigen für die Einreise einen gültigen Personalausweis oder einen Reisepass. Kinder unter 16 Jahren müssen einen Kinderausweis besitzen oder im Pass der Eltern eingetragen sein.

Fahrzeugpapiere Nationaler Führerschein und Kraftfahrzeugschein werden anerkannt und sind mitzuführen; bei Schadensfällen wird die Internationale Grüne Versicherungskarte verlangt. Kraftfahrzeuge müssen das ovale Nationalitätskennzeichen tragen, sofern sie kein Euro-Kennzeichen haben.

! *Baedeker* TIPP

Zwei Inseln in einem Urlaub

Warum nicht einmal zwei Inseln in einem Urlaub besuchen? Geradezu ideal ist die Inselkombination von Fuerteventura und Lanzarote. Beinahe im Stundentakt pendelt eine Fähre zwischen den beiden östlichen Kanaren hin und her. Aber auch ein Flug auf jede der anderen Kanarischen Inseln ist preisgünstig und nimmt nicht viel Zeit in Anspruch. In jedem Reisebüro können derartige »Kombi-Urlaube« gebucht werden.

Wer **Haustiere** (Hund, Katze) auf die Kanarischen Inseln mitnehmen will, benötigt für diese ein amtstierärztliches Gesundheitszeugnis, das höchstens zwei Wochen alt sein darf, sowie eine Bestätigung der Tollwutimpfung in deutscher und spanischer Sprache. Die Impfung muss mindestens 21 Tage zurückliegen, darf aber nicht länger als zwölf Monate vor der Einreise vorgenommen worden sein. In naher Zukunft soll ein einheitlicher EU-Tierpass eingeführt werden.

Einreise auf die Kanaren

Spanien gehört ebenso wie Deutschland und Österreich zur Europäischen Union. Der Warenverkehr für private Zwecke ist weitgehend zollfrei. Es gelten (dies trifft auch für die Einreise auf die Kanarischen Inseln zu) lediglich noch gewisse obere Richtmengen (z.B. für Reisende über 17 Jahren 800 Zigaretten, 10 l Spirituosen und 90 l Wein).

Wiedereinreise nach Deutschland und Österreich

Da die Kanarischen Inseln nach wie vor innerhalb der EU einen gewissen Sonderstatus einnehmen und hier verschiedene Zölle und Steuern nicht bestehen, gelten bei der Wiedereinreise nach Deutschland und Österreich die Höchstmengen für den Warenverkehr mit Nicht-EU-Ländern: Zollfrei sind für Personen über 15 Jahre 500 g Kaffee oder 200 g Pulverkaffee und 100 g Tee oder 40 g Teeauszüge, 50 g Parfüm und 0,25 l Toilettenwasser sowie für Personen über 17 Jahre 1 l Spirituosen über 22% oder 2 l Spirituosen unter 22% oder 2 l Schaumwein und 2 l Wein sowie 200 Zigaretten oder 50 Zigarren oder 250 g Tabak.

Wiedereinreise in die Schweiz

Für die Schweiz gelten folgende Freimengengrenzen: 250 g Kaffee, 100 g Tee, 200 Zigaretten oder 50 Zigarren oder 250 g Tabak, 2 l Wein oder andere Getränke bis 22% Alkoholgehalt (2,25 l Wein oder 2,1 l andere alkoholische Getränke) sowie 1 l Spirituosen mit mehr als 22% Alkoholgehalt. Souvenirs dürfen in die Schweiz bis zu einem Wert von 100 sfr zollfrei eingeführt werden.

Krankenversicherung

Gesetzliche Krankenkassen

Auch im EU-Ausland müssen die gesetzlichen Krankenkassen die Kosten für ärztliche Leistungen erstatten. Voraussetzung ist, dass dem behandelnden Arzt die Krankenversicherungskarte vorgelegt wird. (Sie ersetzt seit 1.1.2005 den Auslandskrankenschein; ist man nicht im Besitz einer solchen Karte, muss eine Ersatzbescheinigung ausgestellt werden.) Auch mit dieser Karte sind in vielen Fällen ein Teil der Behandlungskosten bzw. Ausgaben für spezielle Medikamen-

ADRESSEN

FLUGVERKEHR

▶ **Iberia**
Westendstr. 12
60325 Frankfurt am Main
Tel. 069/69 02 78 11
Fax 069/69 07 18 59
www.iberia.com

Information auf Fuerteventura
Tel. 902 400 500

FÄHRVERKEHR

▶ **Trasmediterranea**
Calle León y Castillo 58
Puerto del Rosario
Fuerteventura
Tel. 902 45 46 45
Fax 928 85 24 08
www.trasmediterranea.es

te selbst zu zahlen. Gegen Vorlagen der Quittungen übernimmt die Krankenkasse im Heimatland dann ggf. die Erstattung der Kosten.

Private Reisekrankenversicherung Da die Kosten für ärztliche Behandlung und Medikamente in der Regel teilweise vom Patienten zu tragen sind und die Kosten für einen evtl. Rücktransport von den Krankenkassen grundsätzlich nicht übernommen werden, empfiehlt sich der Abschluss einer zusätzlichen Reisekrankenversicherung.

Ausflüge

Mit dem Autobus Die verschiedenen Reiseveranstalter bieten ausgehend von den Touristenzentren Inselrundfahrten mit dem Bus an. Wer einen Busausflug selbst organisieren möchte, braucht etwas Zeit und Geduld, doch sind alle größeren Orte an das öffentliche Busnetz angeschlossen (►Verkehr).

Mit dem Auto Problemlos lässt sich Fuerteventura mit dem **Mietwagen** auf eigene Faust erkunden (► Touren). Alle Ortschaften erreicht man auf gut ausgebauten Straßen. Einige abgelegene Buchten und Landschaften können jedoch nur auf holprigen Pisten mit dem Jeep angesteuert werden, reizvoll ist beispielsweise die Fahrt nach Cofete auf der Jandía-Halbinsel.

In besonders schöne und abgelegene Gegenden der Insel führen organisierte **Jeep-Safaris**. Ob man Spaß daran hat, ist Geschmackssache: Bedenken sollte man, dass der vorausfahrende Wagen zum Ärgernis der nachfolgenden Safariteilnehmer meist eine riesige Staubwolke aufwirbelt. Aus Gründen des Naturschutzes versteht es sich von selbst, dass man darauf verzichtet, querfeldein im Geländewagen über die Insel zu düsen. Wurden bei derartigen Fahrten Pflanzen zerstört, so dauert es Jahre, bis sich auf dem ausgedörrten Boden wieder Vegetation ansiedeln kann.

Mit dem Schiff Breit gefächert ist das Angebot von Schiffsausflügen. Vor allem von Corralejo, Morro Jable und Costa Caleta aus werden kurze Bootsfahrten und Tagesausflüge entlang der Küste angeboten. Nicht versäumen sollte man es, von Fuerteventura aus die Nachbarinsel **Lanzarote** zu besuchen. Die Reiseveranstalter bieten kombinierte Schiff-Bus-Ausflüge an. Man kann die Tour aber auch problemlos selbst organisieren: Zwischen Corralejo (Fuerteventura) und Playa Blanca (Lanzarote) verkehren mehrmals täglich Fährschiffe. Ungetrübte Badefreuden verspricht von Corralejo aus ein Bootstrip nach **Lobos**.

Mit dem Flugzeug Da jede der Kanarischen Inseln einen ganz eigenen Charakter hat, sind Tagestrips auf eine der anderen Inseln ein abwechslungsreiches und dank niedriger Flugtarife auch erschwingliches Urlaubsvergnü-

Vom Hafen in Costa Caleta starten viele Ausflugsboote ...

gen (► Verkehr). Bei den Reisebüros können meist kombinierte Flug- und Bustouren gebucht werden. Zum festen Programm der Reiseveranstalter gehören ferner Kurz-Flugreisen nach Gambia oder aber nach Marrakesch in Marokko.

Auskunft

INFOADRESSEN

SPANISCHE FREMDENVERKEHRSÄMTER

► **Auskunft in Deutschland**
Prospektbestellung:
Tel. 0 61 23/9 91 34
Fax 0 61 23/9 91 51 34

Kurfürstendamm 63
10707 Berlin
Tel. 030/8 82 65 43
Fax 030/8 82 66 61
berlin@tourspain.es

Grafenberger Allee 100
40237 Düsseldorf
Tel. 02 11/6 80 39 80
Fax 02 11/6 80 39 85
dusseldorf@tourspain.es

Myliusstr. 14
60323 Frankfurt
Tel. 069/72 50 38
Fax 069/72 53 13
frankfurt@tourspain.es

Schubertstr. 10
80336 München
Tel. 089/5 30 74 60
Fax 089/5 32 86 80
munich@tourspain.es

Auskunft in Österreich
Walfischgasse 8
A-1010 Wien
Tel. 01/5 12 95 80
Fax 01/5 12 95 81
www.viena@tourspain.es

Auskunft in der Schweiz
Seefeldstr. 19
CH-8008 Zürich
Tel. 01/2 52 79 30
Fax 01/2 52 62 04
zurich@tourspain.es

Rue Ami-Levrier 15
CH-1201 Genève
Tel. 022/7 31 11 33
Fax 022/7 31 13 66
ginebra@tourspain.es

Auskunft auf Fuerteventura
Patronato de Turismo
Avenida de la Constitución 5
Puerto del Rosario
Tel. 928/53 08 44
Fax 928 85 16 95
www.cabildofuer.es

Die Adressen der Fremdenverkehrsämter in den Touristikzentren sind bei den Reisezielen von A bis Z unter dem jeweiligen Stichwort aufgeführt.

KONSULATE

Bundesrepublik Deutschland
Konsulat
Calle Albareda 3
E-35007 Las Palmas
Tel. 928 33 76 42
Fax 928 26 27 31
reg1@lasp.auswaertiges-amt.de

Republik Österreich
Honorarkonsulat
Calle Castillo 9
E-35001 Las Palmas
Tel. 928 33 76 42, Fax 928 33 20 02

Schweizerische Eidgenossenschaft
Konsulat
Edificio Juan XXIII
Calle Domingo Riviero 2
E-35004 Las Palmas
vertretung@las.rep.admin.ch

INTERNET

www.tourspain.es
Unter der Internetadresse der spanischen Fremdenverkehrsbehörde erhält man auch Infos zu den Kanarischen Inseln.

www.info-center-fuerteventura.com
Aktuelle Inselnachrichten, viele praktische Informationen von den »Machern« des »Fuerte Fan Magazin«.

www.fuerteventuraturismo.com
Informative Website – auch in deutscher Sprache – des Inselrats und der Fremdenverkehrsbehörde. Vorgestellt werden die einzelnen Gemeinden, die schönsten Strände und wichtigsten Kulturdenkmäler.

www.fuerteventura-grapevine.net
Website einer englischen Anzeigenbroschüre mit aktuellen Infos zu Busfahrplänen, Flügen, Sportmöglichkeiten, Restaurants und vielem mehr.

www.majorero.com
Links zu den Websites der einzelnen Gemeindeämter auf Fuerteventura, aber auch zu verschiedenen anderen Organisationen.

www.kanarenjournal.de
Nachrichten in deutscher Sprache

zu kanarischer Politik, Wirtschaft, Umwelt und Kultur.

- **www.abcanarias.com**
  Sehr allgemeine Informationen zu allen Kanarischen Inseln. Suchmaschine für Vermittlung von Hotel- und Appartementadressen.

- **www.canarias.org**
  Offizielle Internetseite der kanarischen Regierung mit vielen Informationen und Tipps zu den einzelnen Inseln. Bisher sind die Infos nur in Spanisch und Englisch abrufbar.

- **www.wochenspiegel-kanaren.com**
  Online-Auftritt der kanarischen Inselzeitung »Wochenspiegel«, die auf Teneriffa herausgegeben wird und nur wenige Artikel über den östlichen Teil des Archipels bringt.

Badeurlaub

Europas schönste Strände

Das Schönste an Fuerteventura sind die kilometerlangen, hellen Feinsandstrände, die die Insel auch für einen reinen Badeurlaub geeignet machen. Und diese Badestrände im Norden und Süden der Ostküste, an denen man relativ gefahrlos baden kann und wo sich auch abgeschiedene Plätzchen finden lassen, sind nicht nur traumhaft, d.h. die schönsten und größten Europas: Anders als an den Stränden tropischer Breitengrade muss hier nicht mit Gesundheitsrisiken gerechnet werden, z.B. mit Infektionskrankheiten, gefährlichen bzw. giftigen Tieren; und es herrschen immer angenehme Temperaturen, man kann also das ganze Jahr hindurch den Badefreuden frönen. Die Küste Fuerteventuras ist 325 km lang; die Hälfte davon besteht aus Steilufern, die vor allem die Westküste säumen. Etwa 20 km sind Kiesstrand, rund 55 km feiner Sandstrand.
Im Folgenden werden die besten **Sandstrände** der Insel beschrieben – gewarnt sei vorm Baden an der Westküste: Ablandige Winde und starke Strömungen haben hier schon manches Opfer gefordert.

Costa Caleta

Da eine Landzunge vor heftiger Brandung schützt, ist auch für Kinder an dem 500 m langen weißen Sandstrand bei der Urbanización Costa Caleta gefahrloses Baden möglich. Zahlreiche Surfer starten hier ihre ersten Versuche. Mit den paradiesischen Stränden im Norden und Süden von Fuerteventura lässt sich diese Badebucht jedoch nicht vergleichen.

Corralejo, Playa de Corralejo

Südlich des Fischerortes Corralejo erstrecken sich fast bis zur Montaña Roja auf einer Länge von 10 km ein herrlicher weißer Sandstrand und eine ausgedehnte Wanderdünenlandschaft, die seit 1982 unter Naturschutz steht. Einen besonderen Reiz erlangt dieser

Lädt ein zu endlos langen Strandspaziergängen: Playa de Jandía

Küstenstrich durch die wunderschöne Fernsicht auf die Inseln Lobos und Lanzarote. Nachdem man Corralejo hinter sich gelassen hat, wird man hier immer ein abgeschiedenes Plätzchen finden können. Liegenverleih und andere touristische Einrichtungen gibt es nur in unmittelbarer Ortsnähe, wo es allerdings etwas voller als im Süden der Insel ist. Bei starkem Wind werden die Badefreuden durch Flugsand getrübt. Die Wellen sind ein wenig höher als im südlichen Teil Fuerteventuras.

Costa Calma, Playa de Sotavento

In Costa Calma am Nordende der Jandía-Halbinsel beginnt eine **einzigartige Strandlandschaft**, die sich mit wenigen Unterbrechungen bis nach Morro Jable zieht. Dieser Küstensaum gilt als das Herzstück aller kanarischen Strände. Es gibt unzählige einsame Buchten, lediglich in Ortsnähe oder nahe der vereinzelten Appartementkomplexe ist es etwas voller. Der ca. 2 km südwestlich von Costa Calma gelegene Strandabschnitt wird als **Playa Barca** bezeichnet. Eine riesige Lagune ist dem Sandstrand vorgelagert, die gefahrloses Schwimmen erlaubt und die man je nach Ebbe und Flut durchwaten oder durchschwimmen kann. Hier werden Anfängerkurse im Surfen abgehalten. Fortgeschrittene Surfer haben ihr Revier außerhalb der Lagune, wo alljährlich Windsurf-Weltmeisterschaften stattfinden.

i Die schönsten Strände

- Playa de Corralejo: der Traumstrand im Inselnorden
- Playa de Sotavento: Hier findet jeder sein kleines Strandparadies
- Playa de Jandía: Feiner weißer Sand, so weit das Auge reicht

El Cotillo

Nahezu unberührt sind die Sandstrände, die sich nördlich und südlich des Fischerortes El Cotillo an der Nordwestküste Fuerteventuras ausdehnen. Am nördlichen Ortsrand gibt es einige kleinere geschützte Buchten, am südlichen Ortsrand findet man an der Playa del Aljibe de la Cueva – vor der Steilküste – die höchsten Wellen. Zum Baden eignen sich diese Strandabschnitte mit ihrem gelben Sand daher nur bedingt; unter Schwimmprofis gelten sie als Geheimtipp. Dieser Küstenstrich ist wegen des meist heftig wehenden Windes ein Eldorado für Surfer.

Playa de Jandía

Sand und Meer, so weit das Auge reicht: Von Morro Jable bzw. Jandía zieht sich nordostwärts ein einzigartiger Sandstrand. Hier werden Liegen und Sonnenschirme vermietet, es gibt einige Strandcafés, aber auch noch viel Platz für endlos lange Strandspaziergänge.

Playa de Cofete, Playa de Barlovento

Die Playa de Cofete und die Playa de Barlovento im Südwesten von Fuerteventura sind noch weitgehend unberührte, wunderschöne Küstenlandschaften. Man erreicht die etwa 10 km langen, hellsandigen Strände nur mit einem geländegängigen Fahrzeug bzw. nach einer recht anstrengenden Fahrt mit dem Pkw (Entfernung von Morro Jable ca. 20 km). Die Brandung ist hier sehr stark, das Baden daher häufig lebensgefährlich. Zudem lässt der fast immer sehr stark wehende Wind das Sonnenbaden mitunter zur Strapaze werden. Aber für **Strandwanderer** ist die Küstenzone ideal. Eine schöne Badebucht ist auch die Playa de Ojos an der Westküste der Jandía-Halbinsel (sehr komplizierter Abstieg!).

Wer der hellen Sandstrände überdrüssig ist, findet kleine dunkelsandige bis grobkieselige, z.T. steinige Strände bei Pozo Negro, Gran Tarajal und Tarajalejo. Am 600 m langen (hellen) Sandstrand von Playa Blanca (bei Puerto del Rosario) ist mit Fluglärm zu rechnen.

? WUSSTEN SIE SCHON ...?

- An den Stränden aller großen Touristenzentren werden Liegen und Sonnenschirme vermietet. Billig ist das nicht. Für zwei Liegen und einen Schirm zahlt man derzeit ca. 7.50 Euro.

Strände auf Lobos

Wer nur einen Tag am Strand verbringen möchte, für den lohnt die Überfahrt von Fuerteventura nach Lobos ganz sicher nicht. Die **Playa las Conchas**, ca. 1 km westlich der Schiffsanlegestelle, kann sich mit den Traumstränden Fuerteventuras nicht messen. Doch ist der Strand wie die Strände von El Cotillo ein Geheimtipp für Individualisten.

FKK-Strände

In den Touristikzentren der Inseln ist es absolut üblich, sich »oben ohne« zu sonnen. Nur an Stränden, die überwiegend von Einheimischen besucht werden, zieht man dabei unfreiwillig die Aufmerksamkeit auf sich. Auch das Nacktbaden wird an den meisten abgelegenen Stränden toleriert.

Elektrizität

Das Stromnetz führt 220 Volt. In den großen Hotels sind Europanorm-Gerätestecker verwendbar. Ansonsten werden vielfach Zwischenstecker benötigt, die man im Fachhandel auf der Insel erhält (span. »adaptador« oder »ladron«).

Essen und Trinken

Keine kulinarischen Höhenflüge ...

In den großen Hotels und auch den meisten Restaurants der Insel wird eine **internationale Küche** serviert, allenfalls kommen hier einmal »papas arrugadas con mojo«, jene kleinen Runzelkartöffelchen mit pikanter Sauce, auf den Tisch. Abseits der Touristenzentren hat die kanarische Küche eine gewisse Renaissance erlebt. Allzu hoch darf man seine Erwartungen jedoch auch hier nicht stellen, raffiniert zubereitete Gerichte fehlen. Hegt man diesbezüglich keine falschen Erwartungen, so wird man immer wieder überrascht sein, wie gut die ganz frisch zubereiteten Meeresfrüchte oder auch die deftigen Fleischgerichte schmecken. Deutlich beeinflusst ist die kanarische Kochweise von der auf dem spanischen Festland üblichen. Es wird mit viel Olivenöl, Knoblauch und zahlreichen Gewürzen gekocht.

Kanarische Speisen

Suppen: häufig eine Hauptmahlzeit

Gerade in den Küstenorten empfiehlt es sich, die Fischsuppe (sopa de pescado) zu kosten; die besseren Varianten enthalten neben den unterschiedlichsten Fischarten, Muscheln, andere Schalentiere und Gemüse. Bei »escaldón« handelt es sich um eine breiige Suppe mit Gofio und bei »potaje de verduras« um eine dickliche Gemüsesuppe. Wer gerne Knoblauch mag, kann eine »sopa de ajos«, eine Knoblauchsuppe, zu sich nehmen.

Im Mittelpunkt der einheimischen Küche steht **Fisch** (pescado), er wird meist gegrillt oder gebraten. Ein karpfenähnlicher sehr wohlschmeckender Fisch ist »vieja« (Papageienfisch). Man bereitet ihn frisch oder auch luftgetrocknet zu. Auch »dorada« (Goldbrasse) oder »mero« (Zackenbarsch) findet sich häufig im Angebot. Grundsätzlich ist der fangfrische Tagesfisch auch

? WUSSTEN SIE SCHON ...?

- Den Canarios reicht zum Frühstück meist ein café con leche, also ein Milchkaffee, üppiger fällt dann natürlich das Mittagessen aus. Es beginnt meist zwischen 13.00 und 14.00 Uhr und kann sich insbesondere am Wochenende weit in den Nachmittag hineinziehen. Entsprechend spät wird dann natürlich auch abends gegessen. Vor 20.00 Uhr sieht man Canarios nur selten im Restaurant. In den Hotels und Restaurants hat man sich auf die Gäste aus Deutschland und Großbritannien eingestellt und serviert das Abendessen ab 18.00 Uhr.

Der Inbegriff kanarischer Küche: Papas arrugadas mit Mojo-Saucen

in den einfachsten Restaurants (oder gerade dort) eine gute, aber häufig nicht ganz billige Wahl.

Fleischgerichte

Wer Fleisch (carne) bevorzugt, findet auf den Speisekarten vor allem Schwein (cerdo), Lamm (cordero), Ziege (cabrito) sowie Kaninchen (conejo). Wie auch Fisch wird Fleisch vielfach gegrillt oder gebraten serviert. Daneben gibt es aber noch typische Fleischgerichte mit einer ungewöhnlichen Zusammenstellung. Hierzu gehört »puchero«. Für dieses Eintopfgericht verwendet man je nach Saison die unterschiedlichsten Gemüse und möglichst viele Fleischsorten. Gewürzt wird mit Salz, Pfeffer, Lorbeer und Kräutern. Ein weiteres beliebtes Eintopfgericht ist »rancho canario«. Es besteht aus Kichererbsen, Kartoffeln, Nudeln, Rind- und Hühnerfleisch, meist kommen noch Speckwürfel dazu.

Das Beste sind die Kartoffeln

Die Beilage schlechthin sind »**papas arrugadas**«, in stark salzhaltigem Wasser mit Schale gekochte Kartoffeln. Man isst sie samt der Schale, an der sich das Salz als weiße Kruste abgesetzt hat.

Mojo darf nicht fehlen

Die Kartöffelchen werden mit einer roten und grünen Tunke serviert. Die sehr pikanten Saucen bestehen aus einheimischen Kräutergewürzen, Knoblauch, Essig und Öl. Werden darüber hinaus Safran und rote Chilischoten verwendet, entsteht »mojo rojo«, die grüne Variante »mojo verde« enthält stattdessen Petersilie und Korianderkraut.

Gofio: das Hauptnahrungsmittel der Majos

Das Hauptnahrungsmittel der Ureinwohner gehört auch heute noch zum festen Ernährungsbestandteil der Bevölkerung, wenngleich man es auf Speisekarten kaum findet. Gofio wird aus geröstetem Weizen-, Mais- oder Gerstenmehl hergestellt und anstelle von Brot zu verschiedenen Gerichten gereicht. Er kann süß oder salzig zubereitet werden.

Ziegenkäse: das Inselerzeugnis schlechthin

Eine Spezialität von Fuerteventura ist der Ziegenkäse (queso blanco), er schmeckt meist recht mild und wird mitunter zu papas arrugadas gereicht.

Desserts: süß müssen sie sein

Da die kanarische Bevölkerung süße Speisen liebt, gehören Desserts zum festen Bestandteil der Hauptmahlzeiten. Ebenso verführerisch wie kalorienreich sind beispielsweise »bienmesabe« (geschlagene Mandelcreme mit Ei und Honig), »turrones« (Mandelkuchen), »flan« (Karamelpudding), »frangollo« (Süßspeise aus Milch und Mais) und natürlich »helados« (Eis) sowie frische Früchte.

Getränke

Von ausgezeichneter Qualität ist das aus kanarischen Quellen stammende **Mineralwasser** (agua mineral). Man erhält es mit (con gas) oder ohne (sin gas) Kohlensäure. Bekannt für sein Mineralwasser ist Firgas (Gran Canaria); es wird auch auf Fuerteventura vertrieben.

Zum Essen wird vielfach **Bier** (cerveza) getrunken. Es sind zahlreiche importierte Biersorten erhältlich, in vielen Restaurants wird deutsches oder dänisches Bier vom Fass gezapft. Daneben sind jedoch auch die auf den Kanaren gebrauten Biere von guter Qualität. Die Brauerei Tropical hat ihren Sitz auf Gran Canaria, die Brauerei Dorada produziert auf Teneriffa.

Bei den Kanariern steht **Wein** erst an zweiter Stelle der Beliebtheitsliste von alkolholischen Getränken. Auf Fuerteventura wird kein Wein angebaut. Ausgeschenkt wird meist Landwein (vino del país) vom Festland, ab und an erhält man auch Weine von der Nachbarinsel Lanzarote, die wegen der besonderen Anbaumethoden sehr würzig schmecken. Vielfach werden sie mit Festlandssorten gemischt.

Den Abschluss einer Mahlzeit bildet häufig ein **Kaffee**. Er wird als »café solo« (schwarzer Kaffee), »café cortado« (mit wenig Milch) oder als »café con leche« (Milchkaffee) getrunken. Eine weitere Variante ist »carajillo« (schwarzer Kaffee mit einem Schuss Weinbrand oder Rum).

> ! *Baedeker* TIPP
>
> **Appetithäppchen**
>
> Was die Spanier auf dem Festland gerne mögen, hat schließlich auch auf den Kanaren Anklang gefunden: Tapas, kleine Appetithäppchen, die als Vorspeise oder Zwischenmahlzeit gegessen werden. In regelrechten Tapas-Bars gibt es eine große Auswahl dieser Häppchen in den unterschiedlichsten Variationen, mal ist es nur ein bisschen luftgetrockneter Schinken, etwas Salami oder ein Löffelchen Kartoffelsalat, mal ein äußerst feiner Meeresfrüchtecocktail oder ein mariniertes Fischstück.

Köche unter sich: im Robinson Club Jandía Playa

Essen im Restaurant

Restaurante, Bar oder Bar-Restaurante?

Wer auf Fuerteventura essen gehen möchte, hat in den Touristikzentren eine große Auswahl an Restaurants, besondere Empfehlungen werden bei den Reisezielen von A bis Z unter dem jeweiligen Stichwort gegeben.

Die Restaurants in Spanien sind nicht nach Sternen, sondern nach Gabeln (1–3) kategorisiert. Über die Qualität der Speisen sagen diese Gabeln nichts aus – Kriterien für die **Klassifikation** sind die Breite des Angebots, die Art der Restauranteinrichtung etc. Man isst unter Umständen in einem einfacheren Lokal mit nur einer Gabel genauso gut oder besser als in einem Restaurant mit drei Gabeln. Im übrigen schmücken sich nur wenige Restaurants mit den Amtsgabeln.

Neben den Restaurants (span. restaurantes), die fein, aber auch teuer sein können (vor allem in den Touristenzentren), gibt es noch andere Möglichkeiten, seinen Hunger zu stillen. In der Bar – nichts anderes als eine heimische Kneipe – kann man etwas für den kleinen Hunger tun. Meist findet man hier eine große Auswahl an **Tapas**. Diese appetitlichen Häppchen nimmt man im Stehen am Tresen zu sich oder an einem der kleinen Tische, wenn es davon welche gibt. Ein »Bar-Restaurante« verfügt schon über mehr Tische und ein größeres kulinarisches Angebot – am Tresen werden Getränke und Tapas serviert, an den Tischen Gerichte und Menüs.

Speisekarte, Rechnung

Die Bestellung bereitet kaum Probleme: Die Speisekarten sind fast immer zwei- oder dreisprachig. Einzelabrechnungen, auch bei Gruppenessen, sind unüblich: Entweder man weist das Personal schon bei der Bestellung darauf hin, dass man getrennt zu zahlen wünscht, oder man dividiert den Rechnungsbetrag anschließend auseinander (siehe auch ►Knigge). Im Gesamtpreis sind zwar Bedienung, Gedeck und Steuern inbegriffen, doch sollte man aufmerksamen Service mit 5–10% des Rechnungsbetrages honorieren.

Events und Feste

Auf Fuerte wird gern gefeiert

Höhepunkte im jährlichen Festkalender sind der Karneval, die Wallfahrten und die Dorffeste in den Sommermonaten. Jeder Ort hat seine eigene Fiesta, ein Fest zu Ehren des oder der jeweiligen Schutzheiligen. (Laut Gesetz stehen jedem Dorf zwei lokale Festtage zu.) Die **Feste der Schutzheiligen** finden in der Regel auf dem Dorfplatz vor der Kirche statt. Eine Prozession, bei der das Bildnis des bzw. der Heiligen feierlich durch die oft mit (künstlichen) Blumen geschmückten Straßen des Ortes getragen wird, gefolgt von Dorfbewohnern in prachtvollen Trachten, bildet meist den Anfang. Im Anschluss daran treten Folkloregruppen mit Tänzen und Gesängen auf, begleitet von kleinen Orchestern.

Feiertagskalender

Der Feiertagskalender wird Jahr für Jahr von den einzelnen autonomen Regionen Spaniens neu festgelegt, er kann daher geringfügige Abweichungen aufweisen.

Bei den Patronatsfesten ist der Haupttag, der Tag des bzw. der Heiligen, jedes Jahr gleich. Dann bleiben die ortsansässigen Geschäfte, Banken, Post und Tankstellen geschlossen. Gefeiert wird die jeweilige Fiesta in der Regel am vorausgehenden und nachfolgenden Wochenende. In einigen Fällen beginnt man die Feiern bis zu zwei Wochen vor dem eigentlichen Festtag.

! *Baedeker* TIPP

Feste und Termine

Einen aktuellen Veranstaltungskalender mit den schönsten Inselfesten, aber auch einen Überblick über Ausstellungen, Sportveranstaltungen, Konzerte, Theateraufführungen und vieles mehr erhält man in drei Sprachen unter www.vivcanarias.com.

Typisch für Fuerteventura ist die **Seguidilla**, ein schwungvoller Kreistanz. Der **Sorondongo**, ein Reigentanz für junge Mädchen, der früher sehr verbreitet war, wird nur noch in La Oliva gepflegt. Darüber hinaus gibt es Kinderfeste (in größeren Orten mit Karussells), Lotterien, Sportveranstaltungen (wie **lucha canaria**, den kanarischen Ringkampf), Imbiss- und Getränkebuden etc. Höhepunkt der Fiesta ist die **verbena** (der nächtliche Tanzball mit einer Live-Band), bei der es erst um Mitternacht richtig los geht. In größeren Ortschaften beendet man das Fest oft mit einem nächtlichen Feuerwerk.

FESTE UND VERANSTALTUNGEN

JANUAR

► Cabalgada de los Reyes

Die Heiligen Drei Könige ziehen am Abend des 5. Januar durch die bedeutenderen Inselorte (u.a. Puerto del Rosario, Betancuria, Corralejo, Morro Jable und Tindaya) und werfen Bonbons unter die Zuschauer. Noch am Abend oder am Dreikönigstag ist für die Kinder dann Bescherung, nicht wie bei uns am Heiligabend.

FEBRUAR

► Fiesta del Agua

In Agua de Bueyes begeht man am 28. Februar die: Fiesta del Agua zur Erinnerung an das dortige »Regenwunder« (►Reiseziele von A bis Z, Tuineje).

FEBRUAR/MÄRZ

► Carnaval

Vielerorts wird Karneval gefeiert. Am meisten los ist in der Inselhauptstadt Puerto del Rosario, wo der Karneval drei Wochen dauert. Höhepunkt ist die »Verbena de las Sábanas«, ein Maskenball, bei dem sich Männer als weibliche Schönheiten verkleiden. Am Samstag oder Sonntag vor Karnevalsmontag findet gegen Abend ein sehenswerter Karnevalsumzug statt.

MÄRZ/APRIL

► Semana Santa

In der Osterwoche finden in vielen Orten Prozessionen und andere religiöse sowie weltliche Feierlichkeiten statt.

APRIL

► FEAGA

Auf dem staatlichen Versuchsgut der Inselregierung bei Pozo Negro findet Ende April eine Landwirtschaftsmesse statt. Im Begleitprogramm viel Folklore und Wettbewerbe im Ziegenmelken.

MAI

► Fiesta de San Isidro Labrador

Als eines der volkstümlichsten Feste auf der Insel gilt die Fiesta zu Ehren des Schutzheiligen der Landwirtschaft am 15. Mai in Triquivijate. Mit einer weiteren Fiesta wird San Isidro Labrador am 2. Sonntag im August geehrt.

► Fería Insular de Artesanía

Bei der Kunst- und Handwerksmesse in Antigua Ende Mai stellen sich alle Kanarischen Inseln mit ihren Handwerkstraditionen vor. Auch hier im Rahmenprogramm viel Folklore.

JUNI

► Corpus Christi

Prozessionen – die größte findet in Puerto del Rosario statt – über prachtvolle Blumenteppiche aus synthetisch gefärbten Materialien, mit denen man in Ermangelung an frischen Blumen in dieser schon vorgerückten Jahreszeit die Straßen und Plätze schmückt.

JULI

► Fiesta de San Buenaventura

Zu einem der bedeutendsten Inselfeste kommen viele Majoreros am 14. Juli nach Betancuria. Am Jahrestag der Inseleroberung durch die kastilische Krone wird der Rest der ursprünglichen Fahne von Béthencourt, eingearbeitet in eine Nachbildung, durch die ehemalige Hauptstadt getragen.

▶ Fiesta de Nuestra Señora del Carmen

In Corralejo, Morro del Jable, Puerto del Rosario, Costa Caleta und Giniginámar begeht man am 16. Juli das Fest zu Ehren der Schutzheiligen der Fischer und Seeleute. Nach dem Gottesdienst findet eine Prozession statt, bei der ein blumengeschmücktes Standbild der Schutzpatronin durch den Ort getragen wird. In Corralajo und Morro del Jable erfolgen die Prozessionen per Boot. Die achttägigen Veranstaltungen der Fiesta enden jeden Abend mit einem Tanzfest.

▶ Windsurf + Kiteboarding Worldcup

Jedes Jahr findet in der zweiten Julihälfte an der Playa de Sotavento ein Worldcup im Windsurfen statt (2005 zum 20. Mal). Um die hundert Surfer gehen an den Start und alle Großen dieses Sports sind schon dabeigewesen. Am Strand wird eine Holztribüne zum Zuschauen aufgebaut und gefeiert wird abends im großen Zelt gleich nebenan.

AUGUST

▶ Moja la Lapa

Im gesamten Gemeindegebiet von Pájara werden zwei Wochen lang diverse Veranstaltungen (Konzerte, Shows, Lesungen, Ausstellungen, Unterricht in verschiedenen Sportarten, Kunsthandwerkskurse u.a.) organisiert.

SEPTEMBER

▶ Fiesta de Nuestra Señora de Antigua

Der Tag der Schutzheiligen von Antigua ist der 8. September. Am Abend davor beginnen die Feierlichkeiten mit einem Konzert moderner Musik, einem Feuerwerk und einem großen Volksfest, das bis zum nächsten Morgen dauert. Am 8. September wird um 13.00 Uhr eine Messe abgehalten, am Nachmittag findet dann die Prozession statt.

▶ Romería de la Peña

Am Vorabend des 3. Samstags im September pilgern von vielen Inselorten aus Tausende (die meisten starten in Antigua) nach Vega del Río de Palma, in dessen Kapelle die Figur der Inselschutzheiligen steht. Die größte Wallfahrt (romería) der Insel, an der auch viele junge Leute teilnehmen und Prunkwagen der verschiedenen Orte auffahren, dauert ohne Pause etwa 40 Stunden. Geboten werden u.a. Stockkampf und lucha canaria, Folklore, abends Tanz mit Live-Musik und Feuerwerk.

OKTOBER

▶ Fiesta Nuestra Señora del Rosario

Das größte Patronatsfest der Insel findet am 7. Oktober in Puerto del Rosario mit Trachten und viel Musik statt.

▶ Fiesta Jurada de Tamacite

Die Insel feiert am 13. Oktober in Tuineje den Sieg ihrer wehrhaften Bauern über die englischen Freibeuter in der Schlacht von Tamacite (13. Oktober 1740), bei der nicht nur der Erzengel Michael (Miguel) »Hilfe« leistete, sondern auch 40 Dromedare, die den Majoreros beim Vorrücken gegen die schwer bewaffneten Piraten gute Deckung boten. In der Ebene, 2 km südlich von Tuineje, wird der Sieg seit 1974 alljährlich in einem

Jedes Jahr ein besonderes Ereignis: die Bootsprozession in Morro Jable

aufwändigen Historienschauspiel (inklusive der Dromedare) nachgestellt (►Baedeker Tipp, S. 202).

NOVEMBER

► **Fiesta de San Diego de Alcalá**
Das Fest des wundertätigen Franziskanermönchs, der für Regen gesorgt haben soll (►Berühmte Persönlichkeiten) wird am 13. November in Gran Tarajal begangen.

► **Fiesta de San Andrés**
Bei der Prozession am 30. November wird der Heilige aus der Kirche von Tetir auf die Anhöhe La Cruz hinaufgetragen. Wenn es bis zu diesem Tag noch nicht geregnet hat, dann berät man in einer »Diskussion«, ob man den für Regen zuständigen San Andrés in den Barranco stürzen soll. Doch im letzten Moment bekommt er noch einmal eine Frist gesetzt, seiner Funktion als »Regenbringer« gerecht zu werden.

DEZEMBER

► **Navidad**
Am 24./25. Dezember und auch schon in der Vorweihnachtszeit werden insbesondere in Antigua, Tiscamanita und Pájara besonders schöne Krippenspiele (ranchos) aufgeführt.

FEIERTAGE

► **1. Januar**
Año Nuevo (Neujahr)

- **6. Januar**
  Los Reyes (Dreikönigstag)
- **19. März**
  San José (Josephstag)
- **1. Mai**
  Día del Trabajo
  (Tag der Arbeit)
- **30. Mai**
  Día de las Islas Canarias
  (Tag der Kanaren)
- **25. Juli**
  Santiago Apóstol
  (Apostel Jakobus)
- **15. August**
  Asunción
  (Mariä Himmelfahrt)
- **12. Oktober**
  Día de la Hispanidad (Entdeckung Amerikas; Nationalfeiertag)
- **1. November**
  Todos los Santos (Allerheiligen)
- **6. Dezember**
  Día de la Constitución
  (Tag der Verfassung)
- **8. Dezember**
  Inmaculada Concepción
  (Mariä Empfängnis)
- **25. Dezember**
  Navidad (Weihnachten)
- **Bewegliche Feiertage**
  Viernes Santo (Karfreitag)
  Día del Corpus (Fronleichnam)

Geld

Euro Der Euro ist in Spanien ebenso wie in Deutschland, Österreich und weiteren Staaten der Europäischen Union das offizielle Zahlungsmittel (1 sfr = 0,66 Euro).

Bancomaten Bancomaten gibt es in allen größeren Orten. Sie sind mit mehrsprachigen Bedienungshinweisen ausgestattet. An ihnen kann man mit der jeweiligen Bankkarte bzw. mit Kreditkarten jeweils in Verbindung mit der Geheimnummer Geld abheben.

? WUSSTEN SIE SCHON ...?

- Seit 2005 gibt es in Deutschland eine einheitliche Notrufnummer. Unter Tel. 116 116 können EC- und Kreditkarten ebenso gesperrt werden wie Handys und Krankenkassenkarten.
  Für eine Übergangsphase ist der EC- und Bankkartennotfall-Service weiterhin unter Tel. 0049/1805/021 021 oder unter Tel. 0049/69/74 09 87 erreichbar.

Die **Banken** sind Mo.–Fr. 9.00–14.00, Sa. 9.00–13.00 Uhr geöffnet (in den Monaten Juni bis September sind die meisten Banken samstags geschlossen).

Banken, größere Hotels, Restaurants, Autovermieter sowie viele Einzelhändler akzeptieren die meisten internationalen **Kreditkarten** wie Visa, Eurocard, American Express.

Gesundheit

Ärztliche Hilfe

Eine ausreichende medizinische Versorgung ist auf Fuerteventura gewährleistet. Die meisten Ärzte sprechen zumindest eine Fremdsprache. Im Notfall wendet man sich an eines der im Folgenden aufgeführten Krankenhäuser oder eine der Unfallstationen (►Notrufe).

Krankenversicherung

Versicherte deutscher Krankenkassen haben im Krankheitsfall in Spanien Anspruch auf eine Behandlung nach den in Spanien gültigen Vorschriften (►Anreise • Vor der Reise).

Apotheken

Apotheken (span. »farmacias«) gibt es auf Fuerteventura in allen größeren Ortschaften und natürlich in den Touristenzentren. Die Apotheken – man erkennt sie an einem grünen oder roten Malteserkreuz – sind Mo.–Fr. 9.00–13.00 und 16.00–20.00 Uhr sowie Sa. 9.00–13.00 Uhr geöffnet. Zu allen anderen Zeiten versieht eine Apotheke Notdienst. Die Anschrift der jeweils Dienst habenden Apotheke ist dem Anschlag »Farmacia de Guardia«, der in jeder Apotheke aushängt, zu entnehmen. Nach 22.00 Uhr werden Arzneimittel jedoch nur noch auf Rezept ausgehändigt.

Leitungswasser

Zum Waschen und zum Zähneputzen kann man Leitungswasser unbedenklich benutzen. Da das Süßwasser auf Fuerteventura durch Meerwasserentsalzung gewonnen wird und oft noch geringfügig Salz enthält, ist es ratsam, als Trinkwasser, zum Kochen und zur Kaffee- oder Teezubereitung Mineralwasser zu verwenden, das in 5- und 10-Liter-Plastikflaschen erhältlich ist.

KRANKENHÄUSER UND AMBULANZEN

PUERTO DEL ROSARIO

► **Hospital General de Fuerteventura**
Carretera General al Aeropuerto
Tel. 928 86 20 00

COSTA CALETA

► **Salus**
Tel. 928 16 34 45
Tel. 900 100 450 (Notruf rund um die Uhr)

CORRALEJO

► **Clínica Fuerteventura**
Avenida Grandes Playas 1
Tel. 928 53 64 32

COSTA CALMA

► **Clínica Médica**
Centro Comercial Sotavento
Local 3-5
Tel. 928 54 71 96

MORRO JABLE/JANDIA

► **Centro de Salud**
Calle el Carmen 20
Tel. 928 54 11 91

► **Centro Médico de Jandía**
Centro Comercial Cosmo
Tel. 928 54 15 43

Mit Kindern unterwegs

Sonne, Sand und Wasser können Fuerteventura zu einem Paradies für Kinder machen. Viele Reiseveranstalter und Hoteliers haben sich besonders auf die Kunden von morgen eingestellt. Nach der Ankunft sollte man die Kleinen vor Sonnenbrand und Erkältung schützen; in den Wintermonaten ist der Wind trotz starker Sonnenstrahlung manchmal sehr kühl. Auch der Wind vom Lande her kann für badende Kinder eine Gefahr darstellen. Geeignete Badeplätze sind vor allem die langen Sandstrände bei Jandía und Morro Jable bzw. die kleine Sandbucht bei Costa Caleta. Hier fällt der Sandstrand sacht zum Meer hin ab. Und will man ganz sicher gehen, so weicht man auf die Planschbecken aus, die fast alle größeren Hotels haben. Kinderanimation bieten heute ebenfalls viele Ferienanlagen. Als ausgesprochener Familienclub gilt der Robinson Club Esquinzo Playa in der Urbanisation Esquinzo.

Freizeitpark Auf Fuerteventura gibt es nur einen Freizeitpark für Kinder, den **Oasis Park** bei La Lajita. Hier kann man nicht nur Affen, Krokodile und viele Vögel anschauen, es gibt auch eine tolle Papageienshow und die Möglichkeit zum Ausritt auf dem Dromedar.

Macht den meisten Kindern Spaß: ein Ritt auf dem Dromedar – hier im Oasis Park.

Freilichtmuseen

Auch für Kinder interessant ist die Besichtigung des Freilichtmuseums in Tefía (**Ecomuseo de la Alcogida**). Traditionelle Bauerngehöfte wurden hier restauriert und geben nun – komplett eingerichtet – einen Eindruck vom Leben auf dem Lande in vergangener Zeit. Wie ehemals werden hier Ziegen, Hühner und Dromedare gehalten. Auch im kleinen landwirtschaftlichen Museum **La Rosita** (bei La Oliva) darf man Hühner, Ziegen und Schafe aus nächster Nähe anschauen und vielleicht auch einmal streicheln. Eine Mühle arbeiten sehen – das ist auch für kleinere Kinder ein Erlebnis. In Tiscamanita wurde eine Mühle restauriert und kann nun samt dem Haus des Müllers besichtigt werden.

Wanderung

Ein kleiner Abenteuerausflug führt von Ajuy über einen schmalen Pfad zu den Höhlen **Caleta Negra**, in denen sich einst Schmuggler und Piraten versteckten.

Bootsausflüge

Ein Ausflug mit dem Boot macht Kindern fast immer Spaß. Fahrten mit dem Glasbodenboot, Katamaran, auf einer Motor- oder Segelyacht werden von Morro Jable, Corralejo und Costa Caleta angeboten. Toll ist von Corralejo aus auch der Ausflug zum kleinen vorgelagerten Inselchen Lobos, vielleicht mit Picknick am Strand? Oder warum nicht einmal nach Lanzarote übersetzen (ebenfalls von Corralejo aus). Angekommen in Playa Blanca fährt man weiter zum Parque Nacional de Timanfaya, schaut zu, wie ein bisschen Reisig in einer Erdspalte nur durch die Hitze im Erdboden Feuer fängt oder wie auf einem Grill nur mit Erdwärme Steaks brutzeln. Anschließend noch ein Ritt durch den Nationalpark auf dem Rücken eines Dromedars und das Urlaubserlebnis ist perfekt.

i Top Tipps für Kinder

- Oasis Park: eine tolle Papageienshow und ein Ritt auf dem Dromedar
- Freilichtmuseum La Alcogida: Leben auf dem Land wie annodazumal
- Wanderung auf Entdeckerpfaden zu den Höhlen von Caleta Negra
- Vom Glasbodenboot Blick auf den Meeresgrund

Knigge

Höfliche Spanier

Spanier sind in der Regel höfliche Menschen, und diese Höflichkeit durchzieht auch ihr alltägliches Handeln. Sie diskutieren gerne und ausgiebig, hören sich geduldig andere Meinungen an und versuchen natürlich auch zu überzeugen. Wort- und gestenreich, aber nie besserwisserisch. Wenn beispielsweise im Büro jemand behauptet: »Unser neuer Kollege heißt Pedro.« Dann würde niemand direkt widersprechen und sagen: »Nein, nein, er heißt José.« Die spanisch-elegantere Antwort wäre: »José? oder Pedro?« Wenn einer Bitte, einem

Spanier sind höfliche Menschen – ein entschiedenes »Nein« kommt ihnen nur schwer über die Lippen.

Wunsch oder einer Forderung widersprochen werden muss, wird es für den höflichen Spanier schwierig. Ein schroffen »Nein!« wird man auch dann niemals hören. Ein Beispiel: Ein Fremder fragt in irgendeinem kleinen Ort seinen Pensionswirt nach der nächsten Autovermietung. Dieser weiß natürlich, dass weit und breit keine existiert, wird das aber niemals so sagen, stattdessen äußert er: »Das wird schwierig werden.« Im Klartext heißt das allerdings: »Das kannst Du vergessen!«

Die Bar als Wohnzimmer

Einladungen werden schnell und gerne mal ausgesprochen, aber man lädt nur ganz selten nach Hause ein. Als Ersatz fungiert die Bar oder das Restaurant. Meist bleibt man jedoch nie allzu lange, sondern zieht lieber rasch ein Haus weiter.

Spanier gehen nicht gerne allein aus, lieber in kleinen oder auch größeren Gruppen. Bringt jemand einen Freund zum abendlichen Treff mit, so wird dieser schnell integriert und gehört sofort dazu. Das gilt auch für Ausländer, da gibt es kaum Berührungsängste. Aber eine tiefere Freundschaft darf niemand erwarten, der mit einem lockeren »Ruf mich doch mal an« verabschiedet wird. Man muss der Aufforderung auch nicht gleich am nächsten Tag nachkommen.

Einer für alle

Ganz anders geht man in Spanien mit dem Bezahlen der Rechnung n einer Bar oder Restaurant um. Hier zahlt immer einer für alle.

Zieht eine Gruppe durch mehrere Lokale, ist jeder einmal dran. Penibel auseinander gerechnet wird nicht, **Großzügigkeit** ist gefragt.

»Ist hier noch frei?«

Im Restaurant gilt noch eine andere Regel: Niemals zu Fremden an einen Tisch setzen. Eine Frage wie »Ist hier noch frei?« wird nicht gestellt. Aber auch an einen freien Tisch setzt man sich nie einfach so (auf Fuerteventura mit seinen überwiegend deutschen Gästen gilt diese Regel in einfacheren Restaurants nicht). Grundsätzlich bleibt man zunächst im Eingangsbereich des Restaurants stehen. Binnen Sekunden kommt der Oberkellner, fragt nach der Personenzahl und unterbreitet Tischvorschläge. Dann werden die Gäste zum gewählten Platz geleitet und die Speisekarte gereicht.

Rituale auch beim Bezahlen

So ganz nebenbei wird im Restaurant nach der **Rechnung** gefragt. Die kommt auf einem kleinen Tellerchen platziert, der Kellner entfernt sich wieder. Irgendwer greift beiläufig zur Rechnung, wirft einen kurzen Blick darauf und legt Kreditkarte oder ein paar Scheine auf den Teller. Genauso beiläufig wird der Kellner zurückkommen und mit einem gemurmelten »Gracias« das Tellerchen mitnehmen. Nach einiger Zeit kommt er erneut, schiebt mit einem abermaligen »Gracias« das Tellerchen samt Wechselgeld zum Bezahler. Der ignoriert dieses noch für einige Sekunden, steckt dann das Wechselgeld ein und lässt eine bestimmte Summe als Trinkgeld auf dem Teller liegen. Erst wenn die gesamte Tischrunde das Lokal verlassen hat, holt der Kellner das Trinkgeld-Tellerchen ein letztes Mal.

? WUSSTEN SIE SCHON ...?

- Am 1. Januar 2006 ist ein neues Antitabakgesetz in Spanien in Kraft getreten. In kleineren Lokalen entscheiden die Inhaber, ob geraucht werden darf oder nicht. In größeren Restaurants oder Bars kann eine Raucherzone eingerichtet werden. Ein entsprechendes Schild am Eingang weist darauf hin.

Literatur

Bildband

HB Bildatlas Nr. 259, Kanarische Inseln, Stuttgart 2006
Der Bildatlas stellt die schönsten Plätze auf allen sieben Kanarischen Inseln vor.

Unterhaltungsliteratur

Domingo Baez, Cuentos de Bruja de Fuerteventura, Salamanca 1983
Eine Sammlung von Sagen und Legenden über die östliche Kanareninsel, leider nur auf Spanisch erhältlich.

Gerhard Nebel, Phäakische Inseln, Eine Reise zum Kanarischen Archipel, Stuttgart 1965
Humorvolle Schilderung von Eindrücken einer in den 1950er-Jahren durchgeführten Reise auf den Kanarischen Archipel.

Miguel de Unamuno, De Fuerteventura a París, Paris 1925
Leider können die Erinnerungen von Unamuno über seine unfreiwillig auf Fuerteventura verbrachte Zeit nur auf Spanisch oder Französisch gelesen werden.

Sachbücher

Margarethe Bauer-Hild, Die Küche der Kanaren – Land und Menschen, Weil der Stadt 1993
Umfassende Darstellung der kanarischen Küche.

Willi Kerl, Die Kanarischen Inseln. München 1990
Die einzelnen Kanarischen Inseln werden im Hinblick auf Landschaft, Geschichte und Kunst vorgestellt.

Günther Kunkel, Die Kanarischen Inseln und ihre Pflanzenwelt, Stuttgart, Jena, New York 1993 (3. Aufl.)
Standardwerk zur Botanik der Kanaren. Vollständiges Inventar der kanarischen Pflanzen.

Leonardo Torriani, Die Kanarischen Inseln und ihre Urbewohner, 1590 (neu herausgegeben von D. J. Wölfel, Leipzig 1940)
Beobachtungen des italienischen Ingenieurs und Festungsbaumeisters Leonardo Torriani (1560–1628), der sich zwischen 1582 und 1597 auf den Kanaren aufhielt.

Restauriertes Bauernhaus im Ecomuseo La Alcogida

Rolf Goetz, Fuerteventura. Die schönsten Tal- und Höhenwanderungen. Rother Wanderführer, München 2004
30 ausgewählte Wanderungen erschließen alle Teile der Wüsteninsel.

Wanderführer

Medien

Die führenden deutschen Tageszeitungen und Magazine sowie deutschsprachige Zeitschriften aus der Schweiz und aus Österreich sind auf den Inseln spätestens einen Tag nach Erscheinen erhältlich.

Ausländische Zeitungen

Lokale deutschsprachige Blätter gibt es kaum. Lediglich »Info Canarias« berichtet über Regionales auf Fuerteventura. Die Einwohner der Insel lesen bevorzugt »Canarias 7« und »La Provincia«.

Lokale Anzeiger

Auf Fuerteventura können fünf spanische TV-Programme empfangen werden sowie, je nach Standort, einige Satellitensender, darunter auch deutschsprachige.

Fernsehen

Museen

ALLE MUSEEN AUF EINEN BLICK

FREILICHTMUSEEN

► **Ecomuseo La Alcogida**
Sieben gut restaurierte Bauerngehöfte geben einen Einblick in das Leben vergangener Tage. Verschiedenen Kunsthandwerkern kann man bei der Arbeit zusehen (►Reiseziele von A bis Z, Tefía).

► **La Rosita**
Finca mit kleinem landwirtschaftlichen Museum (►Reiseziele von A bis Z, La Oliva).

► **Molino de Antigua**
Rund um eine restaurierte Mühle entstand ein kleines Museum mit Kunsthandwerkszentrum und einem gepflegten Garten (►Reiseziele von A bis Z, Antigua).

► **Ruinas La Atalayita**
Bedeutendste Ausgrabungsstätte aus altkanarischer Zeit. Einige Wohnhütten wurden rekonstruiert (►Reiseziele von A bis Z, Pozo Negro).

i Interessante Museen

- Ecomuseo: vom Geisterdorf zum schmucken Freilichtmuseum
- Casa Museo Unamuno: In dem ehemaligen Stadthotel verbrachte der streitbare Schriftsteller und Philosoph seine Verbannungszeit
- Casa Mané: »das« Zentrum für Moderne Kunst auf Fuerteventura
- Ruinas La Atalayita: Viel zu sehen gibt es nicht, doch es ist die bedeutendste altkanarische Ausgrabungsstätte der Insel

► **Salinas del Carmen**
Noch im Aufbau befindliches Salinenmuseum (►Reiseziele von A bis Z, Costa Caleta).

ARCHÄOLOGIE

► **Casa Museo**
Heimatmuseum mit archäologischer Sammlung (►Reiseziele von A bis Z, Betancuria).

KUNST

► **Casa Mané**
Plastiken und Gemälde zeitgenössischer kanarischer Künstler (►Reiseziele von A bis Z, La Oliva).

Salinas del Carmen

► **Museo de Arte Sacro**
Sakrale Kunst (►Reiseziele von A bis Z, Betancuria).

LANDWIRTSCHAFT

► **Casa de la Cilla**
Kleines Museum für Getreide und Ackergeräte (►Reiseziele von A bis Z, La Oliva).

► **Centro de Interpretación Los Molinos**
Eine alte Mühle und das Haus des Müllers wurden restauriert und zum Mühlenzentrum erklärt (►Reiseziele von A bis Z, Tuineje).

SONSTIGE

► **Casa Museo de Unamuno**
Zu besichtigen sind die Räumlichkeiten, die Unamuno während seines Aufenthaltes auf Fuerteventura bewohnte (►Reiseziele von A bis Z, Puerto del Rosario).

► **Casa Museo Dr. Mena**
Das Wohnhaus des Arztes gibt einen Einblick davon, wie die wohlhabende Landbevölkerung im 19. Jh. lebte (►La Ampuyenta).

Notrufe

WICHTIGE TELEFONNUMMERN

ZENTRALER NOTRUF

► **Feuerwehr, Polizei, Arzt**
Tel. 112

NOTRUFE IN DEUTSCHLAND

► **ACE-Notrufzentrale Stuttgart**
Tel. 0049/1802/34 35 36

- **ADAC-Notrufzentrale München**
  Tel. 0049/89/76 76 76 (Ambulanzdienst und Telefonarzt)
  Tel. 0049/89/22 22 22 (Beratung nach Unfällen o.ä.)
- **DRK-Flugdienst Bonn**
  Tel. 0049/228/23 00 23
- **Deutsche Rettungsflugwacht Stuttgart**
  Tel. 0049/711/70 10 70

Post • Telekommunikation

Postsendungen

Postkarten und Briefe werden automatisch per **Luftpost** befördert und sind nach Mitteleuropa normalerweise ca. fünf Tage unterwegs. Das Porto beträgt für Karten (postales) und Briefe (cartas) bis 20 Gramm innerhalb Europas 0,53 Euro. Postkarten mit Übergröße kosten 1,03 Euro. Briefmarken (sellos) erhält man beim Kartenkauf in Andenkenläden oder bei der Post. Die Briefkästen sind gelb.

Postämter

In den Postämtern (Correos) können Telefaxe aufgegeben werden, außerdem erhält man hier **Telefonkarten** für Kartentelefone, man kann jedoch von den Postämtern aus nicht telefonieren. Geöffnet sind die Postämter Mo. – Fr. 9.00 – 14.00, Sa. 9.00 – 13.00 Uhr.

Telefon

Telefongespräche ins Ausland können von den meist offenen Telefonzellen aus mit Münzen oder Telefonkarten (tarjeta telefónica) geführt werden. Man erhält die Telefonkarten in Tabakläden, an Kiosken und bei der Post. Telefonate aus Hotels und aus dem eigenen Ferienappartement können mitunter um das Dreifache teurer sein als Gespräche von öffentlichen Fernsprechern. Samstagnachmittags, sonntags und nachts sind die Telefontarife deutlich billiger.

◀ Mobiltelefon

Jeder, der ein Handy mit deutschem Kartenvertrag besitzt, ist damit auf den Kanaren erreichbar. Das ist allerdings nicht billig. Ein an-

VORWAHLEN

NACH SPANIEN

- **Von Deutschland, Österreich und der Schweiz**
  0034

VON SPANIEN

- **nach Deutschland**
  0049
- **nach Österreich**
  00 43
- **in die Schweiz**
  00 41

kommendes Gespräch kostet pauschal ungefähr 0,75 Euro, hinzu kommen ca. 0,85 Euro pro Gesprächsminute.

Telefonnummern Die Telefonnummern in Spanien sind neunstellig. Sie beginnen mit der Regionalvorwahl (für Lanzarote, Gran Canaria und Fuerteventura: 928), die auch bei Ortsgesprächen mitgewählt werden muss.

Preise

PREISE IM VERGLEICH

3-Gang-Menü ab 25 Euro

Einfache Mahlzeit ab 6 Euro

Eine Tasse Kaffee 2 Euro

Busfahrt Kurzstrecke ab 1,50 Euro

Einfaches Doppelzimmer ab 50 Euro

Ein Bier 2,50 Euro

Trinkgeld Im Allgemeinen ist in den Rechnungen ein Bedienungsgeld inbegriffen (Inklusivpreise); dennoch erwarten Hotelangestellte, Kellner, Taxifahrer u.a. ein zusätzliches Trinkgeld von etwa 5 – 10% des Rechnungsbetrages. Es ist empfehlenswert, Zimmermädchen das erste Trinkgeld einen Tag nach Ankunft und in der Folgezeit eins pro Woche zu geben; sie erhalten 3 – 5 Euro pro Woche.

Reisezeit

Inseln des Ewigen Frühlings Von den Kanaren wird vielfach als den »Inseln des Ewigen Frühlings« gesprochen. Dieses Klischee verdanken sie ihrem jahreszeitlich weitgehend ausgeglichenen Klima (►Hintergrund, Klima). Die Temperaturschwankungen zwischen dem kältesten und wärmsten Monat betragen nur knapp 6 Grad Celsius; baden kann man das ganze Jahr hindurch. Diese Tatsache machen die Inseln im Winter zu einem beliebten Reiseziel für sonnenhungrige Mittel- und Nordeuropäer.

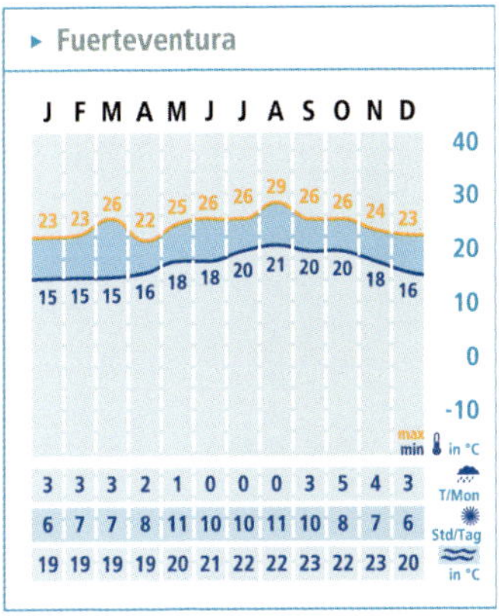

Ein Ganzjahresreiseziel

Hinsichtlich der Vegetation sind der Februar bzw. März die besten Monate für eine Reise nach Fuerteventura. Nach ergiebigen Winterregenfällen überzieht die sonst ausgedörrten Lavaböden für kurze Zeit eine Blumendecke. Während im Winter, vor allem über Weihnachten, nur bei rechtzeitiger Reservierung ein Zimmer auf der Wüsteninsel zu bekommen ist, so sind in den Sommermonaten viele der Hotels fast leer. Lohnend ist der Aufenthalt auf den Kanaren jedoch auch zu dieser Jahreszeit: Schwül-heiße Tage sind ausgesprochen selten. Im Herbst sind die Luft- und Wassertemperaturen am angenehmsten.

Shopping

Kein Einkaufsparadies

In Supermärkten und kleinen Läden erhält man auf Fuerteventura alles Lebensnotwendige und auch manch hübsches Mitbringsel. Am größten ist die Auswahl in Corralejo und Morro Jable bzw. Jandía. Das Angebot im Inselhauptort Puerto del Rosario ist sehr auf die einheimischen Käufer zugeschnitten. Edle Boutiquen gibt es hier nicht. Die Preise entsprechen weitgehend den in Deutschland üblichen bzw. liegen noch etwas darüber. Preiswerter als im Heimatland sind lediglich **Tabakwaren** und **Spirituosen**. Die überall angebotenen Parfümerieartikel sind nur geringfügig (wenn überhaupt) billiger als daheim.

Deutschsprachige Literatur

Deutschsprachige Unterhaltungsliteratur erhält man auf Fuerteventura an Zeitschriftenständen und in Supermärkten. Allerdings sind die Bücher durch den langen Transport erheblich teurer als in Deutschland.

Geschäftsöffnungszeiten

Die meisten Geschäfte sind Mo. – Fr. 9.00 – 13.00 und 16.00 – 20.00, Sa. 9.00 – 13.00 Uhr geöffnet. In den Touristikzentren haben Supermärkte und Läden häufig durchgehend bis weit in den Abend hinein und meist auch am Sonntag geöffnet.

Märkte

Frische Lebensmittel erhält man in der kleinen Markthalle von Puerto del Rosario sowie im neuen Marktgebäude von Corralejo. Ein gro-

In der Casa Santa María (Betancuria) kann man zuschauen, wie Hohlsaumstickereien entstehen.

ßer Markt mit ca. 150 Verkaufsständen findet jeden Montag und Freitag zwischen 9.00 und 14.00 Uhr am Ortseingang von Corralejo statt. Jeden Samstag 8.00 – 14.00 Uhr ist Markt in Costa Caleta, jeden Donnerstag 8.00 – 14.00 Uhr in Jandía, und sonntags werden zwischen 10.00 und 14.00 Uhr Kunsthandwerk, aber auch landwirtschaftliche Erzeugnisse auf dem Markt von Costa Calma verkauft. Ein wirkliches »Schnäppchen« macht man jedoch auch hier selten, das Angebot auf allen Märkten ähnelt sich sehr!

! *Baedeker* TIPP

Einkaufen mit Spaß

Wirklich Spaß macht das Einkaufen auf dem Mercado de Artesanía in Antigua. Hier ist die Auswahl an Kunsthandwerk etwas individueller, und groß ist das Angebot an hausgemachten Leckereien: Brot, Mojo-Saucen, Honig, Marmelade und vieles mehr gibt es in guter Qualität. Leider findet der Markt nur jeden zweiten Sonntag im Monat und das auch nur zwischen Februar und April bzw. im November/Dezember (10.00 – 14.00 Uhr) statt.

Beliebt als **Souvenirs** sind handgefertigte Stickarbeiten: Tischdecken, Servietten, Taschentücher, Blusen, Schürzen. Am bekanntesten sind die Arbeiten aus der Stickereischule in Lajares. Typisch für Fuerteventura ist die Hohlsaumstickerei (calado). Die hübschen unbemalten Töpfer- und Keramikwaren werden teilweise noch auf althergebrachte Weise ohne Töpferscheibe geformt. Inseltypisch ist der »purrón«, ein rundbauchiger, geschlossener Tonkrug, in dem Wasser durch Verdunstungskälte frisch gehalten wird. Wirklich schöne Keramikprodukte kann man allerdings nur in den Werkstätten der Kunsthandwerker, nicht in Souvenirläden kaufen. Überall sieht man aus Palmblättern, Rohr und Weiden gefertigte Korbwaren. Samen und Setzlinge einheimischer Pflanzen erinnern zu Hause noch lange an die kanarische Flora. Als Mitbringsel eignen sich auch der auf der Insel viel preiswertere Safran und der »curado«, ein Laib Ziegenkäse aus der Käsefabrik von Maxorata.

Sicherheit

Fuerteventura ist eine relativ **sichere Urlaubsregion**, doch mit Diebstählen, vor allem in den Touristikzentren, muss gerechnet werden. Die Bauweise vieler Hotels und Ferienanlagen erlaubt es Fassadenkletterern, durch geöffnete Balkontüren und Fenster auch in höherstöckige Appartements einzudringen. Es ist daher sinnvoll, Wertsachen und Ausweispapiere im Hotelsafe aufzubewahren (Mietpreis pro Woche ca. 15 – 20 Euro). Im Mietwagen sollte man grundsätzlich keinerlei Gegenstände zurücklassen. Autoeinbrüchen kann man vorbeugen, indem man u.a. durch demonstratives Öffnen des Handschuhfachs Automardern zu erkennen gibt, dass hier nichts zu holen ist. Auch wenn die Chance gering ist, gestohlene Gegenstände wiederzubekommen, sollte man bei der Guardia Civil Anzeige erstatten bzw. sich an die Reiseleitung oder an die Rezeption wenden, um die nötigen Schritte zu veranlassen.

Sport und Fun

Fit for Fun

»Fit for Fun« ist absolut angesagt auf Fuerteventura. Nicht nur Wassersportler kommen hier auf ihre Kosten. Wer nahezu rund um die Uhr ein großes Sportangebot haben möchte, bucht sich am besten in einem der Clubs ein (z.B. Robinson Club in Jandía und Esquinzo oder Club Aldiana). Hier kann der Tag mit Strandgymnastik beginnen, setzt sich mit Beachvolleyball oder Mountainbiketouren fort, gefolgt vom Tauch-, Surf- oder Segelkurs. Wenn dann noch Zeit bleibt, kann man Tennis spielen, reiten, Indoor Cycling betreiben – oder in der Sauna relaxen.

Fahrrad fahren

Rad fahren wird auch auf Fuerteventura immer beliebter. Mieten kann man Fahrräder in einigen Hotels und Autovermietungen sowie in Fahrradverleihgeschäften. Ein Mountainbike kostet pro Tag ca. 15 Euro, ein Tourenrad etwa 7 Euro. Wer sein eigenes Rad mitnehmen möchte, muss es der Fluggesellschaft nur rechtzeitig mitteilen (vielfach kostenlose Beförderung!).

Bei **Radtouren** auf der Insel sollte man aber bedenken: Es gibt keine Radwege; auf den Pisten können spitze Lavasteine leicht die Reifen zerschneiden; bei starkem Wind und auf bergigen Straßen ist oft Überanstrengung die Folge; bei kaltem Wind droht Erkältungsgefahr, bei großer Hitze Sonnenstich. Die Gegend um Corralejo ist zum Rad fahren bestens geeignet: Ohne große Höhenunterschiede meistern zu müssen, kann man das Dünengebiet per Rad erforschen und Ausflüge zu den benachbarten Vulkanen unternehmen.

Golf

Der Club Aldiana in Jandía verfügt über einen Golfübungsplatz, in La Pared gibt es eine Golf-Akademie. Und seit 2002 trumpft **Costa Caleta** mit einem 18-Loch-Platz auf. Er liegt nur wenige Meter von der Küste entfernt und ist recht flach. Mit einer starken Brise ist hier stets zu rechnen.

Hochseeangeln

Für Hochseeangler sind die Gewässer um die Kanarischen Inseln ein wahres Paradies. Von Morro Jable, Corralejo und Costa Caleta starten regelmäßig Yachten zum Hochseeangeln.

Reiten

In Tarajalejo gibt es beim Club Hotel Tofio einen Reitstall, der Pferde für Ausritte vermietet und Anfängerkurse anbietet (► Reiseziele von A bis Z, Tarajalejo).

Segeln

Segelmöglichkeiten bestehen in den Yachthäfen von Corralejo, Morro Jable und Costa Caleta. Segelkurse werden vom Club Aldiana in Playa Jandía und von den Robinson Clubs in Jandía und Esquinzo angeboten.

Surfen/ Wellenreiten

Surfer – Anfänger wie Fortgeschrittene – finden an Fuerteventuras Stränden ein wahres Paradies vor. Für Anfänger eignet sich die riesige Lagune an der Playa Barca (nahe Costa Calma) sowie die Bucht von Costa Caleta. Surfer, die sich vom Wind gern über flaches Wasser bzw. kleine Wellen treiben lassen, finden ideale Voraussetzungen an der Playa del Matorral bei Morro Jable und den sich weiter östlich erstreckenden Strandabschnitten sowie an der bereits erwähnten Playa Barca (außerhalb der Lagune). Hier kommen auch Geschwindigkeitsfanatiker auf ihre Kosten. Spitzengeschwindigkeiten von bis zu 80 km/h können hier erreicht werden. Freestyler heben mehrere Meter hoch ab und drehen akrobatische Loopings und Pirouetten. Ebenfalls etwas für Profis sind die Küsten im Norden der Insel, insbesondere die Meerenge zwischen Corralejo und der Insel Lobos. Bei Cotillo an der Westküste haben Brandungssurfer und absolute »Spezialisten« ihr Revier. Die Wellen erreichen hier Höhen von sechs und mehr Metern. Dass auf den Nordostpassat Verlass ist, wusste bereits Kolumbus, der mit dem beständigen Wind bis nach Amerika segelte.

◄ Windverhältnisse

← Fuerteventura ist ein ausgezeichnetes Surfrevier, vor allem im Sommer bläst der Nordostpassat beständig mit 5 – 8 Windstärken.

Vor allem im Sommer beschert der Nordostpassat optimale Surfbedingungen. Meist baut sich dann der Wind im Lauf des Tages auf, um mittags in voller Kraft aufzulaufen. Im Herbst, Winter und Frühjahr gibt es auch schon mal Ost- bzw. Südwinde. Die Windstärke liegt zwischen 3 – 8 Beaufort (Playa de Jandía: 3 – 6 Beaufort, Playa de Corralejo: 5 – 6 Beaufort, Playa de Sotavento: 5 – 8 Beaufort). Surfschulen und Verleihstationen gibt es in allen Touristikzentren. Die Mietpreise für eine komplette Ausrüstung liegen zwischen 200 und 250 Euro pro Woche. Für einen Anfängerkurs mit ca. 10 Std. Unterricht muss man ca. 180 Euro bezahlen.

! *Baedeker* TIPP

Nur Fliegen ist schöner

Die Insportart auf Fuerte ist Kitesurfing. Dabei saust man mit einem Drachen auf einem recht winzigen Brett über die Wellen. Ausüben kann man die spektakuläre Sportart an der Playa Barca bei Costa Calma (siehe Adressen: Pro Center René Egli) oder bei Corralejo (siehe Flag Beach Windsurf Centre). Ein zweitägiger Einführungskurs kostet ca. 220 Euro.

Fuerteventuras Küsten bieten aufgrund der schönen und abwechslungsreichen Unterwasserflora und -fauna hervorragende Voraussetzungen zum **Tauchen**. Als schönstes Tauchrevier gelten die nur 10 – 15 m tiefen Gewässer mit ihrer bizarren, fischreichen Unterwasserwelt aus erstarrter Lava zwischen Corralejo und der Insel Lobos. Aber auch bei Morro del Jable, auf der Halbinsel Jandía, lädt das Meer zum Tauchen und zum Schnorcheln ein. Tauchschulen gibt es in Corralejo, Costa Caleta, Costa Calma, Esquinzo Playa, Playa de Butihondo und Jandía Playa.

Tennis

Zu vielen der großen Hotelanlagen gehören ausgezeichnete Tennisplätze, einige sind mit Flutlicht ausgestattet. Wegen des beständig wehenden Windes sind viele Plätze überdacht. Tennislehrer stehen meist zur Verfügung. In den Robinson Clubs von Jandía und Esquinzo sind Platzreservierung und Kurse auch für Nichtmitglieder möglich.

Wandertouren

Fuerteventura ist ganz sicher kein Wanderparadies. Inmitten der in verschiedenen Grau- und Brauntönen leuchtenden Berg- und Hügellandschaften schimmert nur selten etwas Grün. Man muss Extreme mögen, um Wanderungen durch die karge Landschaft etwas abgewinnen zu können. Wer jedoch etwas Abwechslung zu anderen sportlichen Aktivitäten oder zum Sonnenbaden sucht, findet auch auf Fuerteventura Wandermöglichkeiten. Neben Strandspaziergängen lohnen vor allem Wanderungen in den Barranco de las Peñitas, in den Barranco de la Madre del Agua sowie die Umwanderung der Insel Lobos. Neu angelegt wurde der Weg von Lajares nach Corralejo. Bergkraxler können sich an dem Pico de la Zarza oder der Montaña Tindaya versuchen. Alle Touren sind bei den Reisezielen von A bis Z ausführlich beschrieben.

ADRESSEN

GOLF

► **Academia de Golf**
La Pared
Tel. 928 54 91 03
9-Loch-Kurzanlage; Golfunterricht.

► **Fuerteventura Golf Club**
Carretera de Jandía Km 11
Costa Caleta
Tel. 928 16 00 34
Fax 928 16 36 58
fuerteventuragolf@grupoanjoca.com
18-Loch-Golfplatz in Meernähe.

SURFEN + WELLENREITEN

► **Flag Beach Windsurf Centre**
Calle General Linares 31
Corralejo
Tel. 928 86 63 89
Fax 928 53 55 39
www.flagbeach.com
Schnupper-, Anfänger- und Kurse für Könner im Kiten und Surfen.

► **Matador Surf School**
Calle Palangre 4
Corralejo
Tel. und Fax 928 86 73 07
www.matadorsurfschool.com
5- und 10-tägige Kurse ab 175 Euro.

► **Escuela de Windsurfing**
Costa Caleta
Tel. 928 16 31 00
Auch Schnuperkurse.

► **Pro Center René Egli**
un Hotel Sol Gorriones
Playa Barca (bei Costa Calma)
Tel. 928 54 74 83
Fax 928 54 73 88
www.rene-egli.com
Leihboards, diverse Kurse.

TAUCHEN

► **Dive Center Corralejo**
Calle N. S. del Pino 36
Corralejo
Tel. und Fax 928 86 62 43

► **Club Aldiana**
Urbanización Las Gaviotas
Tel. 928 54 11 47
Kurse auch für Nicht-Cluburlauber.

TENNIS

► **Academia de Tenis**
Avenida Islas Canarias 11
Corralejo
Tel. und Fax 928 53 57 15

► **Tennisschule Matchpoint**
Morro Jable/Jandía
Tel. (mobil) 0034/639 31 36 64
Fax 928 54 40 97
www.tennis-matchpoint.de
Ein 60-Minuten-Training für eine Person kostet derzeit 35 Euro. Die Tennisschule betreut viele Hotels im Inselsüden.

Immer gegen den Wind ...

Ausrüstung ▸ Längere Wanderungen sollte man nur mit einer guten Ausrüstung durchführen. Das mitunter lockere, scharfkantige Gestein erfordert festes, am besten knöchelhohes Schuhwerk. Wegen der intensiven Sonneneinstrahlung sind eine Kopfbedeckung und ein Sonnenschutzmittel wichtig. Mit einem Wetterumschwung muss man rechnen, daher empfiehlt es sich, einen Regenschutz und im Winter auch dickere Kleidung mitzunehmen.

Sprache

Das Personal in den größeren Hotels und Restaurants spricht meist relativ gut Deutsch oder auch Englisch. Nur in kleineren Orten im Landesinnern könnte es Verständigungsprobleme geben.

Aussprache des Spanischen Die Vokale a, e, i, o, u, werden im Spanischen kurz und offen ausgesprochen. Langvokale (Boot, lieb) existieren nicht, ebensowenig geschlossenes e und o (Weg, groß).

SPRACHFÜHRER SPANISCH

Auf einen Blick

Ja./Nein.	Sí./No.
Vielleicht.	Quizás./Tal vez.
In Ordnung./Einverstanden!	¡De acuerdo!/¡Está bien!
Bitte./Danke.	Por favor./Gracias.
Vielen Dank!	Muchas gracias.
Gern geschehen.	No hay de qué./De nada.
Entschuldigung!	¡Perdón!
Wie bitte?	¿Cómo dice/dices?
Ich verstehe Sie/dich nicht.	No le/la/te entiendo.
Ich spreche nur wenig ...	Hablo sólo un poco de ...
Können Sie mir bitte helfen?	¿Puede usted ayudarme, por favor?
Ich möchte ...	Quiero .../Quisiera ...
Das gefällt mir (nicht).	(No) me gusta.
Haben Sie ...?	¿Tiene usted ...?
Wie viel kostet es?	¿Cuánto cuesta?
Wie viel Uhr ist es?	¿Qué hora es?

Kennenlernen

Guten Morgen	¡Buenos días!
Guten Tag!	¡Buenos días!/¡Buenas tardes!
Guten Abend!	¡Buenas tardes!/¡Buenas noches!

Bei einer Panne können einige Brocken Spanisch wichtig werden ...

Hallo! Grüß dich!	¡Hola! ¿Qué tal?
Ich heiße …	Me llamo …
Wie ist Ihr Name, bitte?	¿Cómo se llama usted, por favor?
Wie geht es Ihnen/dir?	¿Qué tal está usted?/¿Qué tal?
Gut, danke. Und Ihnen/dir?	Bien, gracias. ¿Y usted/tú?
Auf Wiedersehen!	¡Hasta la vista!/¡Adiós!
Tschüss!	¡Adiós!/¡Hasta luego!
Bis bald!	¡Hasta pronto!
Bis morgen!	¡Hasta mañana!

Unterwegs

links/rechts	a la izquierda/a la derecha
geradeaus	todo seguido/derecho
nah/weit	cerca/lejos
Wie weit ist das?	¿A qué distancia está?
Ich möchte … mieten.	Quisiera alquilar …
… ein Auto	…un coche.
… ein Boot	…una barca/un bote/un barco.
Bitte, wo ist …?	Perdón, ¿dónde está …
…der Bahnhof	…la estación (de trenes)?
…der Busbahnhof	…la estación de autobuses/ la terminal?
…der Flughafen	…el aeropuerto?

Panne

Ich habe eine Panne.	Tengo una avería.
Würden Sie mir bitte einen Abschleppwagen schicken?	¿Pueden ustedes enviarme un cochegrúa, por favor?
Gibt es hier in der Nähe eine Werkstatt?	¿Hay algún taller por aquí cerca?
Wo ist bitte die nächste Tankstelle?	¿Dónde está la estación de servicio/a gasolinera más cercana, por favor?
Ich möchte … Liter …	Quisiera … litros de …
… Normalbenzin.	… gasolina normal.
… Super./ …Diesel.	… súper./ … diesel.
… bleifrei./ …verbleit.	… sin plomo./ … con plomo.
Voll tanken, bitte.	Lleno, por favor.

Unfall

Hilfe!	¡Ayuda!, ¡Socorro!
Achtung!	¡Atención!
Vorsicht!	¡Cuidado!
Rufen Sie bitte schnell …	Llame enseguida …
… einen Krankenwagen.	… una ambulancia.
… die Polizei.	… a la policía.
… die Feuerwehr.	… a los bomberos.
Haben Sie Verbandszeug?	¿Tiene usted botiquín de urgencia?
Es war meine (Ihre) Schuld.	Ha sido por mi (su) culpa.
Geben Sie mir bitte Ihren Namen und Ihre Anschrift.	¿Puede usted darme su nombre y dirección

Essen

Wo gibt es hier …	¿Dónde hay por aquí cerca …
… ein gutes Restaurant?	… un buen restaurante?
… ein nicht zu teures Restaurant?	… un restaurante no demasiado caro?
Reservieren Sie uns bitte für heute abend einen Tisch für 4 Personen.	¿Puede reservarnos para esta noche una mesa para cuatro personas?
Auf Ihr Wohl!	¡Salud!
Bezahlen, bitte!	¡La cuenta, por favor!
Hat es geschmeckt?	¿Le/Les ha gustado la comida?
Das Essen war ausgezeichnet.	La comida estaba écelente.

Einkaufen

Wo finde ich … einen Markt?	Por favor, ¿dónde hay … un mercado?
... eine Apotheke	.... una farmacia
... ein Einkaufszentrum	... un centro comercial

Übernachtung

Können Sie mir bitte … empfehlen?	Perdón, señor/señora/señorita. ¿Podría usted recomendarme …
… ein Hotel	… un hotel?
… eine Pension	… una pensión?
Ich habe ein Zimmer reserviert.	He reservado una habitación.
Haben Sie noch …	¿Tienen ustedes …?
… ein Einzelzimmer?	… una habitación individual?
… ein Zweibettzimmer?	… una habitación doble?
… mit Dusche/Bad?	… con ducha/baño?
… für eine Nacht?	… para una noche?
… für eine Woche?	… para una semana?
Was kostet das Zimmer mit …Frühstück?	¿Cuánto cuesta la habitación con desayuno?
… Halbpension?	… media pensión?

Arzt

Können Sie mir einen guten Arzt empfehlen?	¿Puede usted indicarme un buen médico?
Ich habe …	Tengo …
… Durchfall.	… diarrea.
… Fieber.	… fiebre.
… Kopfschmerzen.	… dolor de cabeza.
… Zahnschmerzen.	… dolor de muelas.
… Halschmerzen.	… dolor de garganta.

Bank

Wo ist hier bitte …	Por favor, ¿dónde hay por aquí …?
… eine Bank?	… un banco?
… eine Wechselstube?	… una oficina/casa de cambio?
Ich möchte Schweizer Franken in Euro wechseln.	Quisiera cambiar … francos suizos en euros.

Post

Was kostet …	¿Cuánto cuesta …
… ein Brief …	… una carta …
… eine Postkarte …	… una postal …
nach Deutschland?	para Alemania?
Briefmarken	sellos
Telefonkarten	tarjetas para el teléfono

Zahlen

0	cero	19	diecinueve
1	un, uno, una	20	veinte
2	dos	21	veintiuno(a)
3	tres	22	veintidós
4	cuatro	30	treinta
5	cinco	40	cuarenta
6	seis	50	cincuenta
7	siete	60	sesenta
8	ocho	70	setenta
9	nueve	80	ochenta
10	diez	90	noventa
11	once	100	cien, ciento
12	doce	200	doscientos, -as
13	trece	1000	mil
14	catorce	2000	dos mil
15	quince	10 000	diez mil
16	dieciséis		
17	diecisiete	1/2	medio
18	dieciocho	1/4	un cuatro

Restaurant/Restaurante

desayuno	Frühstück
almuerzo	Mittagessen
cena	Abendessen
camarero	Kellner
cubierto	Gedeck, Besteck
cuchara	Löffel
cucharita	Teelöffel
cuchillo	Messer
lista de comida	Speisekarte
plato	Teller
sacacorchos	Korkenzieher
tenedor	Gabel
taza	Tasse
vaso	Glas

Tapas

albóndigas	Fleischbällchen
boquerones en vinagre	kleine Heringe in Essigmarinade
caracoles	Schnecken
chipirones	kleine Tintenfische
chorizo	Paprikawurst
ensaladilla russa	russischer Salat

Immer ein Genuss: Fischgerichte

jamón serrano	getrockneter Schinken
morcilla	Blutwurst
pulpo	Tintenfisch
tortilla	Kartoffelomelette

Entremeses/Vorspeisen

aceitunas	Oliven
anchoas	Sardellen
ensalada	Salat
jamón	Schinken
mantequilla	Butter
pan	Brot
panecillo	Brötchen
sardinas	Sardinen

Sopas/Suppen

caldo	Fleischbrühe
gazpacho	kalte Gemüsesuppe
puchero canario	Eintopf
sopa de pescado	Fischsuppe
sopa de verduras	Gemüsesuppe

Platos de huevos/Eierspeisen

huevo	Ei
duro	hartgekocht
pasado por agua	weichgekocht
huevos a la flamenca	Eier mit Bohnen
huevos fritos	Spiegeleier
huevos revueltos	Rühreier
tortilla	Omelette

Pescado/Fisch

ahumado	geräuchert
a la plancha	auf heißer Eisenplatte gebraten
asado	gebraten
cocido	gekocht
frito	gebacken
anguila	Aal
atún	Tunfisch
bacalao	Stockfisch
besugo	Brasse
lenguado	Seezunge
merluza	Seehecht
salmón	Lachs
trucha	Forelle
almeja	Flussmuschel
bogavante	Hummer
calamar	Tintenfisch
camarón	Garnele
cangrejo	Krebs
gamba	Garnele
langosta	Languste
ostras	Austern

Carne/Fleisch

buey	Rind, Ochse
carnero	Hammel
cerdo	Schwein
chuleta	Kotelett
cochinillo, lechón	Spanferkel
conejo	Kaninchen
cordero	Lamm
ternera	Kalb
vaca	Rind
asado	Braten
bistec	Beefsteak

carne ahumada	Rauchfleisch
carne estofada	Schmorbraten
carne salada	Pökelfleisch
fiambre	Aufschnitt
jamón	Schinken
lomo	Lenden- oder Rückenstück
salchichón	Hartwurst
tocino	Speck
pato	Ente
pollo	Huhn

Verduras/Gemüse

aceitunas	Oliven
cebollas	Zwiebeln
col de Bruselas	Rosenkohl
coliflor	Blumenkohl
espárragos	Spargel
espinacas	Spinat
garbanzos	Kichererbsen
guisantes	Erbsen
habas, judías	Bohnen
lechuga	Kopfsalat
patatas	Kartoffeln
patatas fritas	Pommes Frites
pepinos	Gurken
tomates	Tomaten
zanahorias	Karotten

Condimentos/Gewürze

aceite	Öl
ajo	Knoblauch
azafrán	Safran
mostaza	Senf
pimienta	Pfeffer
sal/salado	Salz/gesalzen
vinagre	Essig

Postres/Nachspeisen

bollo	süßes Brötchen
dulces	Süßigkeiten
flan	Pudding

helado	Eis
mermelada	Marmelade
miel	Honig
pastel	Kuchen
queso	Käse
tarta	Torte

Frutas/Obst

cerezas	Kirschen
chumbos	Kaktusfeigen
dátiles	Datteln
fresas	Erdbeeren
higos	Feigen
limón	Zitrone
mandarinas	Mandarinen
manzana	Apfel
melocotón	Pfirsich
melones	Honigmelonen
membrillo	Quitte
naranjas	Orangen
nueces	Nüsse
pera	Birne

piña	Ananas
plátano	Banane
sandías	Wassermelonen
uvas	Weintrauben

Spezielles

bocadillo	belegtes Brötchen
chorizo	rote Paprikawurst
churros	Brandteiggebäck
migas	geröstete Brotwürfel

Getränke

agua mineral	Mineralwasser
con/sin gas	mit/ohne Kohlensäure
aguardiente	Schnaps
amontillado	halbtrockener Sherry
anís	Anisschnaps
Brandy	Weinbrand
cerveza	Bier
café con leche	Milchkaffee
café solo	Espresso
café cortado	mit wenig Milch
fino	trockener Sherry
leche	Milch
limonada	Limonade
la Manzanilla	Kamillentee
oloroso	süßer Sherry
té	Tee
vino	Wein
blanco/tinto	weiß/rot
rosado	rosé
trocken/süß	seco/dulce
zumo	Fruchtsaft

Straßenverkehr

Rechtsverkehr

Auf den Kanarischen Inseln besteht wie auch auf dem spanischen Festland und dem übrigen kontinentalen Europa Rechtsverkehr.

Höchstgeschwindigkeiten

Höchstgeschwindigkeiten: innerhalb geschlossener Ortschaften 50 km/h, außerhalb geschlossener Ortschaften 90 km/h, auf Kraftfahrstraßen 100 km/h.

Vorfahrt

Vorfahrt hat grundsätzlich das von rechts kommende Fahrzeug (Ausnahmen sind entsprechend beschildert). Im **Kreisverkehr** hat das Fahrzeug Vorfahrt, das sich bereits im Kreis befindet.

Beleuchtung

Auf gut beleuchteten Straßen (außer Schnellstraßen und Autobahnen) darf nur mit Standlicht gefahren werden; Vorsicht vor unbeleuchteten Fahrzeugen!

Überholen

Beim Überholen muss in Spanien während des gesamten Vorganges der Fahrtrichtungsanzeiger zuerst nach links und dann wieder nach rechts betätigt werden. Beim Überholen und vor Kurven ist Hupen (bei Dunkelheit Lichthupe) obligatorisch. **Überholverbot** besteht 100 m vor Kuppen sowie auf Straßen, die nicht auf mindestens 200 m zu überblicken sind.

Sicherheitsgurte Sicherheitsgurte müssen während der Fahrt auf den Vorder- und Rücksitzen angelegt werden.

Alkoholgenuss Die Höchstgrenze für den Blutalkoholgehalt liegt bei 0,5 Promille.

Unglücks- und Schadensfälle Abschleppen durch Privatfahrzeuge ist verboten. Bei Unfällen – gleichgültig, ob man sie verschuldet hat oder nicht – muss der Kraftfahrer gewärtig sein, dass sein Fahrzeug beschlagnahmt wird (Freigabe ggf. erst nach Gerichtsverhandlung); in schweren Fällen kann der Fahrzeuglenker sogar inhaftiert werden. Man benachrichtige nach jedem Unfall unverzüglich die auf der Internationalen Grünen Versicherungskarte aufgeführte spanische Versicherungsgesellschaft, damit für die Stellung einer eventuell geforderten Kaution gesorgt werden kann. Über das Verhalten nach Unfällen mit Mietwagen geben die Mietunterlagen des Fahrzeuges Auskunft.

Auf Schnellstraßen muss man beim **Linksabbiegen** mitunter erst nach rechts in einen kleinen Kreisverkehr einbiegen, um dann die Hauptstraße geradeaus zu überqueren (hierdurch soll der ungehinderte Verkehrsfluss auf der Hauptstraße gesichert werden). Ausländer missachten oft die für sie ungewohnte Verkehrsregel und verursachen dadurch häufig schwere Unfälle. Vorsicht ist auch geboten vor den nicht selten mitten auf der Straße aufgestellten Verkehrsschildern.

? WUSSTEN SIE SCHON …?

- Seit 2004 gelten in Spanien neue Regeln für Autofahrer. Der Gebrauch von Handys ohne Freisprechanlage ist während der Fahrt verboten. Autofahrer dürfen anderen Fahrern keine Warnzeichen vor Radarfallen geben. Wer bei einer Panne das Fahrzeug verlässt, muss eine reflektierende Weste tragen, wenn er sich auf der Straße oder dem Randstreifen aufhält.

Kraftstoff Erhältlich sind unverbleites (sin plomo) Normal- und Superbenzin sowie Diesel. Die Preise liegen deutlich unter den in Mitteleuropa üblichen. Tankstellen gibt es im Inselinnern nur wenige, an der Westküste gar keine. Einige Tankstellen an den Hauptstraßen haben rund um die Uhr geöffnet.

Übernachten

Unterkünfte für alle Ansprüche Derzeit stehen auf Fuerteventura knapp 60 000 Gästebetten zur Verfügung. Es gibt vier verschiedene Unterkunftsmöglichkeiten – Hotels (vom einfachen Hotel bis zur Luxusklasse), Club-Dörfer, Appartementanlagen und Bungalowsiedlungen – und vier verschiedene Konzepte – Standardappartements für den Massentourismus, Animation und Geselligkeit vor allem für Familien und Singles, Abgeschiedenheit für Ruhesuchende und Luxus für Anspruchsvolle. Individualreisende, die gern privat absteigen, finden auf Fuerteventura nur wenige Möglichkeiten vor. Allerdings haben in den letzten Jahren auf dem Land verschiedene kleine Hotels eröffnet, die unter dem Stichwort »Turismo Rural« vermarktet werden (► Baedeker Tipp, S. 112). Jugendherbergen und Youth Hostels gibt es nicht.

Hotelkategorien und Preise

Hotels und Appartementanlagen sind vom Cabildo Insular de Fuerteventura in fünf Kategorien eingeteilt: An die Hotels werden Sterne vergeben, an die Appartementanlagen Schlüssel. Diese Einteilung orientiert sich an den Einrichtungen einer Unterkunft, nicht an der Qualität von Service und Verpflegung.
Die von Baedeker empfohlenen Hotels sind in drei **Kategorien** gegliedert: Luxus: ab 140 Euro, Komfortabel ab 90 Euro, Günstig bis 90 Euro. Diese Preise gelten für ein Doppelzimmer (mit Frühstück) in der Hauptsaison. Der Preis für ein Einzelzimmer schwankt zwischen 60 und 80% des Preises für ein Doppelzimmer.

> ! *Baedeker* TIPP
>
> **Am besten pauschal**
>
> Am preisgünstigsten wird die Reise nach Fuerteventura, wenn man sie bei einem der großen Reiseveranstalter pauschal bucht. Kleine Hotels gibt es auf Fuerteventura nur wenige und wer vor Ort in einem der großen Häuser nach dem Preis fragt, erlebt häufig eine unliebsame Überraschung (und bekommt zudem noch eines der schlechtesten Zimmer, denn die guten haben sich die Reiseveranstalter reserviert). Weihnachten und Ostern sollte man Flug und Unterkunft rechtzeitig buchen. Dann ist nämlich absolute Hochsaison auf den Kanaren. Sonst bekommt man auch kurzfristig noch eine Unterkunft in der gewünschten Kategorie.

Auf Fuerteventura gibt es keine offiziellen **Campingplätze**. Mitunter sieht man an der Küste einzelne Zelte. In der Regel schreiten die Behörden gegen das Wildcampen nicht ein. Mit dem Wohnmobil ist in Spanien generell ein einmaliges Übernachten auf Straßen, Park- oder Rastplätzen zulässig; auf freiem Gelände ist es grundsätzlich nicht erlaubt.

Verkehr

Autobus

Die Insel per Bus zu erkunden, ist fast unmöglich; die meisten Orte sind zwar an das Busnetz angeschlossen, doch verkehren Busse nur relativ selten. Linienbusse fahren innerhalb von Puerto del Rosario sowie zwischen der Hauptstadt und größeren Orten: im Halbstundentakt nach Morro Janble/Jandía, Costa Caleta und Corralejo, stündlich nach Costa Calma. Bedeutend seltener verkehren Busse nach El Cotillo, Pájara, Vega de Río de las Palmas. Die Strecke Puerto del Rosario – Morro Jable bedient auch ein Expressbus mit Stopp am Flughafen, in Gran Tarajal und Costa Calma. Alle Linienbusse verkehren nur tagsüber (in der Regel 7.00 – 20.00 Uhr), sonntags gibt es auf den meisten Strecken keinen Linienverkehr. Die Kosten für die Fahrt von Morro Jable nach Puerto del Rosario betragen ca. 7,50 Euro. Auskunft über die sich oft ändernden Abfahrtszeiten erteilt TIADHE Maxorata Bus (die einzige Busgesellschaft der Insel) unter Tel. 928 85 09 51; Fahrpläne sind aber auch in den Tourismus-Informationsbüros und in vielen Hotels erhältlich (allerdings werden Abfahrtszeiten oft nicht eingehalten).

Fährverkehr nach Lanzarote ►

Bequem und schnell (Überfahrtsdauer ca. 30 Min.) ist der Schiffstransfer ab Corralejo (Fuerteventura) nach Playa Blanca auf Lanzarote. Auf dieser Strecke verkehren Fähren der Lineas Fred. Olsen und Naviera Armas jeweils fünf- bis siebenmal täglich. Die Preise für Hin- und Rückfahrt betragen bei beiden Gesellschaften rund 23 Euro pro Person und liegen bei ca. 70 Euro für einen Wagen und zwei Personen. Für Gruppen gibt es Ermäßigungen.

Kanarische Inseln Verkehrsverbindungen

Schiffsverkehr nach Lobos ►

Den Schiffsverkehr von Corralejo auf die Insel Lobos nehmen kleinere Boote war. Auch ein Glasbodenboot steuert die Insel regelmäßig an. Die Schiffe fahren morgens zu dem kleinen Eiland und legen die Tour am Spätnachmittag in umgekehrter Richtung zurück. Bei stürmischem Wetter fahren die Boote nicht.

Fährverkehr nach Gran Canaria und Teneriffa ►

Die Reederei Trasmediterranea bedient die Strecke Morro Jable – Las Palmas de Gran Canaria – Santa Cruz de Tenerife. Zwar dauert die Überfahrt von Morro Jable nach Las Palmas nur ca. 90 Minuten, doch kann man diese Verbindung nicht für einen Tagesausflug nutzen, da die Fähren nur einmal täglich verkehren. Will man auf die anderen Kanarischen Inseln fahren (siehe Übersichtskarte), muss

Immer ein Vergnügen: Bootstouren – hier geht's nach Lobos.

man auf Teneriffa bzw. Gran Canaria umsteigen; dasselbe gilt auch für das spanische Festland.

Flugverkehr

Fuerteventuras Flughafen »El Matorral« liegt 5 km südlich von Puerto del Rosario. Hier landen auch ausländische Chartermaschinen.

◀ Interinsulare Flüge

Binter Canarias unterhält mehrmals täglich Flugverbindungen zwischen Fuerteventura und Las Palmas de Gran Canaria sowie nach Teneriffa (Nordflughafen). Vor allem vor Feiertagen empfiehlt sich eine rechtzeitige Flugreservierung.

Mietwagen

Will man die Insel erkunden bzw. viel herumkommen, ist es ratsam, sich einen Wagen zu mieten. Autovermietungen (spanisch »Alquiler de coches«) gibt es in allen Urlaubszentren. Sinnvoll ist es, ggf. schon vom Heimatland aus ein Auto zu mieten und an den Flughafen bringen zu lassen. Wer ein Fahrzeug mieten will, muss den Führerschein mindestens ein Jahr lang besitzen und muss älter als 21 Jahre sein. Im Vergleich zu Deutschland, Österreich und der Schweiz sind Mietautos auf Fuerteventura relativ günstig. Für ein Fahrzeug in der unteren Kategorie zahlt man bei den internationalen Autovermietern je nach Länge der gesamten Mietdauer ca. 25 – 30 Euro pro Tag. Die Mietverträge werden in der Regel mit unbegrenzter Kilometerzahl abgeschlossen, jedoch mit eingeschränktem oder gar keinem Versicherungsschutz auf nichtasphaltierten Straßen. Ratsam ist der Abschluss von **Vollkasko-Versicherungen**. Die Verleihpreise werden von

ADRESSEN

AUTOVERMIETUNG

► **Avis**
Tel. (in Deutschland)
0 1805/55 77 55
www.avis.com

► **Europcar**
Tel. (in Deutschland)
01 80/5 80 00
www.europcar.de

► **Hertz**
Tel. (in Deutschland)
0 18 05/33 35 35
www.hertz.de

FLUGLINIE

► **Binter Canarias**
Aeropuerto Fuerteventura
Tel. 928 86 09 49
Zentrale Reservierungsnummer:
Tel. 902 39 13 92
www.bintercanarias.es

REEDEREIEN

► **Lineas Fred Olsen**
am Hafen von Corralejo
Zentrale Reservierung:
Tel. 902 10 01 07
www.fredolsen.es

► **Naviera Armas**
am Hafen von Corralejo
Tel. 928 86 70 80
www.navieraarmas.com

► **Trasmediterranea**
am Hafen von Morro Jable
Tel. 902 45 46 45
www.trasmediterranea.es

TAXIRUF

► **Puerto del Rosario**
Tel. 928 85 00 59

► **Corralejo**
Tel. 928 86 61 08

► **Costa Calma**
Tel. 928 54 70 32

! *Baedeker* TIPP

Pkw oder Jeep?

Viele Autovermietungen führen in ihren Vertragsbedingungen an, dass Schotterpisten nicht mit dem gemieteten Pkw befahren werden dürfen. Dennoch sieht man ganze Mietwagenkolonnen beispielsweise auf dem nicht befestigten Weg von Morro Jable an die Punta de Jandía. Tatsächlich lässt sich diese Strecke auch mit einem Pkw recht gut bewältigen. Andere wie die Fahrt zum Wrack der »American Star« sind eine arge Holperei. Also: Wer wirklich abseits der Hauptstraßen die Insel erkunden möchte, mietet besser für einen oder mehrere Tage einen Jeep!

den zahlreichen kleineren Leihwagenfirmen oft erheblich unterboten.

Taxis Die meisten Taxis sind mit Taxameter ausgestattet; für längere Strecken kann man mitunter einen Pauschalbetrag aushandeln. Ansonsten muss man pro Kilometer ca. 1 Euro zahlen, dazu kommt eine Grundgebühr von 2 Euro, plus evtl. Zuschläge für Gepäck und Nachtfahrten.

Zeit

Auf den Kanarischen Inseln gilt die Westeuropäische Zeit (WEZ = MEZ – 1 Std.). Da von April bis Oktober die **Sommerzeit** eingeführt wurde, muss der mitteleuropäische Tourist das ganze Jahr über bei der Ankunft auf den Kanaren seine Uhr um eine Stunde zurückstellen.

Tageslänge

Wegen der Nähe zum Äquator schwankt auf den Kanaren die Tageslänge zwischen Sommer und Winter weniger stark als in Mitteleuropa. Der längste Tag im Sommer dauert etwa 14 Stunden, der kürzeste im Winter immer noch 11 Stunden. Die Zeit der **Dämmerung** ist sehr kurz. Die Sonne geht im Mittel um ca. 19.00 Uhr unter, im Winter ist es also länger hell als in Mitteleuropa, im Sommer dagegen wird es früher dunkel.

GC 8314 BN

Touren

UNSERE ROUTEN FÜHREN SIE DORTHIN, WO FUERTEVENTURA AM SCHÖNSTEN IST – AUCH ZU SENSATIONELLEN AUSBLICKEN – WIE HIER AUF DER JANDÍA-HALBINSEL, OBERHALB VON COFETE.

TOUREN DURCH FUERTEVENTURA

Für jede der drei Rundfahrten benötigt man einen ganzen Urlaubstag. Wer alle drei absolviert, hat ein komplettes Bild von der Wüsteninsel, hat alle wichtigen kulturellen und landschaftlichen Höhepunkte kennen gelernt und möglicherweise auch manch kulinarische Entdeckung gemacht.

TOUR 1 **Entdeckungen im Norden**
Die Rundfahrt erschließt das noch bäuerlich geprägte Hinterland im Inselnorden. Es bleibt ausreichend Zeit für eine längere Siesta in einem abgeschiedenen Fischerort oder für einen ausgedehnten Spaziergang an einem der schönsten Strände der Insel. ► **Seite 113**

TOUR 2 **Highlights im Süden**
Eine abwechslungsreiche Tour durch wüstenähnliche Berglandschaften oder vorbei an endlos erscheinenden hellen Sandstränden. Auch die alte Hauptstadt Betancuria, die als schönster Ort der Insel gilt, wird bei dieser Rundfahrt besucht. ► **Seite 116**

TOUR 3 **Inselzentrum für Kenner**
Wer die Hauptsehenswürdigkeiten von Fuerteventura bereits erkundet hat, dem sei diese Rundfahrt empfohlen, die auch Ziele abseits bekannter Touristenrouten berührt. ► **Seite 119**

Betancuria
Eines der bedeutendsten Bauwerke auf Fuerteventura ist die Iglesia de Santa María in der alten Inselhauptstadt.

Playa de Corralejo
Südlich von Corralejo erstreckt sich eine traumhafte Dünen- und Strandlandschaft.

Cotillo
Hafen dümpeln immer ige bunte Fischerboote.

Costa Calma
Schnuppertauchkurse – auch für kleine Gäste – bieten viele Hotels an.

Urlaub auf Fuerteventura

Der richtige Urlaubsort

Entscheidend für das Gelingen des Urlaubs ist natürlich die Wahl des richtigen Urlaubsortes. Auf Fuerteventura gibt es vier große Touristenzentren: **Morro Jable/Jandía** und **Costa Calma** im Inselsüden, in der Inselmitte **Costa Caleta** bzw. Caleta de Fustes, wie es noch bis vor kurzem hieß, und **Corralejo** im Inselnorden. Da Fuerteventura keine hohen Berge hat, sich die Passatwolken hier also nicht wie auf den westlicheren Inseln im Norden stauen, unterscheidet sich das **Klima** zwischen Inselnorden und -süden nur wenig. Die Touristenzentren im Inselsüden haben nur geringfügig mehr Sonnenstunden zu verzeichnen als die im Norden. Wenn das Klima bei der Wahl des Urlaubsortes zu vernachlässigen ist, könnten die **Sportmöglichkeiten** ausschlaggebend sein. Absolute Surffreaks werden die Playa de Sotavento bei Costa Calma bevorzugen, wo jedes Jahr neue Surfrekorde aufgestellt werden, für Anfänger bietet sich dagegen die ruhige Bucht von Caleta de Fustes an. Wer einfach einen schönen **Badeurlaub** auf Fuerteventura verbringen möchte, kann dies in Corralejo, Costa Calma oder Morro Jable/Jandía hervorragend tun. Costa Caleta hat nur einen kleinen, im Vergleich zu den Traumstränden im Inselsüden oder -norden wenig attraktiven Strand. Unterhaltung findet man eher in Corralejo und Morro Jable/Jandía. In beiden Orten gibt es eine kleine Promenade mit Restaurants und in Corralejo sogar einen Ortskern mit Plaza und einigen belebten Gassen ringsum, abends ist hier immer etwas los. In Costa Calma bereitet dagegen bereits die Restaurantsuche Mühe, man ist fast ausschließlich auf das Unterhaltungsangebot der großen Hotels angewiesen. Eltern sollten wissen, dass fast alle Strände auch für kleinere **Kinder** gut geeignet sind, da sie flach ins Meer abfallen, am harmlosesten zeigt sich der Atlantik jedoch in der geschützten Bucht von Costa Caleta.

Wer gerne abseits der Haupttouristenströme seinen Urlaub verbringt und eine raue Szenerie mag, kann erwägen, ob er sich ein Quartier in El Cotillo sucht. Da die Brandung hier – wie auch andernorts an der Westküste – meist sehr stark ist, eignet sich der Ort für einen reinen Badeurlaub nicht, umso lieber kommen Surfer und Wellenreiter.

! *Baedeker* TIPP

Ferien auf dem Land

Seit einigen Jahren wird von der Inselregierung der so genannnte turismo rural gefördert. Im Landesinneren haben verschiedene kleine Hotels eröffnet, alte Bauern- oder Herrenhäuser wurden zu komfortablen Touristenunterkünften umgestaltet. Schöne Adressen für einen Urlaub auf dem Land findet man beispielsweise auf den Seiten 127, 174 und 186 bzw. im Internet unter www.ecoturismocanarias.com.

Fortbewegung auf der Insel

Das öffentliche Verkehrsnetz auf der Insel ist nicht allzu gut ausgebaut. Die kleineren Ortschaften steuert meist nur ein- bzw. zweimal täglich ein Bus von Puerto del Rosario aus an. Wer also das Inselin-

nere individuell erkunden möchte, ist auf einen **Mietwagen** angewiesen. Zwei Tage reichen aus, um einen Überblick zu bekommen.
Die Straßenverhältnisse auf Fuerteventura sind gut. Alle größeren Orte – einzige Ausnahme die Strecke zwischen Betancuria und Pájara – sind durch gut ausgebaute breite Straßen miteinander verbunden. In abseits gelegene Regionen, z.B. auf die Halbinsel Jandía, führen allerdings nach wie vor nur Pisten. Auch sie lassen sich zwar mit einem normalen Pkw bewältigen, angenehmer ist die Fahrt jedoch mit einem Geländewagen.

Tour 1 Entdeckungen im Norden

Start und Ziel: Corralejo
Länge: 130 km
Dauer: 1 Tag

Keine spektakulären Eindrücke erwarten den Reisenden bei dieser Rundfahrt durch den Inselnorden. Doch lernt man abseits der Touristenpfade etwas vom noch bäuerlich geprägten Hinterland kennen. Es bleibt ausreichend Zeit für eine längere Siesta in einem abgeschiedenen Fischerort oder auch für das Verweilen an einem der kilometerlangen Sandstrände. Man kann diese Tour mit Tour 2 zu einer großen Inselrundfahrt verbinden. Will man sie an einem einzigen Tag bewältigen, bleibt jedoch nur wenig Zeit für die einzelnen Sehenswürdigkeiten.

Man verlässt den Hafenort ❶ ✶ **Corralejo** in südlicher Richtung auf der nach La Oliva führenden Straße. Nach ca. 6 km zweigt eine Nebenstrecke nach ❷ **Lajares** ab. Bekannt ist der Ort als Zentrum der Kunststickerei; eine Verkaufsausstellung befindet sich im Ortskern links der Hauptstraße. Am Ortsausgang von Lajares hält man sich rechts und fährt weiter nach ❸ **El Cotillo**. Trotz wunderschöner Sandstrände (viel Wind!) entwickelt sich der Tourismus nur zögernd an der rauen Westküste. Doch laden die meist menschenleeren Strände bei Cotillo zu einem Spaziergang ein. Ganz hübsch ist die Szenerie am Hafen, wo man in einem Restaurant oder Café leicht die Zeit vergessen kann.
Man fährt zunächst auf gleicher Strecke zurück, entscheidet sich nun aber für die gut ausgebaute Ortsumgehung von Lajares und fährt weiter Richtung Süden. Aus Lavabrocken geschichtete Mauern begleiten die Straße. Sie sollten die Ziegen von den kleinen Feldern fernhalten. Mittlerweile ist die Landwirtschaft jedoch nicht mehr rentabel, die Äcker werden nicht bestellt. Bald tauchen die ersten Häuser von ❹ ✶ **La Oliva** auf. Der bedeutendste Ort im Inselnorden lohnt einen etwas längeren Stopp. Man sollte der dreischiffigen Pfarrkirche, der Iglesia Nuestra Señora de Candelaria, sowie der am

Lajares
Auf der ganzen Insel ist der Ort für sein Kunsthandwerkszentrum bekannt.

Puertito de los Molinos
Frische Fische und ein toller Ausblick – das macht den Reiz des Ortes aus.

Tefía
Erleben, wie die Landbevölkerung ehemals arbeitete und wohnte.

La Ol
Die Casa Mané zeigt beiten kanarischer Küns

östlichen Ortsrand gelegenen Casa de los Coroneles (= Haus der Obersten) einen Besuch abstatten. Über moderne Kunst kann man sich anschließend in der Casa Mané informieren. Das Herrenhaus mit dem hübschen Garten beherbergt das Centro de Arte Canario (mit Cafeteria).

Bei der Weiterfahrt von La Oliva in südlicher Richtung sieht man rechts der Straße die weit verstreuten Häuser von Tindaya. Ins Blickfeld der Weltöffentlichkeit geriet die Ortschaft vor einigen Jahren wegen des gleichnamigen Berges. Ihn wollte der spanische Bildhauer Chillida aushöhlen und hier ein gewaltiges Monument der Toleranz schaffen. Kurz hinter Tindaya erhebt sich rechts das Denkmal für Miguel de Unamuno. Das riesige Monument steht vor einer strahlend weißen Mauer. Nach ca. 1 km biegt man rechts ab und fährt weiter nach 5 ✶✶ **Tefía**. Beidseits der Hauptstraße liegen Bauerngehöfte, von denen viele heute leer stehen. Einige der Häuschen nahe dem südlichen Ortsausgang wurden jedoch restauriert und sind heute als interessantes Freilichtmuseum (Ecomuseo La Alcogida) zugänglich. Wem der Sinn nach etwas Seeluft steht, fährt von Tefía zum an der Westküste gelegenen 6 **Puertito de los Molinos**. Man kommt zunächst an einem schönen Windmühlenexpemplar vorbei, durchfährt die Häuseransammlung Las Parcelas und hat dann von der Straße aus einen guten Blick in den Barranco de los Molinos. Mitunter zieht sich ein Rinnsal durch den Barrancogrund, doch das Wasser reicht aus, um relativ üppiges Grün in der Steinwüste hervorzuzaubern. Die Straße endet in Puertito de los Molinos, das nur aus wenigen Häuschen besteht. In zwei Restaurants kann man mit Blick aufs Meer hervorragend speisen (siehe Baedeker Tipp, S. 199).

✓ NICHT VERSÄUMEN

- Souvenirkauf in Lajares
- La Oliva, die schönste Stadt im Inselnorden
- Mittagessen in Puertito de los Molinos
- Freilichtmuseum in Tefía
- Badestopp an der Playa de Corralejo

Um die Inselrundfahrt fortzusetzen, fährt man von Tefía weiter in südlicher Richtung. Nach 6 km hält man sich bei einem Kreisverkehr links (will man die Tour zu einer großen Inselrundfahrt ausweiten, fährt man von hier rechts nach Betancuria und folgt der unten beschriebenen Route 2). Nach 5 km trifft die Straße auf die Hauptstraße nach Puerto del Rosario. Nur 3 km südlich dieser Kreuzung liegt 7 **La Ampuyenta**. Die winzige Ortschaft kann mit einem recht stimmungsvollen Kirchlein und einem interessanten Museum aufwarten. Nächste Station der Inselrundfahrt ist 8 **Casillas del Ángel**, dessen Kirche mit dunkler vorgesetzter Barockfront eine kurze Besichtigung lohnt. Gut 10 km hinter Casillas del Ángel passiert man das Gewerbegebiet von 9 **Puerto del Rosario**. Allzu große Erwartungen sollte man mit einem Besuch der Inselhauptstadt nicht verknüpfen. Abgesehen von einem kurzen Spaziergang entlang der Promenade mit Blick auf Hafen und einem Besuch im Unamuno-Museum hat sie Touristen nur ein wenig kanarisch-spanisches Flair zu bieten.

Die Rückfahrt nach Corralejo ist einer der Höhepunkte dieser Route. Die Straße von Puerto del Rosario nach Norden verläuft meist unmittelbar in Küstennähe. Immer wieder ergeben sich grandiose Ausblicke. Zunächst passiert man noch einige Urbanisationen, die – angesichts der hier unwirtlichen Umgebung – nicht allzu viele Touristen anlocken. Doch nach gut 15 km ändert sich die Szenerie. Es beginnt das Strand- und Dünengebiet der 10 ✶✶ **Playa de Corralejo**, das bis an Corralejo heranreicht. Wunderschöne feinsandige Strände laden zum Baden und Sonnen ein. Da die Dünenzone seit 1982 als Naturpark ausgewiesen ist, darf sie nicht bebaut werden (die beiden unmittelbar am Strand stehenden Hotels bei Corralejo wurden bereits in den siebziger Jahren errichtet). Bald hinter den beiden Hotelhochhäusern beginnen die ersten großflächigen Appartementanlagen von ① ✶ **Corralejo**.

Tour 2 Highlights im Süden

Start und Ziel: Morro Jable **Dauer:** 1 Tag
Länge: 155 km

Die Rundfahrt durch den Inselsüden vermittelt reizvolle und gegensätzliche Landschaftseindrücke. Einer wüstenähnlichen Berglandschaft stehen endlos erscheinende helle Sandstrände und weite Dünenregionen gegenüber.

Von ❶ ✶ **Morro Jable und Jandía** windet sich die gut ausgebaute Küstenstraße nordwärts. Bei Km 72 bietet sich ein Abstecher Richtung Küste an. Die Stichstraße endet bei der Übungsbasis des Surfcenters René Egli, gleich rechts davon erhebt sich die Wanderdüne Risco del Paso an der ❷ ✶✶ **Playa de Sotavento**, die auf vielen Postkarten abgebildet ist. Die nunmehr relativ gerade verlaufende Hauptstraße zieht sich durch die karge Dünenlandschaft. Links sieht man die Windmühlenreihen des Parque Eólico und bald darauf passiert man das Ortsschild von ❸ **Costa Calma**, des zweiten großen Touristenzentrums im Inselsüden. Geradezu unglaublich erscheint auf der Wüsteninsel die Grünzone entlang der Durchgangsstraße. 1986 wurden hier die ersten Palmen und Kiefern gepflanzt, mittlerweile bilden sie schon einen regelrechten kleinen Wald. Bald hinter dem Ortsende von Costa Calma biegt man auf die nach La Pared führende Straße ab, sie verläuft über den Istmo de la Pared, die schmalste Stelle der Insel. Schon nach 4 km ergibt sich der erste Blick auf die Nordküste und auf die Ortschaft ❹ **La Pared**, von Touristen besonders wegen der beiden hier ansässigen Restaurants geschätzt. Hinter La Pared gewinnt die Straße schnell an Höhe. Die bräunlichen sanft geschwungenen Berghänge schimmern in der Sonne. Über viele Kilometer hin sieht man nur ab und an ein Haus oder natürlich Ziegen, die selbst in dieser unwirtlichen Gegend nach Futter suchen. Schließlich senkt

✓ NICHT VERSÄUMEN

- Wanderung in den Barranco de las Peñitas
- Betancuria: der schönste Inselort
- Essen mit Aussicht auf dem Monte Tegú
- Antigua und seine Mühle
- Oasis Park: gleich nebeneinander Zoo und Botanischer Garten

Betancuria
Der Ausblick vom nahen Monte Tegú ist grandios.

Vega de Río
Der schönste Palmenhain der Insel.

osta Calma
te Bedingun- zum Surfen.

Tiscamanita
In der Umgebung stehen zahlreiche Windmühlen.

Oasis Park
Unbedingt besuchen: Fuertes einzigen Freizeitpark

sich die Straße wieder hinab, unter Abdeckplanen verstecken sich einzelne Tomatenfelder. Ca. 24 km hinter La Pared zweigt links eine Piste Richtung Küste ab. Auf ihr würde man nach 8 holprigen Kilometern die Playa de Garcey mit dem Wrack der »Amercian Star« erreichen (siehe Route 3). Um das Pensum der Inselrundtour zu bewältigen, bleibt man jedoch besser auf der Hauptstraße und kommt bald darauf nach ❺ ✱ **Pájara**. Die Ortschaft ist das Verwaltungszentrum des Inselsüdens und hat es aus diesem Grund zu einem gewis-

Tolle Ausblicke sind garantiert: Auf Tour nahe dem Mirador Morro Velosa.

sen Wohlstand gebracht. Davon zeugen gepflegte Grünanlagen und ein öffentliches Freibad. Die zweischiffige Iglesia de Virgen de la Regla ist vor allem wegen ihres mit aztekischen Motiven verzierten Portals sehenswert. In Pájara zweigt eine Straße links nach Vega de Río de las Palmas ab. Von der sehr schmalen und kurvenreichen Bergstraße ergeben sich immer wieder eindrucksvolle Ausblicke. Schließlich ist die Passhöhe erreicht, und hier besteht endlich auch einmal eine Haltemöglichkeit. Man schaut hinunter auf den Embalse de las Peñitas, einen heute versandeten Stausee. Danach ändert sich die Szenerie. Man kommt schließlich nach 6 * **Vega de Río de las Palmas**. Das Dorf liegt in einer der fruchtbarsten und wasserreichsten Regionen der Insel. So können hier einige Palmen gedeihen sowie Tomaten und andere Gemüsearten angebaut werden. Der Ort ist Ausgangspunkt für eine der schönsten Wanderungen, die man auf der Insel unternehmen kann. Die 6 km lange Tour führt in den Barranco de las Peñitas. Danach sind nur noch 5 km bis nach 7 ** **Betancuria** zurückzulegen. In der alten Inselhauptstadt leben heute nur etwa 600 Einwohner. Den Ortsmittelpunkt bildet die Iglesia de Santa María. Interessant ist daneben ein Besuch in der Casa Museo an der Hauptstraße sowie in der wunderschön restaurierten Casa Santa María (entweder hier oder im nachfolgend erwähnten Aussichtsrestaurant auf dem Monte Tegú kann man gut einen Aufenthalt für ein Essen einplanen). Bei der Weiterfahrt sieht man am nördlichen Ortsausgang unterhalb der Straße die Ruine des Convento de San Buenaventura aus dem 17. Jahrhundert. Dann geht es aufwärts. Auf dem Tegú, der mit 645 m höchsten Erhebung in dieser Region, wurde ein Mirador angelegt (mit Aussichtsrestaurant).

Ca. 5 km hinter Betancuria gelangt man zu einer Kreuzung. Man hält sich rechts und fährt weiter nach 8 * **Antigua**. Die Straße passiert ein bei Einheimischen und Touristen gleichermaßen beliebtes Restaurant und trifft dann auf die Kirche von Antigua. Davor biegt man links ab und erreicht kurz darauf die den Inselnorden und -süden miteinander verbindende Hauptstrecke. Gleich links hiervon steht ein schönes Windmühlenexemplar, dem ein kleines Museum, ein Kunsthandwerkszentrum und ein hübscher Garten mit kanarischer Flora angeschlossen sind.
Die Route verläuft von Antigua südwärts durch eine verhältnismäßig grüne Ebene. Über den »Mühlenort« Valles de Ortega (gleich links fällt eine Schöpfradmühle auf) erreicht man 9 **Tiscamanita**. Hier wurde in einer restaurierten Mühle ein Besucherzentrum eingerichtet. Das Gebiet südöstlich von Tiscamanita wird als Malpaís Grande bezeichnet. Dieses »schlechte Land« entstand bei den jüngsten vulkanischen Tätigkeiten auf Fuerteventura, vor etwa 10 000 Jahren. Die herausströmende erkaltende Lava hat zerklüftete extrem bizarre Formen geschaffen. Über eine Piste, die bei der Bushaltestelle in Tiscamanita links abzweigt, kann man ganz nah an das Malpaís Grande heranfahren.
Nächste Station der Inselrundfahrt ist 10 **Tuineje**. Da es hier den besten Lehmboden der Insel gibt, wird in der Gegend noch relativ intensiv Landwirtschaft betrieben. Bei der Kreuzung, ca. 9 km hinter Tuineje, hält man sich links, Richtung Tarajalejo. Der Ort liegt etwas abseits der Durchgangsstraße. Herausragendes gibt es hier nicht zu entdecken, daher fährt man am besten gleich weiter gen Inselsüden. Kurz hinter Taralejo passiert die Straße den besuchenswerten 11 * **Oasis Park** bei La Lajita. Für den Besuch des kleinen Zoos und des recht weitläufigen Botanischen Gartens benötigt man mindestens zwei bis drei Stunden, man kann aber auch leicht einen halben Tag dort verbringen. So spart man sich die Besichtigung besser für eine andere Gelegenheit auf. Die Straße verläuft nun meist in Küstennähe. Auf der schon bekannten Strecke über Costa Calma geht es zurück nach 1 * **Morro Jable**.

Route 3 Inselzentrum für Kenner

Start und Ziel: Costa Caleta
Dauer: 1 Tag
Länge: 173 km

Wer die Hauptsehenswürdigkeiten von Fuerteventura bereits erkundet hat, dem sei diese Rundfahrt empfohlen, die auch Ziele abseits bekannter Touristenrouten berührt.

Von 1 **Costa Caleta** (bzw. Caleta de Fustes, wie es bis 2004 offiziell hieß) fährt man zunächst nordwärts vorbei am Flughafen nach Puer-

Ziegen
sieht man u
wegs häufig.

Betancuria
Elegantes Ambiente in der Casa Santa María

Ajuy und Las Playitas
sind bekannt für ihre Fischrestaurants.

Pájara
Die Pfarrkirche ist berühmt wegen ihres Portals.

to del Rosario. Noch vor dem Erreichen der Inselmetropole hält man sich links und folgt der FV 20 nach ❷ **Casillas del Ángel**. Die hübsche Dorfkirche fordert einen kurzen Stopp. Kurz hinter dem Ort zweigt eine Straße in westlicher Richtung nach ❸ **Valle de Santa Inés** (mit stattlichen Mühlenexemplaren und einer Töpferwerkstatt) ab. An der nächsten Kreuzung hält man sich rechts. Die Straße windet sich aufwärts zum Mirador Morro Velosa auf dem Monte Tegú mit prächtigem Blick über den gesamten Inselnorden. »Insider« kennen das nächste Etappenziel der Rundfahrt, die alte Inselhauptstadt ❹ ✶✶ **Betancuria**, natürlich schon, doch ein Bummel durch die hübsche Ortschaft lohnt auch ein zweites Mal. Für eine Kaffeepause bietet sich die zur Casa Santa María gehörende Cafeteria (etwas unterhalb des Herrenhauses) an. Frisch gestärkt, ist zu überlegen, ob man im 6 km südlich gelegenen ❺ ✶ **Vega de Río de las Palmas** zu einer 6 km langen Wanderung in den Barranco de las Peñitas aufbricht. Hinter der Ortschaft windet sich die Straße wieder aufwärts. Von einem Aussichtsparkplatz bietet sich ein schöner Blick zurück auf den verlandeten Stausee Embalse de las Peñitas. Kurvenreich geht es weiter bis ❻ ✶ **Pájara**. Ein kurzer Bummel durch den Ort mit seinen prächtigen Holzbalkonen, der eindrucksvollen Kirche und gepflegten Grünzonen ist lohnend. Man verlässt Pájara in westlicher Richtung, hält sich an der Abzweigung rechts und erreicht von hier nach 8 km ❼ **Ajuy**. Mehrere Fischrestaurants laden zu einem vorzüglichen Mahl ein. Richtung Pájara geht es zurück auf derselben Strecke. Kurz vor Erreichen des Orts biegt man jedoch rechts ab und fährt weiter Richtung La Pared. Gut 2 km hinter dieser Abzweigung führt eine (teilweise mit dem Pkw nur schlecht befahrbare) Piste rechts Richtung Küste. Auf ihr erreicht man nach 8 km die Playa Garcey mit dem ❽ **Wrack der »American Star«**. Brandung und Strömung sind in diesem Teil der Insel unberechenbar, so begnügt man sich mit einem Strandspaziergang und dem Blick auf das Schiffswrack. Nach Rückkehr zur Hauptstraße folgt man dieser noch 14 km in südlicher Richtung, dann führt ein Sträßchen über Cardón zur FV 2, der Hauptstraße im Inselsüden. Ihr folgt man ca. 6 km in östlicher Richtung, um dann nach ❾ **Gran Tarajal** abzubiegen. Die zweitgrößte Stadt der Insel ist vom Tourismus kaum vereinnahmt. Hier kann man herrlich in einem Straßencafé an der kleinen Promenade sitzen und hört um sich herum nur Spanisch! Nicht versäumen sollte man den kleinen Abstecher nach ❿ ✶ **Las Playitas**. Die Häuser des Fischerdorfes stapeln sich malerisch am Berghang übereinander. Auch an der Hafenmole geht das Leben seinen geruhsamen Gang. Man fährt zurück zur FV 2, die nächsten 10 km auf dieser Strecke sind schnell zurückgelegt. Dann weist die Markierung rechts nach Pozo Negro. Nach 3 km auf dieser Strecke biegt man rechts auf eine Piste zur altkanarischen Ausgrabungsstätte ⓫ ✶ **La Atalayita** ab. In ihrem weiteren Verlauf führt die FV 2 an den ⓬ **Salinas del Carmen** vorbei. Die Museumssaline kann zwar schon besichtigt werden, das zugehörige Besucherzentrum wartet noch auf seine Fertigstellung. Bereits in Sichtweite ist dann die Feriensiedlung ❶ **Costa Caleta**.

✓ NICHT VERSÄUMEN

- Ausblick vom Mirador Morro Velosa
- Bummel durch Betancuria
- Ajuy: frischen Fisch genießen
- Abstecher zum Wrack der »American Star«
- Las Playitas: das schönste Fischerdorf

Reiseziele von A bis Z

DAS GROSSE »PLUS« DER WÜSTENINSEL SIND IHRE ENDLOS LANGEN SANDSTRÄNDE – WIE HIER DIE PLAYA DE SOTAVENTRO. KULTURELLE SEHENSWÜRDIGKEITEN GIBT ES NUR WENIGE.

Ajuy • Puerto de la Peña

F 6

Die Fahrt nach Ajuy lohnt einerseits wegen der noch recht urtümlichen Kneipen, in denen man fangfrischen Fisch zu akzeptablen Preisen serviert, zum anderen wegen der bizarren Küstenszenerie in der nahen Umgebung und der reizvollen Wander- bzw. Spaziermöglichkeiten.

Fischerdorf an der Westküste

Man erreicht Ajuy oder Puerto de la Peña, wie das kleine Fischerdörfchen an der Westküste Fuerteventuras auch genannt wird, über eine asphaltierte, 10 km lange Straße von Pájara aus. Sie verläuft durch ein teilweise palmenbestandenes Tal. Verschiedene Fischerhäuschen in Ajuy wurden mittlerweile zu einfachen Ferienunterkünften umfunktioniert. Dennoch geht es hier vor allem unter der Woche still und beschaulich zu. Der schwarze Sandstrand, an dem im Sommerhalbjahr meist einige Fischerboote liegen (Saison ist von Mai bis Oktober, im Winter können die Fischerboote wegen starker Brandung in der Regel nicht auslaufen), wird fast ausschließlich von Einheimischen aufgesucht.

Die Eroberer Gadifer de la Salle und Jean de Béthencourt (► Berühmte Persönlichkeiten) sollen, als sie 1402 erstmals den Boden Fuerteventuras betraten, im heutigen Ajuy an Land gegangen sein. In der Folge avancierte die kleine Sandbucht zum **Hafen der neu gegründeten Hauptstadt Betancuria**. Bis Ende des 19. Jh.s wurde von hier aus Kalk zu den anderen Kanarischen Inseln verschifft. Abgebaut wurde er von einer Kalkbank, die sich ca. 15 m ü. d. M. an der Westküste entlangzieht. Im 20. Jh. blieb Ajuy lange Zeit abseits des Inselgeschehens: Erst 1986 erhielt die Ortschaft Strom- und Wasseranschluss.

AJUY

ESSEN

► Erschwinglich

Jaula de Oro
am Strand
Tel. 928 16 16 13
Im »Goldkäfig« sitzt man auf einer kleinen Terrasse mit Blick zum Meer oder im Innern der etwas schummrigen Bar. Kleine Karte mit ständig wechselndem Angebot an Fisch.

Umgebung von Ajuy

★ Caleta Negra

Vom Nordrand der Bucht führt ein breiter Weg aufwärts zur Steilküste; nach ca. 500 m sieht man unterhalb Reste von einstigen Hafenanlagen und mehrere Höhlenöffnungen im Gestein der Caleta Negra, der »Schwarzen Bucht«. Schon der Ausblick über die Klippen lohnt den Weg hierher. Auf Stufen gelangt man hinab zu den Höhlengängen (bei rauer See ist davon jedoch besser abzusehen!). Die größte Höhle reicht bis zu 600 m tief in das Gestein hinein (sicherheitshalber sollte man nicht zu weit vordringen!).

Auf Entdeckungstour am Strand von Ajuy

Ebenfalls eine Besichtigung lohnt die Peña Horadada, ein ca. 20 m hohes Felsentor. Um dorthin zu gelangen, steigt man von der Caleta Negra wieder zum Aussichtsplatz oberhalb der Höhlen auf und geht auf demselben Weg ca. 50 m zurück. Dann führt links ein Weg zum Klippenrand hinauf. Man folgt dem Klippenrand in nördlicher Richtung und erreicht nach ca. 30 Min. die Peña Horadada an der Mündung des Barranco de la Peña. In einem natürlichen Wasserbecken unter der Peña Horadada ist gefahrloses Baden möglich.

✶ Peña Horadada

Ein hübscher kurzer Spaziergang führt von Ajuy in den Barranco de la Madre del Agua. Abgesehen vom Barranco de los Molinos ist dies die einzige Schlucht auf Fuerteventura, die von einem kleinen Wasserlauf durchzogen wird. Dieser sorgt für vergleichsweise üppige Vegetation. Um den Eingang in den Barranco zu erreichen, folgt man von Ajuy aus zunächst der Straße in Richtung Pájara. Nach ca. 20 Min. zweigt links ein breiter Weg ab, der zum ausgetrockneten Flussbett hinabführt. An Palmenhainen und Terrassenfeldern vorbei wandert man leicht aufwärts, nach ca. 500 m öffnet sich links der Barranco de la Madre del Agua. Man wird kaum ein idyllischeres Plätzchen auf Fuerteventura finden können. Palmen wiegen sich im Wind, an manchen Stellen sind Wassertümpel dicht mit Brunnenkresse bewachsen. Mit gutem Schuhwerk ausgestattete Wanderer können tiefer in den Barranco vordringen, müssen sich allerdings ihren Weg selbst suchen. Nach heftigeren Regenfällen machen manchmal größere Wassertümpel das Fortkommen unmöglich.

Barranco de la Madre del Agua

★ Antigua

G 5/6

Auf der Fahrt von Nord nach Süd durchs Inselzentrum kommt man an der Ortschaft Antigua (3000 Einw.) kaum vorbei. Wegen der von hübschen Parkanlagen umgebenen Molino de Antigua bietet sich hier ein Zwischenstopp an.

Antigua erstreckt sich in einer weiten, für Fuerteventura verhältnismäßig grünen Ebene im Inselzentrum. Bekannt ist Antigua als Mittelpunkt des Brauchtums. Dafür zeichnet vor allem der hier ansässige **Kulturverein Mafasca** verantwortlich. Benannt ist er nach einem Irrlicht, das angeblich immer wieder bei Antigua gesehen wird und um das sich viele Geschichten und Legenden ranken. Neben Folkloreveranstaltungen organisiert der Verein einmal monatlich einen großen Markt (s. S. 86). Vielbeachtet ist daneben die alljährlich Ende Mai bzw. Anfang Juni stattfindende Feria Insular de Artesanía, eine Kunsthandwerksmesse. Zum Begleitprogramm gehören Folkloredarbietungen und Vorführungen von Lucha canaria. Natürlich kommt auch der kulinarische Aspekt nicht zu kurz.

! *Baedeker* TIPP

Auf Pilgerpfaden

Von der Pfarrkirche in Antigua kann man auf einem alten Pilgerweg (Camino de los Perregrinos) nach Betancuria wandern. Nach rund einer Stunde Wanderzeit (auf dem nicht zu verfehlenden Weg) ist die 570 m hohe Passhöhe Degollada de la Villa erreicht. Vom Bergkamm aus geht es durch einen kleinen Hain nach Betancuria, das man nach insgesamt 7 km erreicht. Festes Schuhwerk und Sonnenschutz sind empfehlenswert.

Geschichte Die ersten spanischen und normannischen Bauern bestellten das fruchtbare Gebiet von Antigua vermutlich schon Ende des 15. Jh.s. Der Ort selbst wurde jedoch erst im 18. Jh. gegründet – er ist damit einer der ältesten der Insel. Seine Blüte erlebte Antigua im 19. Jh.: 1812, 1834 und 1835 war es Inselhauptstadt. Mittlerweile spielt die Landwirtschaft in Antigua keine allzu große Rolle mehr. Die Grundwasservorräte, die früher mit Windmühlen (die letzte war bis 1950 in Betrieb) zutage befördert wurden, sind schon seit langem erschöpft.

Ortsbild Den Ortsmittelpunkt bildet der Platz vor der Kirche, der mit seinen schattenspendenden Bäumen und seiner subtropischen Pflanzenpracht zum Verweilen einlädt.

Sehenswertes in Antigua

Iglesia Nuestra Señora de Antigua In der weißen einschiffigen Kirche wird die Virgen de la Antigua verehrt. Geweiht wurde das schlichte Gotteshaus 1784. Im Innern beeindruckt vor allem die hölzerne Mudéjar-Decke. Der klassizistische bunt bemalte Hauptaltar birgt die Figur der Jungfrau von Antigua, die vermutlich in der ersten Hälfte des 17. Jh.s geschaffen wurde. Eine Seitenwand ziert ein großes Gemälde mit der Darstellung des Jüngsten Gerichts.

Inmitten eines kleinen Parks: die Mühle von Antigua

Am nördlichen Ortsausgang prunkt an der Hauptstraße der **Molino de Antigua**. In Mühlen wie dieser wurde auf Fuerteventura seit dem 17. Jh. Getreide zur Herstellung von Gofio bzw. Brot gemahlen. Ein Getreidespeicher befand sich immer in unmittelbarer Nähe. In dem runden wieder aufgebauten Speicher ist heute ein Restaurant eingerichtet, das von dem lanzarotischen Künstler César Manrique entworfen wurde (zeitweilig geschlossen). Rund um die Mühle entstand ein kleines Kunsthandwerkszentrum (geöffnet: Di. – Fr., So. 9.30 – 17.30 Uhr) mit Ausstellungsraum (archäologische Exponate, Tongefäße) und einem Laden, in dem man inseltypisches Kunsthandwerk erstehen kann. In einem weiteren Raum wird eine ca. 20-minütige Multivisionsshow gezeigt. Ein gepflegter Garten mit kanarischer Flora und eine Cafeteria erhöhen die Attraktivität des Museumsdörfchens.

ANTIGUA ERLEBEN

EINKAUFEN

Mercado de Artesanía
jeden zweiten So. im Monat (allerdings nur Febr. bis März und Nov./Dez.)
siehe Baedeker Tipp S. 86

ESSEN

► **Erschwinglich**
La Flor de Antigua
Calle El Obispo
Tel. 928 87 81 68
Fisch- und Fleisch zubereitet nach typisch kanarischen Rezepten.

ÜBERNACHTEN

► **Komfortabel**
Hotel Era de la Corte
Ortsteil La Corte
35630 Antigua
Tel. 928 87 87 05
Fax 928 87 87 10
www.eradelacorte.com
Aus einem um 1890 erbauten Landgut wurde ein kleines exquisites Hotel mit elf Zimmern. Alle Räume sind individuell eingerichtet. Ein Pool und ein Tennisplatz sowie ein Fitnessraum gehören zu dem Komplex.

Umgebung von Antigua

Valles de Ortega Die kleine Ortschaft Valles de Ortega, 4 km südlich von Antigua, ist mit der Häuseransammlung **Casillas de Morales** zusammengewachsen. Die zahlreichen (mittlerweile jedoch stark verfallenen) Windmühlen in diesem Gebiet zeugen davon, dass hier einst intensiv Landwirtschaft betrieben wurde. Nach wie vor leben einige Bauern vom Gemüseanbau.

Inmitten von Feldern liegt die 1732 von einer der reichsten Familien der Insel gestiftete **Ermita de San Roque**. Der hl. Rochus ist der Nothelfer gegen die Pest. Mit der Errichtung der Kapelle hoffte man, eine mögliche Pestepidemie abwenden zu können.

Triquivijate Triquivijate, 5 km östlich von Antigua, ist einer jener Orte, in die man nur mehr oder weniger zufällig gerät. Die Landwirtschaft ist auf Fuerteventura kein rentables Geschäft mehr, viele der ockerfarbenen Bauernhäuser sind verlassen, manche bereits verfallen. Etwas abseits der Hauptstraße steht – von einer Zinnenmauer umgeben – die 1715 geweihte Kirche San Isidro. San Isidro ist der Schutzpatron der Bauern.

★★ Betancuria

G 5/6

Der schönste Ort der Insel ist zweifellos Betancuria. Die alte Inselhauptstadt liegt inmitten eines fruchtbaren von hohen Bergen gesäumten Tales.

Der Eroberer von Fuerteventura, Jean de Béthencourt, hatte die Lage im Inselinneren aus strategischen Gründen gewählt, das administrative Zentrum der Insel sollte so vor Piratenangriffen geschützt sein. Eine Fehlentscheidung, wie sich später herausstellte. Von Piraten blieb Betancuria nicht verschont. Das recht enge Tal setzte einer effektiven Landwirtschaft und damit steigenden Bevölkerungszahlen Grenzen. Wirtschaftlich geriet Betancuria schon bald ins Abseits. Als weiteres Wirtschaftshemmnis erwies sich das Fehlen eines Hafens. Heute leben nur ca. 600 Menschen in der einstigen Inselmetropole, das sind 20% weniger als noch 1950.

Geschichte **Jean de Béthencourt** gründete 1405 den nach ihm benannten Ort als Inselhauptstadt. Als Papst Martin V. 1424 ein unabhängiges Bistum auf Fuerteventura schuf, avancierte er gar zum Bischofssitz. Tatsächlich residierte jedoch nie ein Bischof auf der Wüsteninsel, und 1430 wurde das Bistum wieder aufgehoben.

Einen Meilenstein in der Geschichte setzte 1593 der Angriff des Piraten Jabán Arráez. Zahlreiche Einwohner wurden in die Sklaverei verschleppt, viele Gebäude zerstört. Spätestens seit dem 17. Jh. konnte

Betancuria seinen Status als Inselhauptstadt nur noch mit Mühe halten. Davon zeugt ein Erlass des Jahres 1631: Bürger mussten einen bestimmten Zeitraum im Jahr in der Hauptstadt leben und ihre verfallenden Häuser wieder erneuern. Bei Nichteinhaltung drohte ihnen 15 Jahre Kerkerhaft. Immerhin blieb Betancuria bis 1834 mit kurzen Unterbrechungen das Verwaltungszentrum der Insel.

✶✶ **Ortsbild**

Weiße Häuschen zwischen Palmen, umgeben von Äckern und Gärten: Betancuria strahlt eine besondere Idylle und Ruhe aus. Für einen Besuch eignen sich die späteren Nachmittagsstunden, wenn die meisten Touristenbusse wieder abgefahren sind.
Der Ortskern wurde 1988 in seiner Gesamtheit unter Denkmalschutz gestellt. Vor allem an den Häusern entlang der Hauptstraße fallen verschiedentlich kunstvolle Umrahmungen von Fenstern und Türen auf. Vielfach stammen sie noch aus gotischer Zeit. In den Häusern rund um die Iglesia de Santa María residierten einst die führenden Adelsfamilien der Insel. Die zweistöckige Bauweise und die schön geschnitzten Holzbalkone künden noch heute von ihrem Wohlstand.

Sehenswertes in Betancuria

✶✶ **Iglesia de Santa María**

Die Gründung der Iglesia de Santa María geht bereits auf Jean de Béthencourt zurück. Nach der 1593 erfolgten Zerstörung bei einem Pi-

Die bedeutendste Kirche der Insel: Iglesia de Santa María

BETANCURIA ERLEBEN

EINKAUFEN

Centro Insular de Artesanía
an der Hauptstraße
Eine gute Auswahl an Keramik, Stickerei, Flechtarbeiten etc. hat das Kunsthandwerkszentrum der Inselregierung.

ESSEN

► Erschwinglich

Restaurant im Mirador Morro Velosa
Montaña Tegú
Das Café/Restaurant bietet neben solider Küche einen tollen Ausblick.
Geöffnet: tgl. 10.00 – 18.00 Uhr.

► Fein und teuer

Casa Santa María
neben der Kirche
Tel. 928 87 82 82
Stilvolles Ambiente hat seinen Preis. Man sitzt sehr schön im Patio bzw. in geschmackvoll gestalteten Innenräumen. Die Qualität der Speisen kann mit den Preisen nicht ganz mithalten. Eine preiswertere Alternative ist die zur Casa Santa María gehörende Cafeteria mit großer Terrasse (Zugang etwas unterhalb der Casa Santa María).
Geöffnet: tgl. 11.00 – 18.00, im Juli und August 12.00 – 19.00 Uhr.

ratenangriff wurde sie in der ersten Hälfte des 17. Jh.s wieder aufgebaut. Man betritt die Kirche durch ein Portal im rechten Seitenschiff. Es gilt als eines der wenigen Beispiele der Spätrenaissance auf den Kanaren. Den Giebel zieren das Stadtwappen und das Familienwappen der Béthencourts.

Im Innern weist die dreischiffige Iglesia de Santa María sehenswerte Kunstschätze auf. Aus der zweiten Hälfte des 17. Jh.s stammt der vergoldete barocke **Hochaltar**. Geschaffen wurde er von einem Künstler aus Teneriffa. Die Muttergottes-Statue auf dem Halbmond in der Zentralnische des Altars symbolisiert den Sieg des Christentums über die maurischen Heiden. Als eine der ältesten Holzschnitzereien der Kanaren gilt die Figur der **Santa Catalina** in einem Altar im Seitenschiff. Sie wird auf das späte 15. Jh. datiert. Beachtenswert ist ferner die im Mudéjarstil gehaltene Holzdecke der Sakristei (geöffnet: Mo. – Fr. 11.00 – 16.00, Sa. 11.00 – 15.00 Uhr; Besichtigung nur in halbstündigem Wechsel mit dem Museo de Arte Sacro).

Museo de Arte Sacro

In einem alten herrschaftlichen Haus bei der Kirche wurde das Museo de Arte Sacro eingerichtet. In vier Räumen sind religiöse Kunstgegenstände ausgestellt, ferner zeigt eine Fotosammlung alle Sakralbauten auf der Insel (Öffnungszeiten siehe Kirche).

Casa Santa María

Die Casa Santa María, ein liebevoll restauriertes Herrenhaus aus dem 16. Jh., beherbergt ein stilvolles Restaurant (siehe oben) und ein kleines Museum. In einer zwanzigminütigen **Multivisionsshow** werden die Besonderheiten Fuerteventuras herausgestellt, verschiedenen Kunsthandwerkern kann man bei der Arbeit zuschauen (geöffnet: tgl. 11.00 – 16.00 Uhr).

Casa Museo

Das Heimatmuseum liegt an der Hauptdurchgangsstraße. Vor dem Eingang sind zwei Kanonen aufgestellt, Beutestücke der Schlacht von 1740, bei der sich die Bevölkerung erfolgreich gegen eindringende Engländer zur Wehr setzte. Das Innere birgt vor allem archäologische Fundstücke aus der Zeit der Altkanarier. Ein gesonderter Raum ist der Geologie Fuerteventuras gewidmet (geöffnet: Di. – Sa. 10.00 bis 17.00, So. 11.00 – 14.00 Uhr).

Convento de San Buenaventura

Am nördlichen Ortsausgang steht an der Straße die recht imposante Kirchenruine des Franziskanerklosters, das San Buenaventura geweiht war. Auf den Resten eines Vorgängerbaus wurde das Kloster 1414 errichtet und 1460 vergrößert. Ebenso wie die Kirche erlitt es bei dem Piratenangriff von 1593 schwere Schäden. Unter Beibehaltung einiger gotischer Bauelemente wurde das Kloster im 17. Jh. wieder aufgebaut. Nachdem 1836 auf Anweisung der spanischen Krone alle Klöster säkularisiert worden waren, benutzten die Einwohner Betancurias das Kloster als Steinbruch. Erhalten blieben nur die Außenmauern, die vor einigen Jahren restauriert und in eine Gartenanlage integriert wurden.

Capilla San Diego de Alcalá

Gegenüber der Klosterruine fällt die Capilla San Diego de Alcalá ins Auge. Der später heilig gesprochene San Diego de Alcalá (►Berühm-

Vom Mirador Morro Velosa hat man einen tollen Blick über weite Teile der Insel.

te Persönlichkeiten) wirkte Mitte des 15. Jh.s im Convento de San Buenaventura. Er kam als Laienbruder zu der Klostergemeinschaft, lebte als Eremit in einer nahen Höhle – an dieser Stelle steht angeblich die Kapelle – und soll zahlreiche Wunder bewirkt haben. Der heutige Kapellenbau stammt aus dem 17. Jh., einige gotische Architekturelemente des Vorgängerbaus wurden damals in das neue zweischiffige Gotteshaus integriert.

Umgebung von Betancuria

★ **Montaña Tegú**

Verlässt man Betancuria in nördlicher Richtung, so bietet sich nach Erreichen der Passhöhe an der Montaña Tegú ein schöner Blick auf das idyllisch gelegene Betancuria. Auf dem kahlen Gipfel des Tegú wurde mit EU-Mitteln der weithin sichtbare **Mirador Morro Velosa** mit Restaurant und Bar errichtet (s. S. 131).

Casillas del Ángel

H 5

Etwa auf halber Strecke zwischen Puerto del Rosario und Betancuria liegt das Straßendorf Casillas del Ángel. Bis 1930 war es Verwaltungszentrum für eine der acht Gemeinden, in die Fuerteventura eingeteilt war. Danach wurde es Puerto del Rosario angegliedert.

Iglesia Santa Ana

Inmitten der verstreut stehenden einfachen Bauernhäuser ragt die Pfarrkirche Santa Ana auf. Dem ansonsten weißen Gebäude ist eine aus dunklem Lavagestein bestehende Barockfront vorgesetzt. Sie wird von einem hohen Giebel gekrönt, der die Glocken trägt. Ihr heutiges Aussehen erhielt die Kirche im ausgehenden 18. Jahrhundert.
Der spätbarocke Hauptaltar im Innern gilt als eines der bedeutendsten Werke sakraler Kunst auf Fuerteventura. Bei der Darstellung der hl. Anna und der Marienfigur in der zentralen Nische soll es sich um eine kastilische Arbeit aus dem 17. Jh. handeln. Hervorzuheben ist ferner die Holzdecke im Mudéjarstil über dem Altarraum.

Cofete

C 9

Nur wenige Touristen würden sich in den abgeschiedenen Weiler Cofete auf der Halbinsel Jandía verirren, gäbe es dort nicht die geheimnisumwitterte Villa Winter. Eine weitere und sicher schönere Attraktion ist der Strand von Cofete.

Wer einen Ausflug nach Cofete unternehmen möchte, sollte dafür einen ganzen Tag einplanen. Von Morro Jable nach Cofete und weiter

Sieht aus wie ein Kaktus, ist aber keiner: Euphorbia canariensis. Auf der Jandía-Halbinsel bei Cofete kommt sie häufig vor.

zur Punta de Jandía und zur Punta Pesebre sowie zurück nach Morro Jable sind zwar nur ca. 70 km zurückzulegen, doch kommt man vor allem bei Cofete mit einem Pkw teilweise nur im Schritttempo vorwärts. Die Mühen der Anfahrt lohnen sich nur, wenn man längere Fahrtpausen einplant und Zeit hat, die abgeschiedene Landschaft auf sich wirken zu lassen.

Anfahrt

Bis heute ist Cofete nur über eine recht **schlechte Schotterpiste** von Morro Jable/Jandía aus zu erreichen. Sie lässt sich zwar mit einem normalen Pkw bewältigen, doch empfiehlt sich für die Tour ein Geländewagen (vor allem nach Regenfällen!). Man verlässt das Touristenzentrum Morro Jable in westlicher Richtung. Parallel zur Küste verläuft die Piste weitgehend eben durch eine wüstenartige Landschaft. Ab und an sieht man Reifenspuren von Jeeps, die zu einsamen grobsandigen Buchten an der Südküste führen. Viele sind jedoch auch nur zu Fuß erreichbar. Nach ca. 11 km zweigt rechts eine Bergstrecke ab (geradeaus gelangt man zur Punta de Jandía, siehe S. 137). Zahlreiche Serpentinen sind zu überwinden, bis sich von der Passhöhe am Roque del Moro (oder Montaña Aguda) der **prächtigste Ausblick im Inselsüden** ergibt. Weit unten glitzert die Playa de Cofete in der Sonne, an die sich nach Osten hin die Playa de Barlovento anschließt. Nun beginnt die unangenehmste Wegstrecke. Teilweise steil geht es hinab nach Cofete.

Wanderung

Die Wanderung nach Cofete (hin und zurück ca. 15 km) folgt dem alten Verbindungsweg quer über die Halbinsel Jandía, über den 350

GEHEIMNISVOLLE VILLA

In der Einöde bei Cofete steht ein großes Gebäude mit rundem Turm – die Einwohner nennen es »El Chalet« oder »Palacio de Cofete«. Und auf jeden Fall können sie jede Menge Geschichten über das Gebäude bzw. das Gründstück erzählen. Mal soll es als Nachschubbasis für deutsche U-Boote im Zweiten Weltkrieg, als Rückzugsrefugium für Adolf Hitler oder als Zwischenstation für Nazi-Größen auf ihrer Flucht nach Südamerika gedient haben.

Die Fakten: Besitzer der Villa war der 1892 in Neustadt am Titisee/Schwarzwald geborene Ingenieur **Gustav Winter**, der seit 1915 vor allem in Spanien lebte. Er war maßgeblich am 1926 begonnenen Bau des Elektrizitätswerks von Gran Canaria beteiligt. In den 30er-Jahren kam er nach Fuerteventura und pachtete die gesamte Halbinsel Jandía. Ab 1937 versuchte er sich – unter der Schirmherrschaft **Hermann Görings** – an der Errichtung einer Fischfabrik und eines Zementwerks in Morro Jable. Der Zweite Weltkrieg setzte dem Projekt jedoch ein schnelles Ende. Nach dem Verkauf seines Besitzes an die spanische Eigentümergemeinschaft Dehesa de Jandía S.A. ging Winter nach Frankreich, er war am Bau von U-Boot-Bunkern in der Bretagne beteiligt. Die Rückkehr nach Fuerteventura erfolgte 1947. Hier widmete er sich nun der Landwirtschaft: Er züchtete Schafe und Ziegen und baute besagte Villa. Im Jahre 1956 siedelte die Familie nach Gran Canaria über. 1968 erhielt Don Gustavo, wie er respektvoll von den Einheimischen genannt wurde, wegen seiner »großen Verdienste im Bereich der Landwirtschaft« Ländereien im südlichen Fuerteventura von der Dehesa de Jandía S.A. zum Geschenk. Über die Familie Winter brach damit der Goldsegen herein, denn einige Zeit darauf verkaufte sie einen Teil davon als Bauland für touristische Projekte. Gustav Winter starb 1971, kurz nachdem eine große deutsche Zeitschrift über die »geheimnisvolle Villa Winter« und ihren nicht minder »mysteriösen Besitzer« berichtet hatte.

Nur Gerüchte?

All den Gerüchten zufolge, die auch immer wieder von der kanarischen Presse aufgegriffen wurden, habe Winter das Grundstück von Franco für seine Aufbauleistungen in Spanien erhalten. Seine Aufgabe als Oberst der Kriegsmarine sei es gewesen, einen U-

Gustav Winter ließ die Villa 1947 erbauen. Doch die Familie Winter hat niemals in ihr gelebt.

Boot-Stützpunkt anzulegen. Die Einwohner des nahen Cofete seien vertrieben worden; Stacheldrahtzäune hätten unerwünschten Besuchern den Zutritt zu diesem militärischen Sperrgebiet verwehrt. Boote, die sich von See her genähert hätten, seien sogar beschossen worden. Ein unterirdischer Bunker unter dem Hügel vor der Villa habe als Nachschubbasis, als Auftankstation für die im Atlantik operierenden deutschen U-Boote gedient. Auch das Flugfeld (an der Punta de Jandía) soll in diesem Zusammenhang angelegt worden sein.

Basis für deutsche U-Boote

»Stützpunkt für deutsche U-Boote im Zweiten Weltkrieg« – ergibt das einen Sinn? Hatte das nationalsozialistische Deutschland überhaupt ein Interesse an Fuerteventura bzw. an den Kanarischen Inseln? Ja – zumindest in den Kriegsjahren 1940 und 1941. Das Nazi-Regime strebte eine **Neuaufteilung der afrikanischen Kolonien** an. Zum Schutz der atlantischen Verbindungslinien zwischen dem zukünftigen Kolonialreich Mittelafrika und Deutschland dachte der »Führer« an Flottenstützpunkte in Marokko und auf den Kanarischen Inseln. Im weiteren Verlauf des Krieges ging an die Regierungen in Madrid und Lissabon von deutscher Seite die Weisung, sich mit allen Mitteln gegen eine Festsetzung alliierter Streitkräfte sowohl im Mutterland als auch auf den Inselgruppen zu widersetzen. In diesem Zusammenhang wurden im August 1941 einige **Küstengeschütze** auf den Kanaren aufgestellt. Dennoch ist mehr als zweifelhaft, ob die abenteuerlichen Behauptungen im Zusammenhang mit der Villa Winter einen gewissen Wahrheitsgehalt hatten. Sie konnten sich vor allem halten, weil das Grundstück zwischenzeitlich scharf bewacht wurde.

Weitere Nutzung

Bis heute pilgern viele Touristen zur Villa Winter – allzu mysteriös geht es dort aber nicht mehr zu. Rund um das Anwesen wird ein wenig Landwirtschaft betrieben. Zwischenzeitlich wollte die Inselregierung das Gebäude von der Familie Winter erwerben und dort ein Institut für Geologen und Botaniker einrichten, dann gab es wieder Pläne, dort ein Hotel zu eröffnen – ob dann aber immer noch so viele Gäste kommen würden?

Meter hohen Pass Cofete. Man verlässt Morro Jable auf der westwärts führenden Piste. Nach ca. 4 km zweigt ein zunächst noch mit geländegängigen Fahrzeugen befahrbarer Weg rechts in das Gran Valle ab (hier sollte man sein Auto abstellen), er geht bald in einen schmalen Pfad über. Dieser erschließt eine einsame und karge Landschaft. Nach Erreichen des Bergsattels bietet sich ein prächtiger Blick über den Südzipfel der Insel. Bis Cofete benötigt man ca. 2 Std. (gute Wanderschuhe!).

Gleich am Beginn der Wanderung wachsen am Eingang des Gran Valle bis zu einer Höhe von 150 m Exemplare von Euphorbia handiensis. Dieses wie ein Kaktus aussehende Wolfsmilchgewächs kommt natürlicherweise nur noch auf Fuerteventura vor und ist hier auf die Jandía-Halbinsel beschränkt. Jenseits des Passes findet man in der Umgebung von Cofete eindrucksvolle Bestände der Kandelaberwolfsmilch (**Euphorbia canariensis**; Abb. S. 133).

Ortsbild Der Ort Cofete besteht aus wenigen Häusern bzw. Bretterbuden, viele von ihnen sind nur zeitweise bewohnt. Wichtigstes Gebäude ist die Bar, Ziel zahlreicher Jeep-Safaris. In Sichtweite davon liegt auf einem umzäunten Grundstück die legendäre **Villa Winter**, die sich der deutsche Ingenieur Gustav Winter (►Berühmte Persönlichkeiten) hat erbauen lassen. Das Haus mit rundem Wehrturm, das sich nach wie vor im Besitz der Familie Winter befindet, ist nicht zugänglich.

Ort in der Einsamkeit: Puerto de la Cruz auf der Jandía-Halbinsel

Umgebung von Cofete

Mehrere Pisten (für Pkw's nur mit Mühe zu bewältigen) führen von Cofete hinab zur Playa de Cofete. Da das Gebiet unter Naturschutz steht, durfte es bisher nicht bebaut werden. Im Gegensatz zu den Stränden an der Südküste präsentiert sich die Playa de Cofete wilder und schroffer. Wegen der hohen Brandung und gefährlicher Strömungen ist das Baden hier lebensgefährlich.

✶✶ **Playa de Cofete**

El Islote, das Inselchen, trennt die Playa de Cofete von der östlich angrenzenden Playa de Barlovento. Je nach Wasserstand besteht sie aus einem mehr oder minder breiten Sandstreifen vor einer Steilküste. Strandwanderer kommen hier auf hier Kosten: Playa de Cofete und Playa de Barlovento sind zusammen fast 10 km lang.

✶ **Playa de Barlovento**

Lohnend ist von Cofete aus ein Abstecher zum Fischerdorf **Puerto de la Cruz** und weiter zur Punta de Jandía. Man fährt zunächst auf derselben Strecke zurück. Nach 7 km hält man sich rechts und erreicht nach insgesamt 15 km die Häuser von Puerto de la Cruz. Die meisten werden nur als Wochenenddomizil genutzt. Die Befestigungen am Hafen sind auf das Wirken von Gustav Winter zurückzuführen.

! *Baedeker* TIPP

Essen am Ende der Welt

Gleich drei einfache Bars/Restaurants gibt es in dem winzigen Nest Puerto de la Cruz. Am Wochenende herrscht hier Betrieb, dann kommen auch Einheimische zum Sonntagsausflug. Empfehlenswert – wegen der Lage am Meer – ist vor allem El Caletón. Entweder isst man frischen gegrillten Fisch oder man probiert den Fischeintopf (tgl. geöffnet).

Von Puerto de la Cruz ist der südwestlichste Punkt Fuerteventuras, die Punta de Jandía, noch 1 km entfernt. Die Landspitze markiert ein **Leuchtturm**, der mit Solarenergie betrieben wird. Man genießt von hier einen grandiosen Blick, der bei klarer Sicht bis nach Gran Canaria reicht. Meist weht ein starker Wind, der die Wellen gegen die Küste peitscht. Baden ist lebensgefährlich!

✶ **Punta de Jandía**

Von Puerto de la Cruz kann man auf einer Piste zur 4,5 km nördlich gelegenen Punta Pesebre weiterfahren. Links der Straße erstreckt sich die Playa de Ojos, die von Land aus jedoch nur schwer zugänglich ist. Rechts sieht man ein aufgelassenes Flugfeld, angeblich eine im Auftrag von Gustav Winter angelegte Landepiste. Für die Mühen der Fahrt entschädigt der Blick, den man von der Punta Pesebre über die Nordküste der Jandía-Halbinsel genießt.

Playa de Ojos, Punta Pesebre

Mehrere steinige Pisten winden sich von der Punta Pesebre aufwärts zur 189 m hohen Erhebung Las Talahijas. Man nimmt an, dass hier vor der spanischen Eroberung der Insel Altkanarier eine Siedlungsstätte hatten.

Las Talahijas

★ Corralejo

J 2

Der Ferienort Corralejo, ganz im Norden von Fuerteventura, ist neben Jandía bzw. Morro Jable das zweite große Touristenzentrum der Insel. Seine Beliebtheit verdankt er der traumhaften Dünenlandschaft südlich der Ortschaft.

Mittlerweile gibt es hier ca. 25 000 Gästebetten, die Anzahl der ständigen Einwohner beläuft sich auf ca. 4000. In Corralejo geht es internationaler zu als in den anderen Touristenzentren der Insel. Vor allem im Sommer und zu Weihnachten kommt ein Großteil der Gäste vom spanischen Festland. Besonders beliebt ist Corralejo bei Surfern und Tauchern. Ideale Bedingungen finden sie in dem schmalen Meeresstreifen zwischen Corralejo und der vorgelagerten Insel ►Lobos. Meeresflora und -fauna sind hier außergewöhnlich reichhaltig. Ein

Corralejo Orientierung

Übernachten
① Riu Palace Tres Islas
② Atlantis Dunapark
③ Atlantis Palace

Essen
① El Patio
② El Sombrero
③ La Marquesina
④ Café Latino
⑤ El Rin… de Pé…

fast immer recht stark wehender Wind sorgt dafür, dass es Surfern nicht langweilig wird. Anfänger dürften jedoch Probleme haben. Bevorzugtes Revier zum Surfen ist die Gegend um die Nordspitze der Insel; die Playa de Corralejo ist wegen ungünstiger Wind- und Strömungsverhältnisse kein Surfparadies. Sonnenhungrige haben in Corralejo mit wenigen Ausnahmen längere Wege zurückzulegen. Der kleine Strand im Ortszentrum ist wenig attraktiv. Die Entfernung zur grandiosen Playa de Corralejo beträgt rund 3–5 km (von manchen Hotels besteht ein Buspendeldienst).

Geschichte

Die Geschichte Corralejos begann erst im ausgehenden letzten Jahrhundert. Zuvor lebten hier nur zeitweilig einige Schmuggler, die Getreide und andere Waren nach Lanzarote schafften. Bis weit ins 20. Jh. hinein blieb das Fischerdorf abseits des Geschehens. Noch 1950 wohnten nur etwa 200 Menschen an dem abgeschiedenen Flecken. Als 1967 die erste Appartementanlage eröffnet wurde, gab es im Ort weder elektrischen Strom noch fließend Wasser. Ein regelrechter Bauboom setzte erst 1980 ein.

! *Baedeker* TIPP

Bootstrips

Von Corralejo aus bietet sich ein Ausflug zur Nachbarinsel Lanzarote an. Vom Yacht- und Fischerhafen des Ortes verkehren in fast stündlichem Turnus Fähren (am besten setzt man mit einem Mietwagen über, dann steht der ausgedehnten Erkundungstour auf der Vulkaninsel nichts mehr im Wege). Vom Hafen aus starten auch Boote zum Badetrip auf die kleine Insel Lobos, oder aber man erkundet vom Glasbodenboot aus die Unterwasserwelt.

Obgleich in und um Corralejo in den letzten Jahren ein endlos erscheinendes Meer von neuen Hotel- und Bungalowanlagen entstanden ist, hat sich der einstige Fischerort doch noch ein bisschen Ursprünglichkeit bewahren können. Zentrum des Ortes ist ein kleiner **Marktplatz**, um den sich Lokale und Läden gruppieren. Auch die kurze Promenade mit Cafés und Restaurants lädt zum Verweilen ein.

★ Playa de Corralejo • El Jable

Naturpark

Den jähen Aufschwung zum viel besuchten Touristenzentrum verdankt Corralejo den **Traumstränden**, die 3 km südöstlich des Ortes beginnen und sich über eine Länge von ca. 7 km erstrecken. Daran grenzt ein ausgedehntes **Dünengebiet** (El Jable). Es ist ständig in Bewegung, mitunter macht der Wind selbst die durch das Areal verlaufende Straße schwer passierbar.

Seit 1982 sind Strand und Dünen von Corralejo als Naturpark ausgewiesen. Von der Europäischen Union haben sie den Status eines »Besonderen Schutzgebietes« erhalten. Daher darf die Region nicht mehr bebaut werden. Nur zwei große, bereits in den siebziger Jahren errichtete Hotels stehen unmittelbar am Strand und sind wegen ihrer außergewöhnlichen Lage äußerst beliebt.

CORRALEJO ERLEBEN

AUSKUNFT

Oficina de Turismo
Plaza Grande de Corralejo
Tel. 928 86 62 35
Geöffnet: Mo.–Fr. 8.00–15.00 (Juli bis Sept. 8.00–14.00 Uhr)

EINKAUFEN

Mercado
Frische Lebensmittel erhält man im neuen Marktgebäude von Corralejo. Montags und freitags findet zwischen 9.00 und 14.00 Uhr am Ortseingang ein großer Markt statt, an dem Kunstgewerbe, Kleidung und heimische Produkte Abnehmer suchen.

Café Latino

NACHTLEBEN

Nachtleben auf Fuerte – das gibt es vor allem in Corralejo, hier ist die Auswahl an Pubs, Bars und Discos relativ groß.

Arena Pub
Calle António Hernández Páez 4
Hier trifft sich die Surferszene auf einen Drink.

Centro Atlántico
Calle General Franco
In den Bars im Centro Atlántico (z.B. Alpha 2 oder Fun Bar) ist jeden Abend was los. Die Kiwi Bar (Südseite des Centro Atlántico) ist der Intreff der Surfer und Kiter.

Roque's Gallery
Calle la Ballena 3
Musikbar in Hafennähe, ab 17.00 Uhr geöffnet, richtig voll wird es jedoch erst bedeutend später (Mo. geschl.).

Waikiki Disco Pub
Calle Arístides Hernández Morán 11
Schon seit Jahren der abendliche Treffpunkt am Strand.

ESSEN

► Erschwinglich

El Patio
Calle Lepanto 16
Tel. 928 86 66 68
Der Name (dt. Innenhof) deutet schon an, wo man hier speist. Um die Spezialität des Hauses (Fleisch vom Grill) genießen zu können, sollte man reservieren. Rustikales Ambiente.

El Sombrero
Av. Marítima 25
Tel. 928 86 75 35
Bekannt für seine vorzüglichen Grillgerichte, ansprechendes kanarisches Ambiente.

La Marquesina
Calle El Muelle Chico
Tel. 928 53 54 35
Schön ist es, an einem der Tische an der Promenade Platz zu nehmen und erst einmal die Umgebung auf sich wirken zu lassen. Beim Essen hält man sich am besten an die Fischgerichte. Die Preise sind angemessen.

► Preiswert

Café Latino
Avenida Marítima 11

Vor allem abends ein beliebter Treffpunkt: die Plaza in Corralejo

Tel. 928 53 63 17
Das Café/Bistro an der Promenade ist der ideale Platz für ein opulentes Frühstück mit Meerblick (ab 9.00 Uhr) oder tagsüber für einen leckeren Salat oder Sandwiches und später dann für einen Aperitif oder ein kleines Abendessen.

El Rincón de Périco
Calle de la Iglesia 5
Tel. 928 86 61 79
Typisch spanische Tapas-Bar, für den kleinen Snack zwischendurch.

ÜBERNACHTEN

▶ Luxus

Hotel Riu Palace Tres Islas
Av. Grandes Playas
Tel. 928 53 57 00
Fax 928 53 58 58
www.riu.com
Viersternehotel in einmaliger Lage am langen Dünenstrand von Corralejo. Man sieht dem Bau an, dass er bereits in den siebziger Jahren errichtet wurde, doch das aufwändig renovierte Innere wird auch anspruchsvolle Gäste überzeugen.

▶ Komfortabel

Atlantis Dunapark
Calle de la Red 1
Tel. 928 53 52 51
Fax 928 53 54 91
www.atlantishotels.com
Hotelkomplex mit schöner Poolanlage und 79 großzügigen und gut ausgestatteten Zimmern in Zentrumsnähe.

Atlantis Palace
Av. Grandes Playas 22
Tel. 928 53 60 50
Fax 928 53 53 67
www.atlantispalace.com
Gepflegtes Viersternehaus mit 228 Zimmern in zweiter Reihe am Meer. Ansprechender Poolbereich, Fitnesscenter mit Sauna, 2 Tennisplätze.

Clubhotel Riu Oliva Beach
Av. Grandes Playas
Tel. 928 86 61 00
Fax 928 86 61 54
www.riu.com
Die Ausstattung in diesem siebenstöckigen ebenfalls zur Riu-Kette gehörenden Hotel ist einfacher als im benachbarten Tres Islas.

Das Hinterland der Playa de Corralejo bildet eine traumhafte Dünenlandschaft.

Flora und Fauna

Andernorts selten gewordene Pflanzen, Vögel und Eidechsen sind in der Dünenlandschaft von Corralejo heimisch (man sollte daher auch mit dem Jeep keinesfalls die Straße verlassen, die das Gebiet erschließt). Während die hohen Dünen kahl sind, wachsen in den Tälern u.a. Strandwolfsmilch, ein ca. 10 cm hohes Zypergras, Jochgras und Gänsefußgewächse. Die Vogelwelt ist mit einigen äußerst seltenen und gefährdeten Vogelarten vertreten. Zu ihnen gehört eine Unterart der Kragentrappe, deren Bestand nur noch auf knapp 300 Vögel geschätzt wird. Sandflughuhn, Wüstengimpel, Brillengrasmücke und Kanarenpieper sind weitere Bewohner der Dünenlandschaft.
Der aufmerksame Naturfreund wird daneben im Sandboden auf Urnennester der Pelzbienen stoßen. Diese Bienenart kommt heute auf Fuerteventura nicht mehr vor, sie bevorzugt ein feuchteres Klima.

Costa Caleta • Caleta de Fustes

J 6

Der Name ist neu: Erst 2004 wurde aus »Caleta de Fustes« oder »El Castillo«, wie man auch in Ferienprospekten liest, offiziell Costa Caleta, das ist für Briten nun einmal leichter auszusprechen. Vor allem Familien mit kleinen Kindern kommen gern hierher – und neuerdings auch Golfer, denn bei Costa Caleta gibt es den einzigen Platz der Insel.

Die Ferienstadt liegt an Fuerteventuras Ostküste, nur wenige Kilometer südlich des Flughafens (die Lärmbelästigung hält sich dennoch in

Grenzen). Neben Familien mit Kindern und Golfern eignet sich die Urbanisation besonders als Urlaubsdomizil für Surfanfänger und Segler. Die kleine geschützte Bucht von Costa Caleta bietet ihnen optimale Bedingungen. Allerdings ist der zugehörige Sandstrand nicht mit den fantastischen Dünenstränden im Norden und Süden der Insel zu vergleichen.

Ortsbild

Den Kernpunkt von Costa Caleta bildet die unmittelbar am Strand gelegene Feriensiedlung Barceló Club El Castillo, die überwiegend aus kleinen Bungalows im maurisch-kanarischen Stil besteht. Reizvoll sind der liebevoll gestaltete »Dorfplatz« mit Läden und Restaurants sowie die Swimmingpool-Landschaft rund um das **Castillo de Fustes**. Der runde Befestigungsturm stammt aus dem 18. Jh. und sollte vor Piratenangriffen schützen. Treffpunkt in Costa Caleta ist der **Yachthafen**, von hier werden regelmäßig Ausflugsfahrten (z.B. Unterwassersafari oder Katamaran-Touren) angeboten. Zudem kann am Hafen ein kleines **Oceanarium** besichtigt werden; in den Wasserbecken wird im Kanarischen Archipel vorkommendes Meeresgetier gehalten.
Rund um die Anlage El Castillo entstanden in den letzten beiden Jahrzehnten zahlreiche weitere Feriensiedlungen. In vielen kauften

Costa Caleta Orientierung

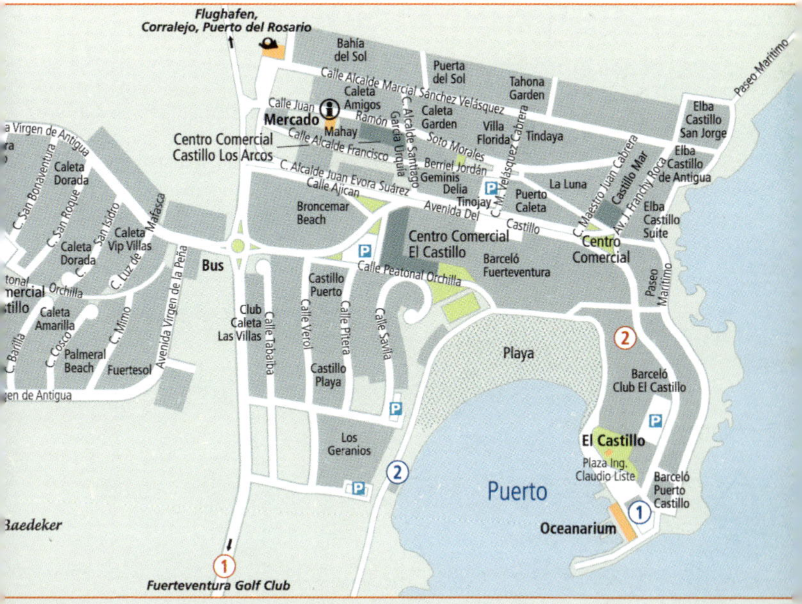

Übernachten
① Elba Palace Golf ② Barceló Club El Castillo

Essen
① Puerto Castillo ② Frasquita

COSTA CALETA ERLEBEN

AUSKUNFT

Oficina de Turismo
Calle Juan Ramón Soto Morales
Tel. 928 16 32 86
Fax 928 16 36 11
www.ayto-antigua.es

ESSEN

► Erschwinglich

Puerto Castillo
Paseo Marítimo
Tel. 928 16 31 00
Im Hinblick »Essen« die beste Adresse im Ort. Von der Dachterrasse hat man einen herrlichen Blick auf Yachthafen und Meer.

Frasquita
Calle Aulaga 20
Tel. 928 16 36 57
Fisch und Meeresfrüchte kommen in dem Restaurant an der Playa del Castillo frisch auf den Tisch.

ÜBERNACHTEN

► Luxus

Elba Palace Golf
Urb. Fuerteventura Golf Club
Tel. 928 16 35 00
Fax 928 16 35 01
helbacanarias@grupoanjoca.com
In dem Fünfsternehotel am Golfplatz sind nicht nur Golfer willkommen. 61 gut ausgestattete Zimmer stehen zur Verfügung.

► Günstig

Barceló Club El Castillo
Tel. 928 16 31 00
Fax 928 16 30 42
www.barcelo.com
Die Anlage mit ihren weißen zweistöckigen Bungalows bildet ein komplettes Dorf. Der ideale Ort für Familien mit Kindern: mit Animation, einer großen Poollandschaft, Geschäften, Bars und Restaurants.

Ins Abendlicht getaucht: das Castillo de Fustes innerhalb des Barceló Clubs

sich Privatleute ein, die ihre Appartements nur wenige Wochen im Jahr nutzen. Mittlerweile reicht die Bebauung weit über die viel befahrene Küstenstraße hinaus. Um diese nicht ständig überqueren zu müssen, entscheidet man sich bei der Hotelwahl am besten für ein Haus in Strandnähe.Die mittlerweile recht großen Entfernungen zwischen Hotel- und Appartementanlagen bzw. Strand und Hafen lassen sich mit einem **Minizug** bequem überbrücken.

Umgebung von Costa Caleta

Playa la Guirra

Südlich von Costa Caleta entstand beidseits der viel befahrenen FV 2 rund um Fuerteventuras neuen Golfplatz die Feriensiedlung Playa la Guirra mit Luxushotel, Villen und Bungalows. Ein weiterer Ausbau ist geplant. Mit der Anlage eines zweiten Golfplatzes wurde bereits begonnen.

Von Playa la Guirra befinden sich die ca. 2 km südlich von Costa Caleta beim Weiler Las Salinas gelegenen alten Salzgewinnungsanlagen, die **Salinas del Carmen**, bereits in Sichtweite. Von diesen Salinen wurde ehemals die gesamte Insel mit Salz versorgt. Heute ist die Produktion nicht mehr rentabel. Derzeit wird die Salzgewinnungsstätte mit Mitteln der EU zu einer Museumssaline umfunktioniert. Die Salzbecken sind fertig gestellt, an einem Besucherzentrum mit Restaurant wird noch gearbeitet.

! *Baedeker* TIPP

Golfen mit Meerblick

Bei Costa Caleta wurde 2002 Fuerteventuras erster und einziger Golfplatz eröffnet. Mit Blick aufs Meer kann man hier stressfrei golfen, die nötige Ausrüstung wird vermietet. Zu dem 18-Loch-Parcours gehören ein Clubhaus mit Golf-Laden, mehrere Bars und ein Restaurant. Auskünfte und Reservierung: Fuerteventura Golf Resort, Carretera de Jandía (Km 11), Tel. 928 16 00 34, Fax 928 16 36 58, fuerteventura-golf@grupoanjoca.com

Barranco de la Torre

Eine 1 km lange Piste verbindet Las Salinas mit dem südlich gelegenen **Puerto de la Torre**; über den Hafen wurde früher Kalk verschifft. Daran erinnern die Überreste von Kalköfen im Mündungsbereich des Barrancos. Bei den Einheimischen ist der kleine Kies- bzw. Felsstrand von Puerto de la Torre als Ausflugsziel recht beliebt.
Zu Fuß kann man ein Stück in den Barranco de la Torre vordringen. In dem tief eingeschnittenen Tal wiegen sich Palmen im Wind, auf kleinen Feldern wird etwas Landwirtschaft betrieben. Nach ca. 1 km sind links des Barrancos Reste eines altkanarischen Gebäudes zu entdecken.

Costa Antigua

Das Schicksal der Namensänderung wiederfuhr auch der einstigen Urbanisation **Nuevo Horizonte**, 2 km nördlich von Costa Caleta. Sie heißt seit 2003 offiziell Costa Antigua. Hier sind im letzten Jahrzehnt Appartementbauten und Bungalowanlagen entstanden. Einen akzeptablen Sandstrand gibt es allerdings weit und breit nicht.

Costa Calma • Cañada del Río

E 9

Die Costa Calma, die »Ruhige Küste«, ist ein künstlich angelegtes Feriengebiet am Beginn der Halbinsel Jandía. Es verdankt seine stetig wachsende Beliebtheit einem wunderschönen kilometerlangen und breiten Sandstrand.

Im Vergleich zu Corralejo oder Morro Jable bzw. Jandía geht es hier noch geruhsam zu, am Strand ist leicht ein abgeschiedenes Plätzchen zu finden, die überwiegend neueren Hotelanlagen sind ansprechend und individuell gestaltet. Dennoch ist Costa Calma bzw. **Cañada del Río**, wie der östliche Ortsteil genannt wird, nur eingeschränkt als Urlaubsdestionation zu empfehlen. Das Unterhaltungsangebot ist beschränkt, selbst ein Restaurant, in dem man einen angenehmen Abend verbringen kann, lässt sich nur mit Mühe finden. Also mietet man sich am besten mit Halb- oder Vollpension in einem der größeren Hotels ein oder logiert als Selbstversorger in einem Appartement. Ein Mietwagen ist grundsätzlich empfehlenswert.

Ortsbild In den siebziger Jahren wurden in Costa Calma die ersten, damals noch einsam gelegenen Privatvillen errichtet. Als erstes Hotel wurde 1977 das Solyventura eröffnet. Mittlerweile sind die Villen von ausgedehnten Ferienanlagen umgeben. Die meisten von ihnen sind nur zweigeschossig und fügen sich daher recht gut in ihre Umgebung ein.

Costa Calma Orientierung

Übernachten
① Risco del Gato
② Solyventura
③ Sotavento Beach Club
④ Esmeralda Maris

Essen
① Galeria
② Arena

Die meisten Hotels tun viel für ihre kleinen Gäste – Tauch- und Schnorchelkurse unter sachkundiger Anleitung gehören dazu.

Gärten und Parkareale mit üppig blühenden Bougainvilleen, Hibiskus, Palmen und Kakteen bieten den ansprechenden Rahmen. Ein Swimmingpool gehört fast zu jeder Appartement- oder Bungalowsiedlung. Man sollte bei der Wahl des Feriendomizils darauf achten, dass die Anlage in Strandnähe liegt, so dass man nicht erst die viel befahrene Hauptdurchgangsstraße überqueren muss.
Einen Ortskern gibt es in Costa Calma nicht, und auch eine hübsche Strandpromenade wird man schmerzlich vermissen. Treffpunkte sind die Gaststätten- und Einkaufszentren. Eine kleine Sensation auf der Wüsteninsel ist die Grünzone mit Palmen und Kanarischen Kiefern, die 1986 entlang der Hauptstraße angelegt wurde. Bewässert wird der mittlerweile schattenspendende »Wald«, den verschiedene Spazierwege durchziehen, mit geklärten Abwässern.

★ Playa de Sotavento

Landschaftsbild

Von Costa Calma aus erstreckt sich über viele Kilometer nach Südwesten hin eine grandiose Strandlandschaft, die Playa de Sotavento. Nur in Ortsnähe werden Liegen und Sonnenschirme vermietet, ansonsten gibt es selbst in der Hauptsaison an der Playa de Sotavento noch viel, viel Platz.

Playa Barca

Von Costa Calma aus kann man einen Strandspaziergang zur gut 2 km entfernten Playa Barca unternehmen. Sie gilt vielen als schönster Teilabschnitt der Playa de Sotavento. Vor dem Traumstrand, an dem

COSTA CALMA ERLEBEN

EINKÄUFE

Mercado
Auch die Costa Calma hat ihren Markt: Er findet sonntags zwischen 10.00 und 14.00 Uhr statt. Kunsthandwerk und landwirtschaftliche Erzeugnisse sind im Angebot.

ESSEN

► Erschwinglich

Galería
Tel. 928 87 54 16
Ob dieses erst 2004 eröffnete Restaurant wirklich eine Empfehlung wert ist, gilt es noch abzuwarten, zumindest aber bietet es etwas Abwechslung zu den Bars und Kneipen in den Shoppingcentren. Warme Küche gibt es tgl. außer Do. zwischen 18.00 und 22.00 Uhr. Samstags Livemusik.

► Preiswert

Arena
Centro Comerciale Costa Calma
Kanarische Gerichte und preisgünstige Pizzen werden im Arena serviert. Allzu gemütlich ist die Atmosphäre jedoch nicht. So. ist Ruhetag.

ÜBERNACHTEN

► Luxus

Bungalowhotel Risco del Gato
Tel. 928 54 71 75, Fax 928 54 70 30
www.riscodelgato.freeservers.com
46 Bungalows mit jeweils rund 80 m² Wohnfläche gruppieren sich um eine hübsche Poollandschaft. Die eigenwillige, futuristisch wirkende Anlage, diverse Wellnessangebote und die exquisite Küche stellen auch anspruchsvolle Gäste zufrieden. Einziger Nachteil: Derzeit wird in der Umgebung noch heftig gebaut, und das Risco del Gato befindet sich mittlerweile in der zweiten Reihe zum Strand.

► Komfortabel

Bungalowhotel Solyventura
Punta de Barlovento 18
Tel. 928 54 73 32
Fax 928 54 71 65
Das direkt am Sandstrand gelegene, unter deutscher Leitung stehende Hotel gehört zu den ruhigsten Anlagen auf der Insel. Die Zimmer verteilen sich auf mehrere terrassenförmig angeordnete Bungalows. Die Küche im zugehörigen Restaurant »El Patio« wird allgemein gelobt.

Sotavento Beach Club
Tel. 928 54 70 60
Fax 928 54 70 09
www.sotavento-beach-club.de
Vor allem Familien mit Kindern wählen gern diese weitläufige Anlage als Feriendomizil. Für Kinder ab 3 Jahre wird im Miniclub ein abwechslungsreiches Programm geboten. Aber auch für das Unterhaltungsprogramm der Erwachsenen ist bestens gesorgt: An sechs Tagen in der Woche gibt es Animation und abends Shows im Theater. Wer will, kann kostenlos an Tennisschnupperstunden oder am Schnuppertauchen im Pool teilnehmen.

Hotel Sol Gorriones
Playa Barca
Tel. 928 54 70 25, Fax 928 54 70 00
www.solgorriones.solmelia.com
Der riesige Hotelklotz mit 431 Zimmern steht ganz allein an der Playa Barca, ca. 2 km westlich von Costa Calma – und das macht natürlich den besonderen Reiz des Viersternehotels aus. Zweiter Pluspunkt: Die Surfbedingungen an der Playa Barca sind ideal und direkt neben dem Hotel befindet sich das Surfcenter René Egli.

Baedeker-Empfehlung

▸ **Komfortabel**
Bungalows Esmeralda Maris
Calle Punta del Roquito 8
Tel. 928 87 61 00
Fax 928 87 60 95
www.esmeralda-maris.com
Sehr ansprechende neue Bungalow- bzw. Appartementanlange am Westrand von Costa Calma. Von vielen der insgesamt 82 Bungalows hat man einen herrlichen Blick auf Meer und Wüstenlandschaft. Zu jeder kleinen Wohneinheit gehören eine Terrasse, ein windgeschützter Innenhof, ein gut ausgestatteter Wohn-/Essraum und ein bzw. zwei Schlafzimmer. Gutes Preis-Leistungs-Verhältnis!

Bungalows Esmeralda Maris

nur ein Hotel steht, erstreckt sich in ca. 100 m Entfernung eine schmale 4 km lange Nehrung. Bei Ebbe präsentiert sich die durch die Nehrung geschützte Lagune als Schlammwüste, auch bei Flut kann man sie durchwaten, um zur Nehrung zu gelangen (doch Vorsicht mit Badeutensilien, auch die Nehrung wird mitunter überspült!). Für Surfer ist die Playa Barca ein prächtiges Revier. Anfänger finden in der geschützten Lagune bei Flut ideale Bedingungen vor, und Könner werden bei Windstärken zwischen 4 und 9 außerhalb der Lagune gefordert. Jedes Jahr finden hier Windsurf-Meisterschaften statt.

! *Baedeker* TIPP

Wohin zum Essen?

Dass Costa Calma kein Eldorado für Feinschmecker ist, wurde bereits angedeutet. Aber es gibt Ausweichmöglichkeiten, sofern man einen Mietwagen hat: Im ca. 6 km entfernten La Pared gibt es gleich zwei wirklich gute Restaurants (s. S. 177).

★★ **Risco del Paso**

Von der die Jandía-Halbinsel erschließenden Hauptstraße zweigt bei km 72 eine Straße Richtung Strand ab. Sie endet nach ca. 2 km bei der Übungsbasis des Surfcenters René Egli. Ein Strandrestaurant gibt es hier auch. Gleich rechts davon türmt sich eine hohe **Wanderdüne** auf – man sieht sie auf vielen Postkarten. Von oben bietet sich ein prächtiger Blick über den häufig menschenleeren Strand (FKK). Immer am Strand entlang kann man die berühmte Düne auch von Costa Calma oder Esquinzo zu Fuß erreichen (einfache Strecke jeweils ca. 6 km).

El Cotillo

G 2

Ganz im Norden liegt an der Westküste Fuerteventuras der noch recht ursprüngliche Fischerort El Cotillo. Die Küsten in der Umgebung bieten den Sonnenhungrigen zahllose einsame Badebuchten und dem geübten Surfer meist ideale Windverhältnisse.

Es gibt hier nur wenige Appartementhäuser, zudem werden Privatzimmer vermietet. Verschiedene Restaurants bieten fangfrischen Fisch und anderes Meeresgetier.

Geschichte Die Geschichte von El Cotillo geht bis ins 17. Jh. zurück. Über den kleinen Hafen, der damals noch Puerto del Tostón hieß, wurden Waren von und zu den anderen Kanarischen Inseln verschifft. Ein vorgelagertes Riff machte die Einfahrt in den Hafen für Ortsunkundige gefährlich. Daher war El Cotillo für Piraten ein wenig attraktives Angriffsziel. Zum weiteren Schutz wurde Mitte des 18. Jh.s das Castillo de Rico Roque errichtet, das seine Wehrhaftigkeit, ebenso wie sein Pendant, das Castillo de Fustes an der Ostküste, allerdings nie unter Beweis stellen musste. Im 19. Jh. entwickelte sich Puerto de Cabras zum wichtigsten Inselhafen. Die Bedeutung von Cotillo sank, und in

Zu den bunten Fischerbooten im alten Hafen von El Cotillo gesellen sich einige Yachten.

EL COTILLO ERLEBEN

ESSEN

► Erschwinglich

El Veril
Calle Requena 2
Tel. 928 53 86 93
Besondere Spezialität in dem gemütlichen Restaurant sind Muscheln in Knoblauchsauce. Do. ist Ruhetag, ansonsten kann man hier von 12.30 bis 22.00 Uhr gut speisen.

La Marisma
Calle Santo Tomás 3
Tel. 928 53 85 43
Am besten wählt man frischen Fisch, aber auch die Paella ist vorzüglich! Gutes Preis-Leistungsverhältnis.

Puerto Nuevo
Calle Océano 32
Tel 928 53 86 79
Den frischen Fisch sucht man sich am besten an der Glastheke aus. Für einen kleinen Snack oder auch zum Frühstück geht man in das zugehörige Café gegenüber.

ÜBERNACHTEN

► Günstig

Hotel Mariquita Hierro
Calle Mariquita Hierro 3
Tel. 928 53 85 98
Fax 928 53 86 58
Kleines Hotel mit 18 Zimmern in ruhiger Lage.

Apartamentos Cotillo Lagos
Urb. Los Lagos
Tel. 928 17 53 88
Fax 928 17 53 89
cotillolagos@teleline.es
Man wohnt in 61 einfach ausgestatteten Appartements direkt am hellen Sandstrand, nördlich des Ortskerns.

Besser kann der Blick nicht sein ...

Apartamentos Juan Benítez
Calle La Caleta 10
Tel. und Fax 928 53 85 03
www.victorianobenit@hotmail.com
Appartementanlage mit 9 Wohneinheiten. Insbesondere Surfer mieten sich hier gern ein.

der ersten Hälfte des 20. Jh.s lebten hier nur noch wenige Familien vom Fischfang.

Ortsbild

Recht hübsch ist die Atmosphäre am kleinen Hafen, in dem fast immer einige Fischerboote dümpeln. Unweit südlich davon erhebt sich das **Castillo de Rico Roque**, ein 1741 – 1743 errichteter Wachtturm aus dunklem Lavagestein. Das Kastell wurde restauriert, ist jedoch in der Regel nicht zugänglich. Die nördlich des Ortskerns aufragende Kapelle ist der »Jungfrau der Guten Reise« geweiht.

Umgebung von El Cotillo

Playa del Castillo Südlich des Ortes erstreckt sich die schöne Playa del Castillo. Der ca. 1 km lange Sandstrand zieht Strandfreaks, die sich von der hier wehenden frischen Brise nicht abschrecken lassen, wie Surfer gleichermaßen an.

Punta de Tostón In nördlicher Richtung führt ein Sträßchen zur 4 km entfernten, von einem Leuchtturm bewachten Punta de Tostón. Unterwegs passiert man Küstenabschnitte mit schwarzem Lavagestein, aber auch wiederholt hübsche Sandbuchten. Die (im ersten Teilstück schlechte) Piste führt von hier weiter in nordöstlicher Richtung über **Majanicho** ins 20 km entfernte Corralejo.

Esquinzo

D 10

Die Urbanisation Esquinzo, 5 km östlich von Jandía Playa, besteht nur aus wenigen größeren Ferienanlagen. Bekannt ist sie vor allem als Standort eines 1991 eröffneten Robinson Clubs.

Da die Hauptstraße weit oberhalb des Ortes verläuft, hat Esquinzo außer einem schönen Sandstrand auch Ruhe zu bieten. Das Unterhaltungsangebot beschränkt sich auf die Hotels und Clubs.

Beachvolleyball an der Playa de Esquinzo

ESQUINZO ERLEBEN

ESSEN

► Erschwinglich

Marabú
Fuente de la Hija
Tel. 928 54 40 98
Auf der Karte stehen deutsche und spanische Gerichte. Erfreuliches Preis-Leistungsverhältnis. Sehr schön speist man auf der Terrasse (So. geschl.).

El Marinero
im Aparthotel Esquinzo
(Parallelstraße zum Marabú)
Tel. 928 54 40 75
Mix aus italienisch-internationaler Küche. Windgeschützte Terrasse.

ÜBERNACHTEN

► Luxus

Occidental Grand Fuerteventura
Urb. Esquinzo Butihondo
Tel. 928 87 36 00
Fax 928 54 41 55
www.occidental-hoteles.com
Alles, was einen Urlaub angenehm macht, findet man in diesem Hotel mit seinen 707 Zimmern, 5 Pools (einer beheizt), 2 Tennisplätzen, Sauna, Solarium, Fitnessraum, natürlich mehreren Bars und Restaurants. Tgl. Abendshows.

► Komfortabel

Robinson Club Esquinzo Playa
Urb. Esquinzo-Butihondo
Tel. 928 16 80 00
Fax 928 16 84 00
www.robi-club.de
Gilt als absoluter Familienclub in hervorragender Lage, 40 m über dem Meer. 378 Zimmer unterschiedlicher Kategorien stehen zur Verfügung. Und natürlich gibt es das für alle Robinsonclubs übliche große Sport- und Unterhaltungsprogramm.

► Günstig

Aparthotel Esquinzo
Tel. und Fax 928 54 40 85
Ansprechende Appartementanlage mit 60 Wohneinheiten, die sich um eine Gartenanlage mit Pool gruppieren. Die Zimmer sind zweckmäßig ausgestattet.

Esquinzo gliedert sich in zwei Ortsteile. Die Hauptzufahrt führt zu den großen Hotelanlagen, der ältere Ortsteil liegt nördlich davon. Hier stehen ältere Appartementhäuser, hier findet man einige kleinere Restaurants und einen Supermarkt.

Gran Tarajal

G 8

Gran Tarajal, an der Südküste Fuerteventuras gelegen, gebührt die Ehre mit 8000 Einwohnern der zweitgrößte Ort der Insel zu sein. Gleichzeitig ist es Wirtschaftszentrum des Inselsüdens. Man findet hier das größte Warenangebot weit und breit, allerdings ist es auf einheimische Kundschaft ausgerichtet.

In der Vergangenheit hatte Gran Tarajal – seinen Namen verdankt es einer früher hier verbreiteten Tamariskenart – in erster Linie wegen seines Hafens Bedeutung. Fast die gesamte Tomatenernte der Insel wurde über den Ort verschifft. Mittlerweile geschieht dies – sofern die Versendung nicht ohnehin per Flugzeug erfolgt – über Puerto del Rosario. Genutzt werden aber nach wie vor die Lager- und Verpackungseinrichtungen. Die im Inselsüden geernteten Tomaten werden zunächst nach Gran Tarajal transportiert, dort verpackt und dann mit dem Lastwagen nach Puerto del Rosario geschafft. Heute wirkt der noch in den achtziger Jahren ausgebaute **Hafen** etwas überdimensioniert, nur wenige Fischerboote liegen im Wasser.
Auf Fremdenverkehr ist man in Gran Tarajal kaum eingestellt, und das macht den Ort in gewisser Weise für Touristen reizvoll. Auf der **Promenade** oder in den Bars kommt man schnell mit Einheimischen ins Gespräch, oder man nimmt einfach in einem der Straßencafés Platz und schaut dem Geschehen um sich herum bei einem café con leche genüsslich zu.

Ortsbild Bevorzugter Treffpunkt der Einheimischen ist neben der schon erwähnten Promenade die Plaza vor der um 1900 errichteten **Iglesia de Nuestra Señora de la Candelaria.** Das Geld für das Gotteshaus stiftete ein in Kuba reich gewordener Emigrant. Auf der Wüsteninsel Fuerteventura ist der die Plaza zierende Springbrunnen mit seinen sechs wasserspeienden Seepferdchen ein unerhörter Luxus. Eine Attraktion von Gran Tarajal ist der kleine Palmenhain am Ortseingang, der zum Schutz vor Wind und Erosion vor Jahrzehnten im Tal des fast immer trockenen Río Gran Tarajal angepflanzt wurde.

Umgebung von Gran Tarajal

★ Las Playitas Las Playitas, 5 km östlich von Gran Tarajal, gilt als einer der hübschesten Küstenorte der Insel. Die kleinen weißen übereinandergestaffelten Häuschen bilden einen reizvollen Kontrast zum dunklen Sandstrand. Viele Spanier besitzen hier Feriendomizile, und auch einige Ausländer haben schon Grundbesitz erworben, mittlerweile sind gar einige größere Appartementanlagen rund um Las Playitas entstanden. Lohnend ist ein Besuch in Las Playitas vor allem nachmittags, wenn die Fischer ihren Fang anlanden.

Am Ortseingang von Las Playitas zweigt eine 6 km lange Straße in östlicher Richtung zur Südostspitze Fuerteventuras, zur **Punta de la Entallada**, ab. Die Straße (im letzten Abschnitt zeitweise durch eine

! *Baedeker* TIPP

Frische Fische

In Las Playitas kann man sicher sein, dass auf den Tisch kommt, was wirklich erst wenige Stunden zuvor gefangen wurde. Im einfachen und sehr preiswerten (!) Restaurante Las Playas sitzt man hinter einer verglasten Fensterfront und genießt den Blick auf Meer und Fischerboote (Avenida Miramar, Tel. 928 87 03 67).

Abendstimmung in Las Playitas

Schranke gesperrt) endet bei einem eigenwillig gestalteten, um 1920 errichteten Leuchtturm. Man hat von hier eine weite Sicht über Insel und Meer.

La Ampuyenta

G/H 5

La Ampuyenta ist eine kleine im Zentrum des Inselnordens gelegene Ortschaft. Die Ebene rund um La Ampuyenta ist relativ fruchtbar. Touristische Bedeutung hat La Ampuyenta wegen seiner recht hübschen Kirche und eines kleinen Museums.

Hospital von Ampuyenta

Bei der Fahrt durch La Ampuyenta fällt unmittelbar an der Hauptstraße zunächst ein rot-weißer Bau mit der Jahreszahl 1891 auf: Bei den Einheimischen ist er als »Hospital von Ampuyenta« bekannt, obgleich er nie als Krankenhaus diente. Gestiftet wurde das Geld für den Bau von dem Arzt Tomás Mena y Mesa (1802 – 1860). Wegen Streitigkeiten verschiedener Behörden und nicht zuletzt wegen der Eingaben des Konkurrenzhospitals in Puerto del Rosario kam es jedoch nie zur Verwirklichung des Krankenhausprojekts.

Casa-Museo Dr. Mena

Von den Erben des zuvor erwähnten Tomás Mena y Mesa erwarb die Inselverwaltung 1999 das einstige Wohnhaus des Arztes und richtete darin ein Museum ein. Es gibt einen schönen Eindruck davon, wie die wohlhabende Landbevölkerung im 19. Jh. lebte, einige Möbel und Gegenstände stammen noch aus dem Besitz des auf Fuerteventura verehrten Arztes (geöffnet: Di. – Fr., So. 10.00 – 17.30 Uhr).

Ermita de San Pedro de Alcántara

Recht malerisch präsentiert sich die von einer weißen Mauer umgebene Kirche von La Ampuyenta. Man nimmt an, dass arabische Festungsbauten als Vorbild für die zinnenbewehrte Mauer dienten. Geweiht ist die in der zweiten Hälfte des 17. Jh.s errichtete Kirche San Pedro de Alcántara. Auffallenderweise ist der hohe Glockengiebel nicht über dem Eingangsportal, sondern seitlich angebracht. Man betritt den einschiffigen Kirchenraum (nur selten geöffnet) durch ein schlichtes Rundbogenportal. Das Innere zieren reiche Malereien aus dem Leben des Heiligen. Sie stammen von einem unbekannten Meister des 18. Jh.s, der vermutlich auch in Betancuria und La Oliva wirkte. Die Gemälde wurden Ende der 1990ziger-Jahre restauriert und präsentieren sich nun wieder in alter Schönheit. Recht kunstvoll erscheint daneben die Illusionsmalerei am Altar, die barocke Architekturelemente vortäuscht.

Lajares

H 2/3

Lajares, etwa auf halber Strecke zwischen Corralejo und El Cotillo im Inselnorden gelegen, gilt auf der Insel als das Kunsthandwerkszentrum schlechthin. Seit 1957 existiert hier die Escuela de Artesanía Canaria, in der junge Frauen fachkundig in die Kunst der Calado-Stickerei eingewiesen werden.

Escuela de Artesanía Canaria

Fast jeder Reisebus macht in Lajares Station, um Touristen den Besuch der **Kunsthandwerksschule** und des großen angeschlossenen Souvenirladens zu ermöglichen. Die Gründung der Schule geht auf die Initiative von Natividad Hernández López zurück, die in den fünfziger Jahren den Vertrieb der im Ort in Heimarbeit hergestellten Stickereien übernahm. Anders als die Zwischenhändler zuvor, denen es nur darum gegangen war, für sich selbst einen möglichst hohen Profit zu erzielen, entlohnte sie die Stickerinnen angemessen für ihre Arbeit. Abnehmer für die hochwertigen Calado-Stickereien waren zunächst gut situierte Damen in Las Palmas de Gran Canaria. Schon bald lief das Geschäft so gut, dass daran gedacht werden konnte, Nachwuchs heranzubilden.

Das Kunsthandwerkszentrum (So. geschl.) befindet sich direkt an der Hauptstraße Corralejo – El Cotillo. Groß ist die Auswahl an handgearbeiteten Tischdecken und Servietten. Es ist sehr zeitaufwändig, die Hohlsaumstickereien (Calados) zu erstellen, so haben sie natürlich ihren Preis. Günstiger sind Reliefstickereien (Bordado). Daneben werden aber auch Korbwaren, Strohhüte, Keramik und anderes Kunsthandwerk verkauft. Interessant ist es, einer Stickerin bei der Arbeit zuzusehen.

Casas de Arriba

Zu den beliebtesten Fotomotiven auf Fuerteventura gehören Windmühlen. Zwei schöne Expemplare stehen im Ortsteil Casas de Arriba. Die aus dunklem Stein gemauerte Mühle neben der Ermita de San Antonio de Padua (20. Jh.) gehört zu einem häufig auf Fuerteventura anzutreffenden Mühlentyp. Sie wird als »Molino« bezeichnet. Ihr weibliches Pendent, die »Molina«, steht gegenüber (siehe Seite 46).

! *Baedeker* TIPP

Ein Surfbrett vom Profi

Jürgen Hönscheid, einer der erfolgreichen Surfpioniere, unterhält zusammen mit seiner Familie in Lajares einen Surfshop. Er selbst baut heute heiß begehrte Bretter. Den Surfladen leitet seine Frau und verkauft hier neben sonstigem Zubehör Surferdress. Über den Ladentisch geht nur, was die Familie selbst auf dem Wasser ausprobiert und für gut befunden hat (Northshore Surfshop, Lajares, Tel. 928 86 83 21, info@northshore-fuerte.com; geöffnet: Mo. – Sa. 11.00 – 13.00 und 17.30 – 19.30 Uhr).

Wanderung nach Corralejo

Touristenweg

Dieser 12 km lange, nach Corralejo führende Pfad wurde von der Gemeinde eigens als »Touristenweg« angelegt. Er ist gut begehbar, festes Schuhwerk ist dennoch sinnvoll. Der Höhenunterschied beträgt ca. 200 m. Der Weg beginnt im Ortskern von Lajares (das man von Corralejo bzw. Puerto del Rosario mit Buslinie 7 oder 8 erreicht) und soll mit vulkanischen Besonderheiten bekannt machen.
Vom Ortszentrum geht man zunächst auf der FV 109 in östlicher Richtung, biegt aber beim Sportplatz links auf die Straße nach Majanicho ab. Auf dieser legt man noch ca. 1 km in nördlicher Richtung zurück, dann beginnt rechts der Straße (gegenüber der Kamelstation) der »Sendero turistico«. Der gepflasterte Weg führt zunächst direkt auf die **Montaña Colorada** zu, am Fuß des rötlich schimmernden Berges hält man sich jedoch rechts, steigt leicht an, und umgeht den Berg auf der rechten Seite. Danach gerät der Krater des **Calderón Hondo** ins Blickfeld. Der Weg wird schmaler, man hält sich zweimal links (einer der beiden rechts abzweigenden Wege führt zu einer rekonstruierten runden Hirtenhütte) und steigt zum 157 m hohen Rand des Kraters hinauf. Von einem Aussichtsplatz bietet sich ein guter Blick in den Kessel und auf die Lavafelder ringsum. Danach geht es zurück zum Hauptweg, der bald auf eine Piste trifft, dieser folgt man geradeaus, lässt alle späteren Abzweigungen unberücksich-

tigt. Der Weg führt schließlich mitten in die **Caldera Bayuyo** hinein, deren östlicher Kraterrand noch eine Höhe von 269 m erreicht, während der westliche nur noch ansatzweise erkennbar ist. An einem Wasserreservoir vorbei erreicht man eine geteerte Straße, folgt ihr 100 m nach links, um dann wieder rechts auf eine Piste abzuzweigen, die geradewegs Richtung Corralejo führt.

La Lajita

F 8

Mit einem kleinen Zoo, einem ausgedehnten Botanischen Garten und der Möglichkeit zur Kamelsafari ist La Lajita im Inselsüden das Ausflugsziel schlechthin.

In den letzten beiden Jahrzehnten hat sich das 6 km östlich von Costa Calma gelegene La Lajita vom einstigen Fischerdorf zum kleinen Touristenzentrum entwickelt, in dem heute ca. 750 Menschen leben. Zu dem alten Ortskern gesellte sich eine Appartementsiedlung, die vor allem von spanischen Touristen besucht wird. Auch viele Einheimische, die im nahen Costa Calma arbeiten, haben hier ein Häuschen bezogen.

Lohnt einen Ausflug: Jardín Botánico

★ Oasis Park

Die drei Attraktionen von La Lajita, der Zoo Park, die Camel Safari und der 700 m davon entfernte Jardín Botánico werden unter dem Namen Oasis Park zusammen vermarktet. Sie liegen alle drei an der Hauptstraße, die vonTarajalejo nach Costa Calma und weiter nach Jandía führt. Man kann ein etwas ermäßigtes Kombiticket für den Besuch aller drei Attraktionen bzw. der beiden Parks lösen, doch sind auch Einzeltickets erhältlich.

Öffnungszeiten:
tgl. 9.00 – 18.00 (im Sommer bis 19.30)

Zoo Park

Affen, Reptilien und vor allem viele verschiedene Vogelarten bevölkern den Zoo Park. Auf schmalen schattigen Pfaden kann man das Gelände durchstreifen, überall zirpen Vögel, Schmetterlinge flattern in der Luft. Das 200 000 m² große Gelände ist eine wirkliche Oase. Eine besondere Attraktion ist die mehrmals täglich gezeigte Papageienshow. Natürlich gehören ein Restaurant und ein Souvenirladen zu dem Areal. Angeschlossen ist ferner ein Gartenzentrum, wo man Ableger der tropischen Blumen- und Blütenpracht kaufen kann.
Gleich gegenüber der Zufahrt zum Zoo Park warten Dromedarkarawanen geduldig auf ihren Einsatz. Sie starten von hier mehrmals täglich zu einer ca. 30-minütigen **Camel Safari**.

LA LAJITA

ESSEN

► Preiswert

Ramón
am Strand neben der Kirche
Tel. 928 16 10 65
Mittags und abends (außer Mo.) geöffnetes Restaurant mit Terrasse zum Meer. Am besten bestellt man auch hier frischen Fisch mit papas arrugadas und Mojo-Sauce.

Jardín Botánico

An das Gelände des Zoo Park grenzt westlich der 180 000 m² große Jardín Botánico. Auf dem sehr schön angelegten Gelände wachsen 2300 verschiedene Arten von Kakteen, Sukkulenten und nur auf den Kanaren vorkommenden Pflanzen. Wer sich ein bisschen Zeit lässt, die schmalen Pfade kreuz und quer durchstreift und dann vielleicht auf einem Aussichtsplatz oder im Restaurant eine Pause einlegt, kann leicht einen halben Tag in dem Park verbringen.

★ Lanzarote

Ausflug

Ebenso wie Fuerteventura ist die Nachbarinsel Lanzarote karg und wüstenhaft – und doch besteht ein krasser Gegensatz im Landschaftsbild beider Inseln. Die fremdartige Lavalandschaft und die strahlend weißen Ortschaften Lanzarotes üben einen starken ästhetischen Reiz aus. Schon bei einem Tagesausflug lernt man die Besonderheiten dieser Vulkaninsel kennen.

Auch auf Lanzarote reicht das Futterangebot für Ziegen kaum aus. Es muss mit teuren Importprodukten zugefüttert werden.

Landesnatur Lanzarote ist die nordöstlichste Kanareninsel. Von Afrika trennt sie ein etwa 115 km breiter Meeresstreifen. Von der Nord- zur Südküste beträgt die größte Entfernung gut 60 km, von der Ost- zur Westküste etwa 20 km. Stärker noch als auf den anderen Kanarischen Inseln wird auf Lanzarote der **Vulkanismus** spürbar. Etwa 300 größere und kleinere Vulkankegel sitzen der Insel auf. Sie sind meist zwischen 400 und 600 m hoch. Höchste Erhebung ist der Peñas del Chache (671 m ü.d.M.). Im Norden bricht das Bergland steil zur Meeresstraße El Río ab, im Süden geht es in die Küstenebene El Rubicón über. Das Inselinnere wirkt wie eine Mondlandschaft. In den Jahren 1730 – 1736 und 1824 erschütterten zahlreiche Eruptionen den Westen der Insel. Das Zentrum lag in dem heute als Montañas del Fuego (Parque Nacional de Timanfaya) bezeichneten Gebiet. Eine etwa 6 – 10 m hohe Lavadecke begrub gut 20% der Inseloberfläche unter sich. Noch immer ist die vulkanische Tätigkeit nicht völlig zur Ruhe gekommen, wie die hohen Temperaturen beweisen, die unmittelbar unter der Erdoberfläche in den Montañas del Fuego, den Feuerbergen, gemessen werden.

Während die Küste im Westen steil zum Meer hin abfällt, gewähren einige der flachen Sandstrände im Osten und Süden ideale Bademöglichkeiten.

Bevölkerung Im 20. Jh. hatte Lanzarote im Gegensatz zu anderen kleineren Kanareninseln einen stetigen Bevölkerungszuwachs zu verzeichnen. Betrugen die Einwohnerzahlen 1900 knapp 18 000, so waren es 1950 annähernd 30 000, und heute leben etwa 85 000 Menschen auf der Vulkaninsel. Über die Hälfte der Inselbevölkerung hat ihren Wohnsitz in Arrecife (45 000 Einwohner). Hier weisen die Einwohnerzahlen weiterhin einen zunehmenden Trend auf, während sie in den kleineren Orten der Insel stagnieren oder rückläufig sind.

Wirtschaft

Die Bewohner Lanzarotes entwickelten spezielle Anbaumethoden, um auf der Wüsteninsel effektiv Landwirtschaft betreiben zu können. Für ausreichend Feuchtigkeit sorgt eine **Trockenfeldbauweise**, die als »enarenado« (span. »enarenar« = »mit Sand bestreuen«) bezeichnet wird. Dafür wird der Boden mit einer 20 – 30 cm dicken Schicht von **Lapilli**, einem nussgroßen Vulkangestein, bedeckt. Da das Gestein ausgesprochen porös ist, kann es den nächtlichen Tau gut speichern. Zudem hat es die Eigenschaft, dass es sich tagsüber sehr stark erwärmt, den Boden also vor der starken Sonneneinstrahlung schützt und die Verdunstung seiner Feuchtigkeit herabsetzt, und nachts wiederum rasch abkühlt, was die Kondensation bodennaher Luftschichten erhöht.
Bedeutung hat vor allem der **Weinbau**, Lanzarote ist der größte Weinexporteur der Kanaren. Daneben werden Kartoffeln, Tomaten, Mais, Zwiebeln und andere Gemüsearten angebaut.

Tourismus

Etwa zeitgleich mit Fuerteventura gewann auf Lanzarote der Tourismus an Bedeutung. Reisten 1968 erst 10 000 Touristen auf die Insel, so waren es 1970 bereits 25 000 und 1975 etwa 80 000. Besonders rasant vollzog sich die Entwicklung in den achtziger und neunziger Jahren, auch auf Lanzarote kam es zu einem wahren Bauboom. Derzeit stagniert die Gästezahl, doch besuchen Jahr für Jahr rund 1,8 Mio. Gäste die Vulkaninsel.

Genauere Kenntnis von der **Geschichte** Lanzarotes haben wir seit Beginn des 14. Jh.s. Der Genuese Lancellotto Mallocello landete 1312 auf der später nach ihm benannten Insel. Bis 1330 galt er als ihr Besitzer. Dennoch blieb der Kontakt der Urbevölkerung mit den Europäern zunächst sporadisch. Dies änderte sich erst ein Jahrhundert später: 1402 nahmen Gadifer de la Salle und Jean de Béthencourt (► Berühmte Persönlichkeiten) die Insel in Kürze ein. Von hier starteten sie die weitere Eroberung der Kanaren. In der Folge geriet Lanzarote in den Besitz verschiedener Adelsfami-

? WUSSTEN SIE SCHON ...?

- ... was Lippenstiften den roten Farbton gibt? Zuständig hierfür ist die Cochenille-Laus, die auf Lanzarote bis heute gezüchtet wird. Die Cochenille ernährt sich von den Säften der Feigenkakteen oder Opuntien. Schon 1853 begann man, auf den Kanaren Opuntienfelder anzulegen, um auf ihnen die winzigen Parasiten zu züchten. Mit der Entwicklung der Anilinfarben sank die wirtschaftliche Bedeutung des Schmarotzers, doch werden mit dem aus den Larven der Cochenille gewonnenen roten Farbstoff noch heute Lippenstifte, verschiedene Aperitifs, Limonaden, Bonbons sowie Mikroskopierpräparate gefärbt.

lien, 1478 erlangte die spanische Krone die Oberhoheit zurück. Bis 1837 blieb Lanzarote nun ein feudalherrschaftliches Señorio – die spanische Krone vergab die Besitzrechte wie eine Art Lehen an Adlige und Geistliche. Um sich vor Piratenüberfällen zu schützen, wählten die Spanier einen Ort im Inselinneren als Verwaltungszentrum; bis 1852 behielt Teguise diese Funktion. Dennoch suchten wiederholt Seeräuber die Insel heim. Besonders im 16. Jh. wurden viele Einwohner von Sklavenjägern verschleppt. Einen Einschnitt in der Geschichte Lanzarotes bildeten die **Vulkanausbrüche** in den Jahren 1730 – 1736; die fruchtbarsten Gebiete der Insel wurden verwüstet. Da es Jahre hindurch immer wieder zu Eruptionen kam, emigrierte ein Großteil der Bevölkerung.
Seit 1993 ist Lanzarote auf Beschluss der UNESCO »Biosphären-Reservat«. Damit soll erreicht werden, dass die Insel einer wirtschaftlich ausgewogenen Zukunft mit einer intakten Umwelt entgegensieht.

Rundfahrt auf Lanzarote

★ **Playa Blanca**

Die Fähre von Corralejo (Fuerteventura) legt im Fischer- und Yachthafen von Playa Blanca an. Rings um das kleine Fischerdorf sind zahlreiche teilweise recht ansprechende und ruhige Appartement- und Bungalowanlagen entstanden. Zu Spaziergängen lädt die schöne Promenade entlang der Küste ein. Von zahlreichen Straßencafés überblickt man die Strandabschnitte.
Zwar wirken auch die Ortsstrände von Playa Blanca sehr gepflegt, doch sind die wenige Kilometer östlich gelegenen so genannten Papageienstrände (**Playas de Papagayos**) weit schöner (im Rahmen einer eintägigen Rundfahrt wird man die traumhaften Badebuchten jedoch nicht besuchen können).

✔ NICHT VERSÄUMEN

- El Golfo: ein eigentümlich grüner Kratersee
- Parque Nacional de Timanfaya: eine Landschaft wie auf dem Mond
- Teguise: die alte Inselhauptstadt steht in ihrer Gesamtheit unter Denkmalschutz
- Kaffeepause im LagOmar
- Fundación César Manrique: Einblicke in das Werk von Lanzarotes Vorzeigekünstler
- La Geria: Weinbau als Kunstwerk, das gibt es nur auf Lanzarote

Salinas de Janubio

Auf einer gut ausgebauten Straße gelangt man von Playa Blanca nordwärts. Schon von der Hauptstraße aus ergibt sich nach 8 km ein schöner Blick auf die Salinas de Janubio, die größte Salinenanlage der Insel. Meerwasser wird hier in kleinere Becken gepumpt, nach etwa einem Monat ist das Wasser verdunstet, und am Boden verbleibt lediglich das noch etwas feuchte Salz. Um es vollkommen zu trocknen, bildet man kleinere Salzhaufen. Auf diese Weise erzeugten die Salinas de Janubio im Sommer ca. 30 t Salz täglich, im Winter lediglich 15 t: Die jährliche Produktion betrug etwa 10 000 t. Aus touristischen Gründen werden die Salinas de Janubio als Industriedenkmal erhalten, in geringen Mengen wird daher hier auch heute noch Salz gewonnen.

Uga
Jeden Morgen macht sich eine Dromedarkarawane auf den Weg in die Feuerberge.

ue Nacional
imanfaya
Feuerteufel
Besuchern

Kaffeepause
im Restaurant LagOmar bei Teguise

La Geria
Weinbau als Kunstwerk

Los Hervideros

Man umfährt den Nordrand der Salinas de Janubio, dann verläuft die Straße in nördlicher Richtung entlang der Küste. Von mehreren Aussichtspunkten hat man einen guten Blick auf die brandungsumtoste bizarre Felsküste (Los Hervideros). Ein kurzer Weg mit Treppen wurde durch die Vulkanklippen angelegt.

✶ El Golfo

Bei El Golfo, 7 km nördlich von den Salinas de Janubio, handelt es sich um einen halbkreisförmigen **Krater**, in dessen Innerem sich ein recht tiefer See gebildet hat. Während die Ostseite des Sees noch von den 20 m hohen Kraterwänden begrenzt wird, wurde der westliche Teil des Kraters ein Opfer der Meeresbrandung. Eigentümlich ist die grünliche Farbe des Sees, sie wird durch eine in dem Gewässer lebende Algenart hervorgerufen. Durch stete Verdunstung und das Nachsickern von Meerwasser hat der See einen außergewöhnlich hohen Salzgehalt – er soll höher sein als der vom Toten Meer.
Die Straße führt weiter bis zum **Fischerdorf El Golfo**, viele der Häuser werden hier nur als Feriendomizil genutzt. Einige Fischrestaurants locken Tagesgäste an.

Yaiza

Nächstes Etappenziel ist Yaiza. Der Ort gilt als hübschester und gepflegtester der Insel. Zu diesem Eindruck tragen ganz wesentlich die prächtigen Blumenanlagen, die kubischen weiß getünchten Häuser und die mit roter Lavaasche belegten Straßenränder bei.

✶✶ Parque Nacional de Timanfaya

Von Yaiza aus folgt man der nordwärts in die **Feuerberge** (Montañas del Fuego) hineinführenden Straße. Sie bilden das Zentrum des Parque Nacional de Timanfaya (Timanfaya-Nationalpark; geöffnet: tgl. 9.00–17.45; letzter Einlass 17.00 Uhr). Der 85 km² große Nationalpark, der 1974 gegründet wurde, ist zweifelsohne die Hauptsehenswürdigkeit von Lanzarote. Mit dem Auto kann man bis zum Islote de Hilario fahren (hier befindet sich das nach Entwürfen von César Manrique gestaltete Restaurant »El Diablo«) und von dort aus an einer Busrundfahrt auf der Ruta de los Volcanes teilnehmen (Fahrtkosten im Eintrittspreis zum Nationalpark enthalten). Während der ca. 30-minütigen Fahrt werden Erklärungen in spanischer und englischer Sprache gegeben. Daneben besteht die Möglichkeit, das Gebiet auf dem Rücken eines Dromedars zu erkunden, die Station befindet sich an der Straße, die von Yaiza zu den Montañas del Fuego hinaufführt.
Die Region der heutigen Montañas del Fuego war bis in das 18. Jh. hinein eine der fruchtbarsten der Insel, hier gab es zahlreiche kleine

> **! Baedeker TIPP**
>
> **Grüne Souvenirs**
>
> Auf dem Parkplatz von Los Hervideros stehen (ebenso wie am Kratersee von El Golfo) meistens Händler, die Olivinschmuck anbieten. Dieser Halbedelstein mit der charakteristischen olivgrünen Färbung kommt in magmatischen Gesteinen vor und ist auf Lanzarote relativ viel zu finden. Man darf den Schmuck ausführen, nicht aber selbst gesammeltes olivinhaltiges Gestein.

Auf den Weg zum Arbeitseinsatz in den Feuerbergen

Ansiedlungen. In den Jahren von 1730 bis 1736 kam es jedoch wiederholt zu schweren Vulkanausbrüchen, die verheerende Verwüstungen anrichteten. Der Bevölkerung blieb schließlich nichts anderes übrig, als die Insel zu verlassen und auf Gran Canaria Schutz zu suchen. Nach einer längeren Ruhepause wurde letztmals 1824 eine Reihe von Vulkanausbrüchen registriert. Bei den Eruptionen des 18. und 19. Jh.s wurden etwa 20% der Landfläche Lanzarotes mit einer 6 – 10 m dicken Lavaschicht bedeckt.

Timanfaya-Teufel: Wahrzeichen des Nationalparks

So präsentiert sich das Gelände heute als eine bizarre Mondlandschaft. Ausgedehnte Lavaflächen erstrecken sich über den gesamten Bereich des Nationalparks. Das Gestein schimmert in schwarzen, grauen, gelblichen und roten Farbtönen. Über den Lavaflächen erheben sich verschiedene Kegel und Krater, von denen der **Timanfaya** (510 m ü.d.M.) der höchste ist. Erst allmählich bedeckt das unwirtliche Vulkangebiet wieder eine Vegetationsschicht. Am ausdauerndsten sind dabei die Flechten, von denen es über 100 Arten gibt. Meist folgen sukkulente Pflanzen und Euphorbien.

Centro de Visitantes

Kurz vor Verlassen des Nationalparks kommt man an der Straße Richtung Tinajo am Besucherzentrum des Parque Nacional de Timanfaya vorbei (geöffnet: tgl. 9.00 – 17.00 Uhr).

Tiagua

In der Ortschaft Tinguaton hält man sich rechts und fährt nach Tiagua. Ausgesprochen sehenswert ist hier das Landwirtschaftsmuseum El Pátio, ein Freilichtmuseum mit Bauernhof, Windmühlen und ei-

LANZAROTE ERLEBEN

ANREISE

Tagsüber pendeln in fast stündlichem Turnus Fähren der Lineas Fred. Olsen und der Gesellschaft Naviera Armas zwischen Corralejo (Fuerteventura) und Playa Blanca (Lanzarote) hin und her. Die Preise für einen Wagen und zwei Personen betragen bei beiden Gesellschaften rund 70 Euro.

AUSKUNFT

Oficina de Turismo
am Hafen in Playa Blanca
Geöffnet: Mo. – Fr. 8.30 – 12.30 und 14.00 – 17.00 Uhr

ESSEN

► Fein & teuer

Castillo de San José
Bahía de los Mármelos
Arrecife
Tel. 928 81 23 21
Gepflegtes von Manrique gestaltetes Restaurant. Man speist mit Blick auf den Hafen, wer nur etwas trinken möchte, geht in die Bar. Öffnungszeiten Bar: tgl. 11.00 – 1.00 Uhr, Restaurant: tgl. 13.00 – 16.00 und 20.00 – 23.30 Uhr.

► Erschwinglich

El Veradero
Avenida Marítima 21
Playa Blanca
Tel. 928 51 70 18
Restaurant mit großer Terrasse an der Promenade. Probieren Sie Hühnchen Veradero oder wählen Sie eines der Fischgerichte.

Palacio del Marquéz
Calle Herrera y Rochas 9
Teguise
Tel. 928 84 57 73
Köstliche Tapas und hervorragender selbst gebackener Kuchen werden im üppig begrünten Innenhof serviert (geöffnet: Mo. – Fr. 10.00 – 18.00, So. 10.00 – 15.00 Uhr).

► Preiswert

Plácido
Avenida Marítima 39
El Golfo
Tel. 928 17 33 02
Es gibt mehrere gute Fischlokale in El Golfo, aber am schönsten sitzt man am Strand im Plácido. Einfache leckere Fischgerichte stehen auf der Karte. Geöffnet: tgl. 11.00 – 21.00 Uhr, im Winter Mo. geschl.

Baedeker-Empfehlung

► Erschwinglich bis teuer

LagOmar
Oasis de Nazaret
(bei Teguise)
Tel. 928 84 56 65
Eines der prächtigen Anwesen im Villeno Oasis de Nazaret beherbergt das LagOmar. Natur und Architektur gehen hier eine geglückte Verbindung ein. Es ist ein guter Ort, um einen Kaffee, hervorragenden Kuchen, einen Imbiss oder auch ein ausgewähltes Essen zu sich zu nehmen.

ÜBERNACHTEN

▸ Luxus

Finca de las Salinas
Yaiza
Tel. 928 83 03 25
Fax 928 83 03 29
FSALINA@santandersupernet.com
Die Finca de las Salinas ist ein nobles Viersternehotel, eingerichtet in einem Herrenhaus aus dem 18. Jh. Seit der Mitte der neunziger Jahre erfolgten Restaurierung kann man in 17 geschmackvoll eingerichteten Doppelzimmern und zwei Suiten nächtigen.

▸ Komfortabel

Riu Palace Lanzarote
Calle Suiza 6
Puerto del Carmen
Tel. 928 51 24 14
Fax 928 51 35 98
www.riuhotels.com
Obwohl das ausgesprochen komfortable Hotel direkt an der viel befahrenen Uferstraße liegt, ist durch geschickte Achitektur nicht viel vom Verkehrslärm zu hören. Angenehmer unaufdringlicher Service.

Wer auf Lanzarote übernachten möchte, könnte sich in der Finca de las Salinas einmieten.

▸ Günstig

Miramar
Calle Coll 2
Arrecife
Tel. 928 80 15 22
Fax 928 80 33 66
Einfaches Stadthotel an der Uferstraße. Von den meisten der 90 zweckmäßig ausgestatteten Zimmer hat man Blick aufs Meer.

ner Bodega, wie es sie um die Jahrhundertwende in vielen Dörfern gab (geöffnet: Mo. – Sa. 10.00 – 17.30 Uhr).

Monumento Al Campesino

Weithin sichtbar ist das 6 km südlich aufragende Monumento Al Campesino. In strahlendem Weiß errichtete César Manrique diese 15 m hohe Skulptur zu Ehren der Bauern von Lanzarote, die mit so viel Mühe dem Boden Erträge abgewinnen. Die Casa del Campesino bei dem Monument ist Museum und Restaurant in einem. Um einen Innenhof verteilen sich mehrere Werkstätten, eine Töpferei, eine Stickerei und eine Weberei können besichtigt werden.

★★ Teguise

Die alte Inselhauptstadt Teguise liegt 8 km nordöstlich des Denkmals. Der gut erhaltene kompakte Ortskern von Teguise wirkt fast wie ein Architekturmuseum, er wurde 1973 unter Denkmalschutz gestellt. Ortsmittelpunkt ist die Plaza de San Miguel mit der Kirche Nuestra Señora de Guadalupe, dem im 18. Jh. errichteten Palacio de

Spínola und der »Cilla«, einem schlichten Bau aus der ersten Hälfte des 17. Jh.s, in dem die Bauern früher ein Zehntel ihrer Ernteerträge ablieferten. Von der Vergangenheit – Teguise war erster Bischofssitz der Kanaren – zeugen ferner zwei Klöster. Sie wurden restauriert und werden heute mitunter für kulturelle Veranstaltungen genutzt.

Castillo de Guanapay

Oberhalb von Teguise erhebt sich auf einem Vulkanberg das Castillo de Guanapay. Schon Lancellotto Mallocello ließ das Befestigungsbauwerk im 14. Jh. anlegen. Verstärkt und ausgebaut wurde es Ende des 16. Jh.s durch Leonardo Torriani. Die Auffahrt zu dem Kastell lohnt sich schon wegen des prächtigen Ausblicks, den man von hier genießt. Zudem kann man noch ein kleines Museum besichtigen, das über die Schicksale der Familien informiert, die 1880, um einer Hungersnot zu entkommen, nach Kuba, Venezuela und in andere Staaten ausgewandert sind.

Abkürzung der Inselrundtour

Wer nur einen Tagesausflug nach Lanzarote unternimmt, spart den Nordzipfel der Insel bei der Rundfahrt am besten aus und fährt von Teguise Richtung Arrecife, vorbei an der Urbanisation **Oasis de Nazaret** mit dem sehr schönen Restaurant LagOmar (s. S. 166). Von hier ist es nicht mehr weit, bis zur Fundación César Manrique, wo man die Inselrundfahrt wie beschrieben fortsetzt.

Ermita de las Nieves

Hat man Zeit für die vollständige Inselrundfahrt, so geht es auf der Hauptstraße von Teguise weiter gen Norden. Bald zweigt links ein Sträßchen zur Ermita de las Nieves ab. Die kleine Kapelle steht in 648 m Höhe. Man hat von hier eine hervorragende Sicht über das Bergmassiv Risco de Famara.

★ Haría

Zurück zur Hauptstraße bieten sich wiederholt grandiose Ausblicke, so beispielsweise vom **Mirador de Haría**. Man schaut auf ein fruchtbares Tal, über das sich kleine weiße Häuschen und unzählige Palmen verteilen. Letztere brachten Haría den Beinamen »Ort mit den tausend Palmen« ein.

Guinate Tropical Park

Ca. 5 km hinter Haría folgt man der Beschilderung nach links zum Guinate Tropical Park. In dem ca. 45 000 m²; großen Parkgelände leben über 1300 seltene und exotische Vögel. Besondere Attraktion ist eine Papageienshow (geöffnet: tgl. 10.00 – 17.00 Uhr).

★ Mirador del Río

Ganz im Norden von Lanzarote entstand nach Entwürfen von César Manrique der Mirador del Río, der 1973 eingeweiht wurde. Das Restaurant und die Aussichtsterrasse sind vollkommen in den steil zur Küste abfallenden Felsen integriert. Von hier bietet sich ein phantastischer Blick auf die Lanzarote vorgelagerten kleinen Inselchen La Graciosa, Montaña Clara und Alegranza (geöffnet: tgl. 10.00 – 18.00 Uhr; eine ähnliche Sicht hat man auch von der Straße wenige hundert Meter westlich des Miradors).

★★ Cueva de los Verdes

Nächste Station der Inselrundfahrt ist die 10 km südöstlich vom Mirador del Río gelegene Cueva de los Verdes. Von dem etwa 6100 m langen Höhlensystem sind ca. 2000 m beleuchtet und für Besucher begehbar. Das unterirdische Labyrinth bot früher der einheimischen Bevölkerung Zuflucht bei Vulkanausbrüchen und Schutz vor Piraten und feindlichen Angreifern. Heute ist in einem der unteren Hohlräume ein Konzertsaal eingerichtet, in dem ca. 1000 Personen Platz finden. Besichtigt werden kann die Höhle im Rahmen von Führungen (tgl. 10.00 – 17.00 Uhr, letzte Führung 17.00 Uhr), Dauer ca. 45 Minuten.

★★ Jameos del Agua

Zum selben Höhlensystem wie die Cueva de los Verdes gehört die 2 km östlich gelegene Jameos del Agua. Dass **César Manrique** bei der Gestaltung dieser 60 m langen und 22 m breiten Schauhöhle entscheidenden Anteil hatte, ist offensichtlich. Treppen führen hinunter zu einem teilweise in die Höhle hineingebauten Restaurant. Ihren Namen verdankt die Jameos del Agua dem kleinen Salzwassersee im Innern der Höhle. Er hat sich durch das Durchsickern von Meerwasser gebildet. In dem See lebt eine weiße blinde Krebsart (darum bitte keine Münzen ins Wasser werfen!). Am Ende der Höhle geht es wieder aufwärts: viele subtropische und tropische Pflanzen sowie der blendend weiße Swimmingpool laden zum Verweilen ein. In verschiedenen Schauräumen erfährt man Näheres über die Flora und Fauna von Lanzarote (geöffnet: tgl. 9.30 – 18.45 Uhr; Di., Fr. und Sa. ab 19.00 Uhr kanarische Folklore).

Viel ist nicht mehr zu verdienen mit der Läusezucht bei Guatiza.

Die Weiterfahrt erfolgt über **Arrieta**. Der Ort lebte lange Zeit ausschließlich vom Fischfang – auch heute noch bekommt man in den Restaurants im Dorf stets fangfrischen Fisch serviert.

Bei **Mala** und **Guatiza** erstrecken sich beidseits der Straße riesige Opuntienfelder, auf denen die Cochenille-Laus gezüchtet wird.

★ Jardín de Cactus

Zwischen den beiden Ortschaften wurde unterhalb der Mühle von Guatiza nach Plänen von César Manrique der Jardín de Cactus angelegt. Man sieht hier 1420 verschiedene Kakteenarten, annähernd 10 000 Pflanzen wachsen auf dem Terrain (geöffnet: tgl. 10.00 – 18.00 Uhr).

Costa Teguise

Ca. 8 km hinter dem Jardín de Cactus zweigt eine Straße links zur Costa Teguise ab, eines der größten Touristenzentren der Insel mit zahlreichen Hotels und Bungalowanlagen. Diverse Einkaufszentren, Restaurants und Cafés sorgen für die nötige Infrastruktur. Auch ein Yachthafen und ein Golfplatz gehören zu der Urbanisation.

★ Arrecife

Eine in Küstennähe verlaufende Straße verbindet Costa Teguise mit der **Inselhauptstadt** Arrecife. Sie verdankt ihren Namen den vielen kleinen vorgelagerten Felsbänken. Verwaltungshauptort ist Arrecife erst seit 1852; die geschützten Hafenplätze förderten die sprunghafte Entwicklung der Stadt. Heute lebt über die Hälfte der Inselbevölkerung (ca. 45 000) in Arrecife. Vom Tourismus blieb die Stadt bisher weitgehend unberührt. Vielleicht liegt es daran, dass die Stadtstrände wenig einladend wirken. Insgesamt präsentiert sich Arrecife jedoch als durchaus ansprechendes Städtchen mit einer hübsch bepflanzten Uferpromenade, einem ansehnlichen Ortskern und zwei herausgeputzten Festungsbauten.

Ein Rundgang durch Arrecife könnte am Hafenbecken **Charco de San Ginés** seinen Ausgang nehmen. Das Viertel rund um die geschützte Meeresbucht wurde Anfang der neunziger Jahre saniert und erhielt eine schmucke Promenade. Von hier sind es nur wenige Schritte bis zur schlichten dem Schutzpatron der Insel geweihten **Iglesia de San Ginés**. Auf einer winzigen vorgelagerten Insel liegt das **Castillo de San Gabriel**. Mit dem Stadtzentrum ist es durch die Puente de las Bolas (= Kugelbrücke) verbunden. Erbaut wurde das Kastell 1590 von dem italienischen Architekten Leonardo Torriani. Es beherbergt heute das Archäologische Museum, das Di. – Fr. 10.00 – 13.00 und 16.00 – 19.00, Sa. 10.00 – 13.00 Uhr geöffnet ist. Ausgestellt sind u.a. Funde aus altkanarischer Zeit.

Das **Castillo de San José**, am nördlichen Ortsausgang, wurde auf Anordnung des spanischen Königs Carlos III. 1779 erbaut. Seit 1976 beherbergt es das Museo Internacional de Arte Contemporáneo (Museum für Zeitgenössische Kunst). Werke von Picasso, Miró, Tàpies, Vela, Albers u. a. gehören zu den Exponaten, und natürlich ist auch César Manrique mit einigen seiner Arbeiten vertreten (geöffnet: tgl. 11.00 – 21.00 Uhr).

Puerto del Carmen

Das größte Touristenzentrum von Lanzarote (das man bei der Inselrundfahrt getrost auslassen kann) ist das 10 km westlich von Arrecife gelegene Puerto del Carmen. Bis vor einigen Jahrzehnten war hier nichts als ein winziges Fischerdorf. Inzwischen ziehen sich entlang der Hauptdurchgangsstraße Appartement- und Hotelanlagen, Ladenzeilen und Restaurants kilometerlang hin. Dass etwa zwei Drittel aller Lanzarote-Touristen ihren Urlaub in Puerto del Carmen verbringen, hat seine Ursache in den schönen Stränden im Ortsbereich.

★★ Fundación César Manrique

Reizvoller ist es, Arrecife in nördlicher Richtung zu verlassen. Nach 4 km zweigt links ein Sträßchen nach San Bartolomé ab. Nach wenigen hundert Metern passiert man rechts die **Stiftung César Manrique**. Errichtet wurde das »Vulkanhaus«, in dem César Manrique 20 Jahre

Der Kontrast zwischen dunkler Lavaasche und dem Grün der Weinreben verleiht der Landschaft von La Geria ein exotisches Bild.

lang wohnte und das seit 1992 öffentlich zugänglich ist, 1968. Während das Äußere des Hauses der traditionellen Architektur von Lanzarote annähernd entspricht, ist das Innere außergewöhnlich. Die Größe und Anordnung der Wohnräume im Untergeschoss richtete sich weitgehend nach bereits im Lavagestein vorhandenen Hohlräumen. Ausgestellt sind in den Räumlichkeiten nun Werke von Manrique (Gemälde, Zeichnungen, Skulpturen u.a.) sowie seine private Kunstsammlung (geöffnet von Juli bis Okt.: tgl. 10.00 – 19.00, von Nov. bis Juni Mo. – Sa. 10.00 – 18.00, So. 10.00 – 15.00 Uhr).

✶✶ La Geria

In San Bartolomé hält man sich rechts und wählt beim Monumento Al Campesino die in westlicher Richtung nach Yaiza verlaufende Straße. Auf ihr durchfährt man die Hochebene La Geria, eines der Hauptweinanbaugebiete der Insel. Durch Vulkanausbrüche wurde dieses Gebiet mit einer dicken Aschenschicht bedeckt. Um das Land dennoch landwirtschaftlich nutzen zu können, entwickelten die Bauern besondere Anbaumethoden. Zuerst graben die Winzer trichterfömige Ausschachtungen von ca. 1 m Durchmesser, damit die Setzlinge den unter der Lavadecke befindlichen Boden erreichen. Für ausreichend Feuchtigkeit sorgt eine als »enarenado« bezeichnete **Trockenfeldbauweise**. Um die Reben vor dem Nordost-Passatwind zu schützen, werden die »Krater« mit halb- bzw. dreiviertelkreisförmigen, lockeren Mäuerchen aus Lavagestein umgeben. Die trichterförmigen Ausschachtungen sowie der Kontrast zwischen der dunklen

Lavaasche und dem Grün der Weinreben verleihen der Landschaft ein exotisches Aussehen.

! *Baedeker* TIPP

Weinprobe

Die im Gebiet von La Geria erzeugten Weine kann man in mehreren Fincas und Bodegas an der Straße probieren und kaufen. Bei dem Ort Masdache hat das alteingesessene Weingut El Grifo seinen Sitz, dessen Geschichte sich bis in das Jahr 1775 zurückverfolgen lässt. Angeschlossen ist ein kleines Weinmuseum (geöffnet: tgl. 10.30 – 18.00 Uhr).

Interessant ist ein Stopp in dem Dorf **Uga**, dem Zentrum der Dromedarzucht auf Lanzarote, vor allem in den Morgen- oder Nachmittagsstunden. Dann wandern bis zu 100 Tiere in kleinen Karawanen hinauf in die Feuerberge bzw. kommen von dort zurück. Die ersten Dromedare wurden bereits im 15. Jh. durch die Eroberer nach Lanzarote (und Fuerteventura) gebracht. Damals und in den folgenden Jahrhunderten wurden sie in der Landwirtschaft als Trag- und Zugtiere eingesetzt. Von Uga sind bis zum Hafenort **Playa Blanca**, dem Ausgangs- und Endpunkt der Inselrundfahrt, noch 18 km zurückzulegen.

★ La Oliva

H 3

Mit nur 700 Einwohnern ist La Oliva der bedeutendste Ort im Norden Fuerteventuras. Er liegt inmitten einer von Vulkankegeln umgebenen Ebene. Erhalten sind hier neben der imposanten Pfarrkirche einige historisch bedeutsame Bauten. Lohnend ist zudem ein Besuch im Kunstzentrum Casa Mané.

Früher wurde in dieser vergleichsweise fruchtbaren Region intensiv Landwirtschaft, vor allem Getreide- und Gemüseanbau, betrieben. Heute leben nur noch wenige Bauern vom Tomatenanbau. Der Ortsname rührt von Olivenbäumen her, die in vergangenen Jahrhunderten hier wuchsen.

Die Gemeinde von La Oliva – der Ort ist **Verwaltungssitz** einer der sechs Gemeindebezirke von Fuerteventura – erstreckt sich über den gesamten Inselnorden (hier leben insgesamt ca. 8500 Menschen). Auch das Touristenzentrum Corralejo und die Isla de Lobos gehören verwaltungstechnisch zu La Oliva. So verwundert es nicht, dass die Gemeinde zu Wohlstand gekommen ist. Davon künden ein neuer Rathausbau, überdimensionierte Sportanlagen und die Bepflanzung entlang der Hauptstraße.

Geschichte

Wie archäologische Funde belegen, wurde das Gebiet von La Oliva schon in altkanarischer Zeit besiedelt. Seinen eigentlichen Aufstieg erlebte La Oliva im 18. Jh., als die Macht der in Betancuria residierenden Adelsfamilien allmählich sank. Das Machtvakuum füllte der Oberbefehlshaber eines seit 1708 auf Fuerteventura stationierten Regiments. Er ließ sich in La Oliva nieder und residierte dort in einem verhältnismäßig prunkvollen Herrenhaus. Im Jahre 1835 avancierte La Oliva zur Inselhauptstadt. Nach der Auflösung der dort stationierten Militäreinheit 1859 sank La Olivas Bedeutung, 1860 musste es seine Funktion als Inselhauptstadt an Puerto de Cabras, das heutige Puerto del Rosario, abtreten.

Sehenswertes in La Oliva

★ Iglesia Nuestra Señora de Candelaria

Verhältnismäßig groß ist die zu Beginn des 18. Jh.s errichtete Pfarrkirche des Ortes, die Iglesia Nuestra Señora de Candelaria. Die Tatsache, dass La Oliva bereits 1711 eine Pfarrei erhielt, weist ebenso wie die Dimensionen des Gotteshauses auf die frühere Bedeutung des Ortes hin. Außer La Oliva besitzt auf Fuerteventura nur noch Betancuria eine dreischiffige Kirche.

Einen deutlichen Kontrast zu dem strahlend weißen Bau bildet der aus dunklem Haustein erbaute Turm. Mit seinen wuchtigen Dimensionen erinnert er eher an einen Wehrturm als an einen Glockenturm. Auf die Renaissance verweisen die Verzierungen am Hauptportal sowie die Rundbögen über den seitlichen Eingängen. Im Gegensatz zum pompösen Äußeren ist die Innendekoration der Kirche sparsam. Der **Hauptaltar** bewahrt Gemälde eines Vorgängermodells aus dem 18. Jahrhundert. Auf ihnen werden Altarnischen vorgetäuscht, in denen man eine Kreuzigungsgruppe sowie Josef und Johannes den Täufer erkennt. Zugeschrieben werden die Malereien Juan de Miranda, der vorrangig auf Gran Canaria wirkte. Blickfang ist ferner ein riesiges Gemälde (3 x 4 m) des Jüngsten Gerichts. Es wurde 1732 von dem damals in La Oliva residierenden Militäroberbefehlshaber gestiftet.

Kirche von La Oliva

Halb zerfallen ist die **Casa del Capellán**, südlich der Kirche (hinter einem modernen Wohnhaus). Beachten sollte man jedoch die aztekisch anmutenden Steinmetzarbeiten an Tür und Fenstern des ehemaligen Pfarrhauses.

Die **Casa de los Coroneles** (= Haus der Obersten) am östlichen Ortsrand soll, so behaupten die Einheimischen, 365 Fenster

LA OLIVA ERLEBEN

ESSEN

► Erschwinglich

El Horno
Villaverde
Tel. 928 86 86 71
Fast immer gut besuchtes Restaurant am nördlichen Ortsrand von Villaverde. Dem Besitzer gehört auch die Casa Marcos gleich gegenüber (siehe Baedeker Tipp, S. xx). Geöffnet: Di. – Sa. 12.30 – 23.00 Uhr, So. 12.30 – 16.30 Uhr.

El Rancho
Villaverde
Tel. 928 86 85 18
Bereits seit 1985 existiert dieses Restaurant in Villaverde, in dem typisch kanarische Gerichte auf der Karte stehen und der Service sehr freundlich ist. Geöffnet: Mo., Di., Do. – So. 13.00 – 24.00 Uhr.

► Preiswert

Malpey
Calle La Orilla 67
(nahe La Cilla)
Tel. 928 86 80 60
Einfaches Lokal, in dem inseltypische Gerichte serviert werden. Manchmal gibt es auch Paella. Mo. geschl.

ÜBERNACHTEN

► Komfortabel

Hotel Rural Mahoh
Villaverde
Tel. 928 86 80 50
Fax 928 86 86 12
www.mahoh.com
Kleines Landhotel mit 9 individuell ausgestatteten Zimmern. Bad, Telefon und Fernsehen sind in jedem Zimmer vorhanden. Angenehm ist der Aufenthalt im hoteleigenen Garten bzw. am kleinen Pool.

und Türen haben (in Wirklichkeit sind es ca. 100, aber das ist für die Verhältnisse auf Fuerteventura immer noch eine stolze Zahl). Das Gebäude wurde im 18. Jh. erbaut, bis ins 19. Jh. hinein war es Sitz der höchsten Befehlshaber der Insel. Zu beiden Seiten des schmucklosen Portals sind Fenster und Balkone mit unterschiedlichem barocken Schnitzwerk symmetrisch angeordnet. Über dem Portal prunkt das Wappen der Familie Cabrera Béthencourt, die den Bau in Auftrag gab. Das Innere des unter Denkmalschutz stehenden Hauses kann nicht besichtigt werden. Nur manchmal gelingt es, einen Blick in den Innenhof zu werfen, den im Obergeschoss eine hölzerne Galerie umläuft. Mitte der 1990er-Jahre hat die Inselverwaltung die Casa de los Coroneles erworben. Seitdem soll sie restauriert und als Kulturzentrum wieder eröffnet werden. Bisher wurde mit den Restaurierungsarbeiten jedoch noch nicht begonnen.

★ Casa Mané

Zur Besichtigung lädt dagegen die nahe gelegene Casa Mané ein. Das Herrenhaus mit dem hübschen Garten beherbergt das **Centro de Arte Canario**. Das auf eine Privatinitiative zurückgehende, 1992 gegründete Kunstzentrum zeigt Plastiken und Gemälde von zeitgenössischen kanarischen Künstlern. Viele Werke der jährlich wechselnden

Ausstellung kann man kaufen. Zur ständig gezeigten Sammlung gehören Arbeiten des auf Gran Canaria lebenden Surrealisten Alberto Manrique (geb. 1926) sowie von **César Manrique** (1919 – 1992; beide Künstler sind nicht miteinander verwandt). Angeschlossen sind dem Kunstzentrum eine kleine Buchhandlung sowie eine Cafeteria (geöffnet: Mo. – Sa. 10.00 – 18.00; im Winter bis 17.00 Uhr).

Casa de la Cilla

Eine weitere Attraktion in La Oliva ist die 1819 erbaute Casa de la Cilla (an der Straße nach Lajares). Die ehemalige Zehntscheuer – die Kirche lagerte hier die Abgaben der Bauern – beherbergt heute das **Museum für Getreide und Ackergeräte** (Museo del Grano, geöffnet: Di. – Fr., So. 9.30 – 17.30 Uhr).

La Ermita

Am nördlichen Ortsrand befindet sich etwas abseits der Straße nach Lajares die **Keramikwerkstatt** La Ermita (derzeit geschlossen).

El Monasterio

Gleich daneben befindet sich das Monasterio, das zwischenzeitlich bereits einmal eine kleine Museumssammlung beherbergte, vorläufig seine Pforten aber wieder geschlossen hat. Zusammen mit La Ermita soll das Monasterio zu einem kleinen Künstlerdorf avancieren.

Umgebung von La Oliva

Villaverde

Rund 3 km nordöstlich von La Oliva verteilen sich entlang der nach Corralejo führenden Straße die Häuser der Streusiedlung Villaverde. Wie sie zu ihrem Namen »Grüne Stadt« kam, ist zumindest im kanarischen Sommer nicht klar, doch kann sich hier nach Regenfällen im Winter und Frühjahr tatsächlich einmal ein Blütenteppich ausbreiten. Einige der hübsch renovierten Bauernhäuser in Villaverde zeugen von einem gewissen Wohlstand. Sehr gepflegt wirkt auch der Platz bei der Ermita de San Vicente Ferrer de Villaverde aus dem 18. Jahrhundert. Seit Anfang 2006 ist in Villaverde die **Cueva del Llano** der Öffentlichkeit zugänglich. Die Lavahöhle, in der man eine nur hier vorkommende kleine Spinnenart entdeckt hat, kann allerdings nur im Rahmen von Führungen besichtigt werden (geöffnet: Di.–Sa. 10.15 – 12.45 und 14.45 – 17.15 Uhr). Nähere Informationen erhält man im angeschlossenen Besucherzentrum.

> ! *Baedeker* TIPP
>
> **Auf der Suche nach einem Souvenir?**
>
> Dann schauen Sie doch einmal in der Casa Marcos in Villaverde vorbei. Die Auswahl an hübscher, nach traditionellen Methoden hergestellter Keramik und anderem Kunsthandwerk ist groß. Sehr lecker sind auch der hier angebotene Käse sowie selbst eingelegtes Gemüse und verschiedene Marmeladen. Geöffnet ist der Laden tgl. 9.00 – 19.00 Uhr.

Montaña de la Arena

Westlich von Villaverde erhebt sich die Montaña de la Arena (420 m ü.d.M.), ein längst erloschener Vulkankegel. Hier werden Lapilli abgebaut. Dieses feuchtigkeitsspeichernde Vulkangestein wird auf Feldern ausgebreitet und hält den Boden bis zu einer Tiefe von 25 – 30 cm ständig feucht.

La Rosita Bei der Weiterfahrt Richtung Corralejo passiert man bald hinter Villaverde links der Straße die Finca La Rosita mit einem kleinen landwirtschaftlichen Museum und der Möglichkeit zum Kamelritt. Kinder werden sich ferner an den Hühnern, Ziegen und Schafen erfreuen, die das Anwesen bevölkern. Und natürlich gibt es auch einen Laden, in dem man Kunsthandwerk, selbst produzierte Lebensmittel u.a. kaufen kann (geöffnet: Mo. – Sa. 10.00 – 18.00 Uhr).

La Pared

E 8

La Pared ist eine kleine Urbanisation ganz im Nordosten der Halbinsel Jandía, am Istmo de la Pared. Für Einheimische und Touristen im Inselsüden ist es aber vor allem der Ort, von dem aus man hervorragend zuschauen kann, wie die Sonne glutrot im Meer versinkt. Wer das Schauspiel nicht vom Strand aus erleben möchte, sichert sich am besten rechtzeitig einen Fenster- oder Terrassenplatz im Restaurant Bahía La Pared.

Abendstimmung bei La Pared – das Meer zeigt sich hier oft von seiner rauen Seite.

Mit dem Bau einer ersten Feriensiedlung war in La Pared bereits 1966 begonnen worden. Heute stehen hier ein Hotel, dem eine Golfakademie mit 6-Loch-Golfplatz und Zielgolfanlage angeschlossen ist, und eine Bungalowanlage. Die überdimensionierte Hauptstraße mit breiter Promeniermeile (aber ohne Geschäfte und Restaurants) und die zahlreichen im Nichts endenden Wege künden von weiteren ursprünglich geplanten Ferienanlagen. Doch ist der Ort an Fuertes windiger Westküste augenscheinlich wenig interessant, so bewohnen mittlerweile Einheimische, die in den Touristenzentren an der Südküste der Jandía-Halbinsel arbeiten, viele der als Feriendomizile geplanten Häuschen.

Umgebung von La Pared

Meist menschenleer ist der 300 m entfernte hellbraune Sandstrand von La Pared, die **Playa del Viejo Rey** (vom Ende der als Promenade gestalteten Hauptstraße führen Pisten zur Küste oberhalb des Strandes). Man kann hier baden, sollte jedoch bei der meist hohen Brandung vorsichtig sein.

Der **Istmo de la Pared** ist eine Landenge, die die Halbinsel Jandía vom Hauptteil Fuerteventuras, der als Maxorata bezeichnet wird, trennt. In altkanarischer Zeit soll hier eine Mauer gestanden haben, die die Grenze zwischen den beiden Inselkönigreichen bildete. Wenn es sie denn tatsächlich gegeben hat, so sind davon zumindest bis heute keine Reste erhalten.

LA PARED

ESSEN

▸ Erschwinglich

Bahía La Pared
am nördlichen Ortsrand
Tel. 928 54 90 30
Die Lage direkt am Meer ist gigantisch. Von der Terrasse aus oder durch große Panoramascheiben kann man zuschauen, wie die Sonne im Meer versinkt. Kleine Gäste vergnügen sich derweil im zugehörigen Pool. Das Fischangebot wechselt, ist aber immer sehr lecker!

El Camello
Am Ostrand von La Pared
Tel. 928 54 90 90
In La Pared hat man die Qual der Wahl. Im »El Camello« muss man zwar auf den fantastischen Ausblick verzichten, dafür überzeugen eine wirklich gemütliche Inneneinrichtung und sehr leckere Fleischgerichte! Reservierung ist in dem unter deutscher Leitung stehenden Restaurant sinnvoll.

★ Lobos (Isla de los Lobos)

J/K 1/2

Von Corralejo aus bietet sich ein Bade- oder Wanderausflug auf die Isla de los Lobos an. Die nur 6 km² große Insel liegt in der Bocaina, einer ca. 30 m tiefen Meerenge zwischen Fuerteventura und Lanzarote (starke Strömungen!). Die geringste Entfernung zwischen Lobos und Fuerteventura beträgt lediglich 2000 m.

Das Inselchen Lobos lässt sich nur zu Fuß entdecken.

Ausflüge nach Lobos

Von Corralejo (Fuerteventura) fahren täglich Boote (ca. 10.00 Uhr) hinüber nach Lobos, am Spätnachmittag legen sie die Tour in umgekehrter Richtung zurück; die Überfahrt dauert ca. 20 – 30 Minuten. Auch ein Glasbodenboot steuert die Insel regelmäßig an, zu sehen ist auf dem Meeresgrund jedoch nicht allzu viel.

Robben gaben den Namen

Ihren Namen verdankt die Isla de los Lobos den **Mönchsrobben** (span. lobos marinos), die hier bis Ende des 19. Jh.s in großer Zahl lebten. Schon Gadifer de la Salle, einer der beiden Fuerteventura-Eroberer, soll sich zur Robbenjagd auf Lobos aufgehalten haben. Die Felle von Robben wurden damals zur Herstellung von Schuhen verwendet. Seine Abwesenheit wusste man sich auf Lanzarote, der bereits eroberten Kanareninsel, zunutze zu machen. Es kam zum Putsch. Erst Wochen später gelang es De la Salle, nach Lanzarote zurückzukehren und dort die Machtverhältnisse in seinem Sinne zu ordnen. Derweil erwägt die kanarische Regierung, die Mönchsrobben auf dem Inselchen wieder anzusiedeln.

Lobos, das in vergangenen Jahrhunderten beliebter Schlupfwinkel von Piraten war – unter ihnen soll auch Sir Francis Drake gewesen sein –, ist heute unbewohnt. Die letzten dort ansässigen Fischer verließen die Insel Anfang der 1980er-Jahre. Mitunter nutzen einige Feriengäste die einfachen Häuschen als Domizil, und auch verschiedene Camper übernachten auf der Insel. Im »Inselort« Casas del Puertito gibt es zwei Bars, die die Besucher mit Getränken und Essen versorgen.

Landschaftsbild

Im Wesentlichen besteht die Insel aus einem rezenten Vulkan (Lobos; 127 m ü.d.M.) und kleineren Adventivkratern sowie einer noch weitgehend unberührten Dünenlandschaft. Diese steht seit 1982 unter **Naturschutz** und gehört seit 1987 zum »Dünen- und Meerespark Corralejo, Lobos, El Río«. Hinsichtlich der Vegetation unterscheidet sich Lobos kaum vom Nordteil Fuerteventuras. Ca. 140 Pflanzenarten wurden hier gezählt, davon kommen 13 nur auf den Kanaren vor. In der Tierwelt hat Lobos Bedeutung als Rückzugsgebiet für verschiedene seltene Vogelarten; mit etwas Glück sieht man Schmutzgeier, Fischadler oder Berberfalken.

Playa las Conchas

Schöne Bademöglichkeiten gewährt die Playa las Conchas, ca. 1 km westlich der Schiffsanlegestelle. Sie liegt in einer tiefen Bucht und ist damit gegen die Brandung gut geschützt, auch für Kinder ist hier gefahrloses Baden möglich. Schnorchler und Taucher kommen auf ihre Kosten, und Surfer finden ein gutes Revier. Wer jedoch von Corralejo aus hinübersurfen möchte, sollte bedenken, dass dies wegen der Strömungen nicht ungefährlich ist.

Wanderung

Die größte Entfernung von einer Küste zur anderen beträgt auf Lobos nur 3,5 km; man kann die Insel in ca. 2 Std. gut umwandern (ohne den Aufstieg zur Montaña Lobos). Von der Schiffsanlegestelle geht man zunächst nach rechts zu den Casas del Puertito, dem ca. 500 m entfernten, einstigen kleinen Hafen des Eilandes. Bald darauf wendet sich der gut erkennbare Pfad landeinwärts. Mehrfach zweigen Wege ab, man geht jedoch konsequent in gewissem Abstand zur Küste Richtung Norden. Bald dient der 1863 erbaute **Leuchtturm** an der Nordküste, den man nach insgesamt ca. 1 Std. erreicht, als Orientierungspunkt. Vom nunmehr automatisch betriebenen Faro de Lobos reicht der Blick über die gesamte Insel bis zur Dünenlandschaft bei Corralejo auf Fuerteventura, im Norden erkennt man die vielgepriesenen Papageienstrände auf Lanzarote. Unterhalb der Anhöhe mit dem Leuchtturm hält man sich rechts und folgt dem nun gut angelegten Weg wieder Richtung Süden. Gut 20 Min. hinter dem Leuchtturm gilt es zu erwägen, ob man nach rechts zur **Montaña Lobos** abbiegen will, für die Mühen des ca. 15-minüten Aufstiegs zum Kraterrand entschädigt ein wirklich grandioser Blick über die östlichen Kanarischen Inseln. Der Hauptweg passiert bald darauf die Playa las Conchas. Die Bootsanlegestelle ist von hier noch ca. 1 km entfernt.

! *Baedeker* TIPP

Unbedingt vorbestellen!

Auf Lobos gibt es zwei einfache Restaurants, »Isla de los Lobos« und »El Puertito«. Beide servieren guten frischen Fisch, doch sind die wenigen Tische mittags schnell besetzt. Wer also auf ein köstliches Mahl keinesfalls verzichten möchte, sollte gleich nach Ankunft auf Lobos einen Tisch bestellen. Von der Anlegestelle der Boote sind es nur wenige Schritte bis zu den Casas del Puertito, wo sich die beiden Restaurants befinden.

★ Morro Jable • Jandía

C/D 10

Morro Jable und Jandía bilden zusammen das größte Touristenzentrum Fuerteventuras. Die unendlich langen Sandstrände im Süden der Insel, auf der Halbinsel Jandía, begründeten den rasanten Aufstieg des Feriengebietes. Ein großes Plus können Morro Jable und Jandía zudem noch aufweisen: Die im Hinterland aufragende, bis 800 m hohe Gebirgskette hält kühle Winde aus dem Norden ab, so werden in Jandía die höchsten Temperaturen und die meisten Sonnentage auf der Insel verzeichnet.

Geschichte Ob die Halbinsel Jandía in altkanarischer Zeit dauerhaft besiedelt war, konnte bisher nicht eindeutig geklärt werden. Den spanischen Eroberern erschien das wüstenhafte Gelände für eine Besiedlung jedoch nicht geeignet. Noch 1885 stellte ein französischer Forschungsreisender fest, dass auf der Halbinsel keine Menschen wohnen. Erst um 1900 siedelten sich einige Fischerfamilien im damals als »Puerto de la Cebada« (= »Gerstenhafen«) bezeichneten Ort an. Der Name weist vermutlich darauf hin, dass hier unter Umgehung des Zolls Getreide zu den anderen Kanareninseln verschifft wurde. Selbst Anfang der sechziger Jahre des 20. Jh.s lebten nicht mehr als 200 Menschen in Morro Jable. Die Einwohnerzahl stieg erst sprunghaft an, als seit den siebziger Jahren immer mehr Touristen nach Morro Jable strömten. Die ersten Jahre erreichten sie den Ort nur auf einer von Schlaglöchern durchsäten abenteuerlichen Piste.

Ortsbild Rund um den alten Kern des Fischerdorfes **Morro Jable** wurden in den letzten beiden Jahrzehnten zahlreiche Wohnblocks errichtet, in die die im benachbarten Jandía beschäftigten Arbeitskräfte einzogen. Ca. 4000 Menschen leben heute im Doppelort Morro Jable • Jandía. Überwiegend Einheimische kaufen in den Läden des Ortes ein und besuchen die einfachen Kneipen. Treffpunkt der Touristen ist die kleine **Strandpromenade**, mit Blick aufs Meer kann man hier in einem der Restaurants speisen oder nur einen Kaffee trinken. Der **Hafen** am westlichen Ortsrand dient als Fischer- und Yachthafen; zudem verkehrt von hier eine Fähre nach Gran Canaria. Am lebhaftesten ist das Treiben in den Nachmittagsstunden, wenn die Fischer mit ihren Fängen zurückkehren. Die Ansiedlung **Jandía**, die mit Morro Jable schon seit langem zusammengewachsen ist, besteht fast ausnahmslos aus unterschiedlich

! *Baedeker* TIPP

Bootsprozession

Um den 16. Juli wird in Morro Jable die Fiesta Nuestra Señora del Carmen gefeiert. Höhepunkt der Feierlichkeiten zu Ehren der Schutzpatronin der Fischer und Seeleute ist eine farbenprächtige pittoreske Bootsprozession. Übrigens ist die hl. Carmen auch die Schutzheilige von Corralejo und auch dort wird sie mit einer Bootsprozession geehrt.

attraktiven Appartementhäusern und Bungalowsiedlungen, die wegen der terrassenförmigen Bauweise allerdings fast alle Meerblick bieten. Nur wenige Hotelanlagen liegen unmittelbar am Strand (weitere werden auch nicht hinzukommen, da seit 1991 ein hundert Meter breiter Küstenstreifen nicht mehr bebaut werden darf). Von den anderen Unterkünften aus muss man zunächst die Hauptstraße überqueren, um zum Meer zu gelangen. Ein eigentliches Zentrum gibt es nicht. Restaurants, Bars, Läden und Boutiquen reihen sich an der Hauptstraße und in verschiedenen Einkaufszentren (Centros Comerciales) aneinander – kein allzu attraktives Bild.

✶ **Playa del Matorral**

Als Playa del Matorral oder **Playa de Jandía** wird der sich östlich des alten Ortskerns von Morro Jable erstreckende Strandabschnitt bezeichnet. In der Nähe der Hotels ist er relativ dicht bevölkert, doch eng wird es hier selten. Je weiter man nach Osten geht, desto leerer wird es. Der Strand ist wunderschön weiß und feinsandig, zum Meer hin fällt er flach ab, ist also auch für Kinder gut geeignet.

Morro Jable • Jandía Orientierung

Übernachten
1. Riu Palace Jandía
2. Riu Palace El Palacete
3. Riu Calypso
4. Robinson Club Jandía Playa
5. Alberto
6. Atalaya de Jandía

Essen
1. Avenida del Mar
2. La Gaviota
3. La Laja
4. Pizzeria Vesubio
5. San Borondón II

MORRO JABLE • JANDIA ERLEBEN

AUSKUNFT

Oficina de Información
Centro Comercial Cosmo
Tel. 928 54 07 76
Fax 928 54 50 44
turismo@playasdejandia.com

EINKAUFEN

Mercadillo
beim Centro Comercial Cosmo
Do. 8.00 – 14.00 Uhr
Gemüse, Früchte, selbst gemachte Erzeugnisse, aber auch Kleidung, Schuhe und Souvenirs.

ESSEN

► Erschwinglich

Avenida del Mar
Calle Tomás Grau Gurrea 1
Tel. 928 54 13 12
Auch bei schlechterem Wetter kann man auf der Terrasse prima sitzen, sie ist überdacht und verglast. Fischgerichte sind die Spezialität des Hauses.

Chino Town
Avenida Saladar
Tel. 928 54 16 01
Wie wäre es zur Abwechslung einmal mit chinesischer Küche? Chino Town bietet ein angenehmes, unaufdringliches Ambiente und leckere Speisen.

La Gaviota
Avenida del Mar 27
Tel. 928 54 19 61
Auch hier kann man draußen sitzen und dem Treiben auf der Promenade zuschauen. Am besten wählt man Fisch oder die vorzügliche Paella.

La Laja
Avenida de la Constitución
Tel. 928 54 20 54
Was die Gäste schätzen, sind die direkte Lage am Meer und die Stimmung. Die Fischplatten sind meist hervorragend.

Pizzería Vesubio
Calle San Miguel 2
Tel. 928 54 03 91
Gute Pizzen, leckere Pastagerichte. Teurer sind die Spezialitäten des Hauses: Lamm und Kaninchen.

San Borondón II
Plaza Cirilo López
Tel. 928 54 14 28
Gemütliche Bodega. Täglich ab 20.00 Uhr gibt es Livemusik.

ÜBERNACHTEN

► Luxus

Riu Palace Jandia
Calle Las Arenas
Tel. 928 54 03 70, Fax 928 54 06 20
www.riu.com
Spätestens seit seiner Neueröffnung (nach umfassender Renovierung) ist das Riu-Hotel Palace Jandia wieder eines der besten Hotels der Insel. Es hat alles zu bieten, was man sich in dieser Kategorie vorstellt: Große mit viel Komfort ausgestattete Suiten (209 Zimmer), direkte Strandlage, Fitnesscenter, Tennisplätze und gut geschultes freundliches Personal.

Riu Palace El Palacete
Calle Acantilado
Tel. 928 54 20 70, Fax 928 54 20 75
www.riu.com
Auch dieses zur Riu-Kette gehörende Hotel liegt direkt an der Strandpromenade. Da es insgesamt nur 54 Zimmer hat, darf man sich hier auf einen individuellen Service einstellen.

Riu Calypso
Calle Canarias
Tel. 928 54 00 26, Fax 928 54 07 30

www.riu.com
Das beliebte Viersternehotel ist terrassenförmig an den Hang gebaut. Eine Treppe führt hinab zum Strand. Hübsch ist die gepflegte Gartenanlage mit Pool, die Küche wird viel gelobt.

► **Komfortabel**
Robinson Club Jandía Playa
Avenida el Saladra 23
Tel. 928 16 91 00, Fax 928 16 95 40
www.robi-club.de
Der Club ist eine der ältesten Anlagen von Jandía, nach mehrfachen Renovierungen tut das dem Clubleben aber keinen Abbruch – zumal die Lage, direkt am Strand, natürlich sensationell ist. Das Sportangebot ist groß, das Unterhaltungsangebot ebenfalls.

► **Günstig**
Alberto
Calle El Cardón 3
Tel. 928 54 15 22
Man hat die Wahl zwischen Appartements für 1 bis 3 Personen und Studios für 1 oder zwei Personen. Das am Hang gelegene Haus hat 18 Wohneinheiten. Die Entfernung zum Strand beträgt rund 500 m.

Baedeker-Empfehlung

► **Günstig**
Atalaya de Jandía
Calle Los Guanches
Tel. 928 54 02 27, Fax 928 54 02 38
rocgarden@arrakis.es
Sensationell ist die Lage auf einem Felsplateau am westlichen Ortsrand von Morro Jable. Von den 20 Appartements bietet sich ein traumhafter Blick aufs Meer. Über Treppen erreicht man schnell das Ortszentrum und den Strand. Die Appartements sind zweckmäßig ausgestattet.

Beliebter Treffpunkt: Morro Jables kleine Promenade

El Saladar ▶ An den Strand grenzt eine großflächige Salzwiese. Sie wird bei Flut von Zeit zu Zeit überspült. Nach dem Abfließen des Wassers bleiben einige Priele und Teiche mit Salzwasser gefüllt, dieses verdunstet allmählich und hinterlässt eine weiße Salzkruste. Unter diesen besonderen Bedingungen können natürlich nur wenige Pflanzen überleben. Wegen der einmaligen Flora steht El Saladar seit Jahren unter Naturschutz.

Parque Tropical Auch nicht Hotelgäste können im **Vogelpark** der Anlage Stella Canaris exotische Vögel aus aller Welt beobachten. Zu den Stars gehören Königstukane und in Freigehegen herum stolzierende Kronenkraniche und Flamingos (geöffnet: tgl. 10.00 – 17.00 Uhr).

Umgebung von Morro Jable • Jandía

Jandía-Halbinsel Lohnend ist die Fahrt mit dem Mietwagen – am besten wählt man einen Jeep – quer über die Halbinsel Jandía. Eine mögliche Route ist unter dem Stichwort ►Cofete beschrieben.

★ Wanderung auf den Pico de la Zarza Von Morro Jable kann man zum Pico de la Zarza oder **Jandía**, dem mit 807 m höchsten Gipfel der Insel, aufsteigen. Die Wanderung (hin und zurück ca. 16 km) lohnt sich wegen des prächtigen Ausblicks, den man von oben genießt (daher sollte man die Tour nur bei guten

In den Ferienclubs im Inselsüden kann man sich herrlich verwöhnen lassen ...

Witterungsbedingungen durchführen). Der Aufstieg zum Pico de la Zarza beginnt beim Hotel Río Ventura bzw. Riu Tamango am östlichen Ortsrand von Jandía. Wenige Minuten hinter dem Hotel hält man sich links und folgt der Straße weiter bergauf (derzeit wird hier gebaut, die Wegführung kann unübersichtlich sein). Schließlich erreicht man bei den letzten Häusern der Urbanisation einen alten Karrenweg, der fast bis zum Gipfel hinaufführt. Er endet nach insgesamt ca. 90 Min., von hier geht es weglos bzw. über Ziegenpfade zum häufig von Passatwolken eingenebelten Gipfel. Wegen der dadurch vorhandenen Feuchtigkeit hat sich eine verhältnismäßig reichhaltige Pflanzenwelt etablieren können.

★ Pájara

F 6

Das nahe der Westküste, in einem tiefen Talkessel gelegene Pájara ist das Verwaltungszentrum des Inselsüdens. Vor allem durch die Vergabe von Baulizenzen brachte es die Gemeinde zu Wohlstand – als einziger Ort der Insel besitzt Pájara ein Freibad! Touristen besuchen den Ort, um die kunsthistorisch bedeutsame Kirche zu besichtigen oder um von hier einen Abstecher zum Wrack der »American Star« zu unternehmen.

Geschichte

Spätestens seit Ende des 16. Jh.s ist das Gebiet von Pájara besiedelt. Dank des fruchtbaren Bodens entwickelte sich der Ort und erhielt 1711 eine eigene Pfarrei.

Ortsbild

Pájara präsentiert sich als gepflegtes Dorf mit viel Grün. Gut verweilen lässt es sich im Schatten hoher Bäume auf dem Kirchplatz oder in den angrenzenden Grünanlagen. Bei einem Rundgang durch den Ort fallen an verschiedenen alten Bürgerhäusern hübsche kanarische **Holzbalkone** auf. Nicht zu übersehen ist das große Rathaus gegenüber der Kirche. Den Platz davor ziert ein Wasserschöpfrad (**Noria**). Es wurde ehemals von Dromedaren angetrieben. Nach Norden hin begrenzt das Centro Cultural den Kirchplatz.

Sehenswertes in Pájara

★ Iglesia de Virgen de la Regla

Vor allem wegen ihres schönen Hauptportals verdient die Iglesia de Virgen de la Regla Beachtung. Mit dem Bau wurde 1645 begonnen, fertig gestellt wurde er 1687. Das zweite Schiff wurde allerdings erst im 18. Jh. hinzugefügt. Das barocke **Kirchenportal** weist Verzierungen mit aztekischen Motiven auf (man erkennt Schlangen, Federn, wilde Tiere, ja sogar Indianerköpfe). Die Motive ähneln denen der Casa del Capellán in ►La Oliva. Derartige Darstellungen finden sich auf keiner der anderen Kanarischen Inseln. Warum sich die Gemein-

Kirchenportal mit aztekischen Motiven.

de Pájara ein solch ausgefallenes Kirchenportal leistete, ist bis heute nicht geklärt. Vielleicht ließ sich der Künstler von einem um 1700 erschienenen italienischen Vorlagenbuch inspirieren. Möglich ist auch, dass ein zurückgekehrter Emigrant die Anregungen für das Portal lieferte.

Blickfang im Innern (nach Einwurf einer Münze im Vorraum wird der Innenraum beleuchtet) sind die vergoldeten barocken Altäre, die Ende des 18. Jh.s aufgestellt wurden. Der **Hauptaltar** birgt die Figur der Virgen de la Regla. Die Skulptur der Schutzheiligen wird auf das Ende des 17. Jh.s datiert, vermutlich stammt sie aus Mexiko. Beachtung verdienen ferner die schöne Holzdecke im Mudéjar-Stil, der Taufstein aus Granit sowie das »Jüngste Gericht« mit dem Erzengel Michael im Zentrum an der rechten Seitenwand.

Umgebung von Pájara

Toto Verlässt man Pájara in östlicher Richtung, so durchfährt man nach 2 km das Dörfchen Toto. Weiße Häuser inmitten von Getreide- und Gemüsefeldern bieten ein friedliches Bild. Die Ende des 18. Jh.s er-

PAJARA ERLEBEN

ESSEN

► Erschwinglich

Casa Isaítas
Calle Guize 7
Tel. 928 16 14 02
Wer aus Richtung Betancuria kommt, findet die Casa Isaítas gleich am Ortsanfang rechts. Tagsüber werden leckere Tapas serviert (Do. Ruhetag).

► Preiswert

La Fonda
Calle N. S. de la Regla 23
Tel. 928 16 16 25
Auf gute kanarische Küche darf man sich in diesem Lokal gegenüber der Kirche freuen.

ÜBERNACHTEN

► Komfortabel

Casa Isaítas
Calle Guize 7
Tel. 928 16 14 02
Fax 928 16 14 82
www.casaisaitas.com
Fast zwei Jahre nahm die Restaurierung des rund 200 Jahre alten Anwesens in Anspruch, heute gruppieren sich um einen Innenhof vier ansprechend ausgestattete Zimmer.

Jedes Jahr am 2. Juli tragen die Bewohner von Pájara ihre »Virgen de la Regla« durch den Ort.

richtete kleine Kirche des Ortes ist dem hl. Antonius von Padua geweiht.

Wrack der American Star

Ein Ausflug auf holpriger Piste führt von Pájara in westlicher Richtung zum Wrack der »American Star«, die 1994 vor der Küste der Playa de Garcey auf Grund lief (siehe Baedeker Special, S. 188/189). Von Pájara aus erfolgt die Anfahrt zunächst auf der FV 30, nach 2 km biegt man links auf die FV 605 in Richtung La Pared ab, nach weiteren 2 km zweigt rechts eine Piste Richtung Küste ab. Auf ihr erreicht man nach knapp 8 km das Schiffswrack an der **Playa de Garcey**. Das letzte Wegstück verläuft parallel zur Küste, man sieht den Schiffsrumpf bereits in der Ferne aus dem Wasser ragen.

Pozo Negro

J 7

Ein kurzer Kiesstrand, wenige einfache Fischerhäuschen, drei einladende Fischrestaurants und die bedeutendste altkanarische Ausgrabungsstätte ganz in der Nähe – das sind die Attraktionen von Pozo Negro.

Nur wenige Touristen verirren sich in das verschlafene Fischerdorf an der Ostküste Fuerteventuras, gut 20 km südlich von Puerto del Rosario. Lediglich am Wochenende belebt sich die Szenerie, dann

Die »American Star«, einst der Stolz der amerikansichen Marine, heute ein beliebtes Ausflugsziel vor der Playa de Garcey.

GESTRANDET

Es war ein stürmischer Tag, der 17. Januar 1994. Heftige Sturmböen drückten die »American Star« gegen Fuertes Küste. Sie lief auf eine Sandbank auf und zerbrach bald darauf in zwei Teile. Was von dem einstigen Passagierschiff übrig blieb, ist bis heute das Ziel zahlreicher Ausflügler.

Die Geschichte des Luxusliners hatte glorios begonnen. Einen Tag vor Ausbruch des Ersten Weltkrieges war das Schiff von Eleanor Roosevelt in Newport auf den Namen »S.S. America« getauft worden. Während des Krieges übernahm es als »West Point« Truppentransporte und versah nach 1946 viele Jahre lang einen Liniendienst zwischen Bremerhaven und New York. Damals galt es als besonders chic mit dem eleganten Passagierdampfer in die neue Welt zu reisen. Je mehr jedoch das Flugzeug zum bequemen und schnellen Transportmittel wurde, desto mehr verblasste der Ruhm der »America«. Sie wurde 1964 an eine griechische Reederei verkauft, ihr neuer Heimathafen war Piräus. Von hier aus startete sie zu Kreuzfahrten zwischen Europa und Australien. Ein erneuter Besitzerwechsel erfolgte Anfang der neunziger Jahre. Der Käufer wollte die »America« zu einem noblen Hotelschiff ausbauen, das künftig dauerhaft in Phuket/Thailand vor Anker liegen sollte.

Die letzte Reise

Im Schlepptau eines ukrainischen Frachters trat die »**American Star**«, wie sie nun hieß, im Dezember 1993 ihre letzte Reise nach Thailand an. Beide Schiffe gerieten Mitte Januar vor den Kanarischen Inseln in einen orkanartigen Sturm. In den frühen

Morgenstunden des 17. Januar 1994 riss das Schlepptau zwischen beiden Schiffen. Kurz darauf lief die »American Star« vor Fuertes Küste, an der Playa de Garcey, auf Grund. Einen Tag hielt der Luxusliner der donnernden Brandung stand. Dann brach das Schiff auseinander. Innerhalb weniger Stunden spülten die Wellen ungeheure Sandmassen in den offenen Schiffsrumpf. Jeder spätere Bergungsversuch war dadurch zum Scheitern verurteilt.

Schiffstrophäen

Die Majoreros zögerten nicht lange. Sie enterten das Schiffswrack und nahmen mit, was möglich war. Möbel, Geschirr, Rettungsringe, Bullaugen, Türen und Wasserhähne. Selbst die Klaviere in den Salons wurden mit improvisierten Seilzugkonstruktionen aus dem Wrack herausgehievt. Fast die gesamte Einrichtung der **Cafeteria Naufragio** (Schiffsbruch) in Puerto del Rosario stammt von dem Unglücksschiff. Auch in vielen Privathaushalten werden bis heute Trophäen aus dem gestrandeten Schiff aufbewahrt.

Gefährliches Ausflugsziel

Heizöl hatte die »American Star« nicht an Bord gehabt. Umweltbelastungen waren also auszuschließen. So entschied die kanarische Regierung auf eine Sprengung des Schiffswracks zu verzichten und den einstigen Luxusliner Wind und Wellen zu überlassen. Die karge Wüsteninsel hat seitdem ein Ausflugsziel mehr: Wer zu dem Schiffswrack pilgert, sollte sich auf eine holprige Fahrt einstellen (Beschreibung s. S. 187) und keinesfalls zum Wrack hinausschwimmen oder -surfen – das wäre ein lebensgefährliches Abenteuer. In den letzten zehn Jahren haben dabei mehr als 20 Menschen ihr Leben verloren, auch erfahrene Surfer waren darunter!

kommen Einheimische – einige besitzen hier Feriendomizile –, um in der Kiesbucht zu baden oder in den Strandkneipen fangfrischen Fisch zu speisen.

Umgebung von Pozo Negro

✶ Ruinas La Atalayita

Von der Stichstraße, die nach Pozo Negro führt, zweigt nach ca. 3 km rechts eine gut 1 km lange Piste zur einstigen **Guanchensiedlung** La Atalayita ab. Sie endet bei einem nie ganz fertig gestellten, in den Erdboden hineingebauten Besucherzentrum. Auch wenn es nicht geöffnet ist, kann man durch die Glasfront Zeitungsartikel, Abbildungen und Erläuterungen über die altkanarische Bevölkerung anschauen. Ca. 100 m von dem Besucherzentrum entfernt erkennt man **rekonstruierte Wohnhütten** aus mörtellos zusammengefügten Steinen. In einem anderen runden Gebäude wurden Ziegen gehalten, weitere flache, teilweise in den Boden hineingebaute Lavahütten dienten vermutlich zur Aufbewahrung von Lebensmitteln. Man fand bei den Hütten große Haufen mit Muscheln und Schalen von Napfschnecken (concheras), sie waren ein wichtiger Ernährungsbestandteil der altkanarischen Bevölkerung. Angesichts der spärlichen Überreste fällt es schwer sich vorzustellen, wie die Inselbevölkerung in vorspanischer Zeit hier lebte, andererseits gibt es auf den östlichen Kanareninseln keine vergleichbare, leicht zugängliche Ausgrabungsstätte und das macht die besondere Bedeutung der Guanchensiedlung La Atalayita – benannt nach dem Vulkankegel Lomo de Atalayita – aus.

Finca experimental del Cabildo Insular

Nahe der Kreuzung, an der die nach Pozo Negro führende Stichstraße auf die Verbindungsstraße Gran Tarajal – Puerto del Rosario trifft, liegen die Gebäude des staatlichen Versuchsguts der Inselregierung. Hier beschäftigt man sich mit verschiedenen Methoden der Wiederaufforstung ebenso wie mit Viehzucht. Neben Ziegen, Schafen und Schweinen werden auch Dromedare gehalten. Auf kleinen Feldern erprobt man Möglichkeiten zur Intensivierung des Anbaus von Tomaten und Kartoffeln.

Auf dem Gelände der »Finca experimental« wird alljährlich Ende April bzw. Anfang Mai eine **Landwirtschaftsmesse** abgehalten. Neben dem Verkauf und der Präsentation von Vieh, landwirtschaftlichen Produkten und Geräten gibt es ein auch für Touristen interessantes Rahmenprogramm mit Folkloredarbietungen.

Malpaís Grande

Bei der Weiterfahrt Richtung Gran Tarajal durchquert man ein als Malpaís Grande bezeichnetes Gebiet. Es handelt sich um ein ausgedehntes **Lavaschollenfeld**, das bei einem der jüngeren Vulkanausbrüche auf Fuerteventura, vermutlich vor 10 000 Jahren, entstand. Der Lavastrom ist noch kaum verwittert, nur Flechtenarten überziehen das Gestein. Bei Km 33 wurde eine Parkplatz angelegt, von hier aus kann man das Gelände ein Stück zu Fuß erkunden.

Puerto del Rosario

J 4/5

Für Touristen bietet die Hauptstadt von Fuerteventura wenig Interessantes, für die Majoreros ist sie das unumstrittene Handels- und Verwaltungszentrum der Insel.

In den letzten zwanzig Jahren verdreifachte sich die Einwohnerzahl von Puerto del Rosario. Heute sind hier rund 18 000 Menschen gemeldet, im gesamten Gemeindegebiet leben ca. 25 000 Personen. Um dem Status als Inselhauptstadt gerecht werden zu können, versucht man seit einigen Jahren die Attraktivität von Puerto del Rosario zu erhöhen. Zahlreiche ältere Gebäude wurden restauriert, Straßen begrünt und das Kulturangebot erhöht. Im Kulturzentrum (Casa de Cultura) finden regelmäßig viel beachtete Aufführungen und Kunstausstellungen statt. Und das Unamuno-Museum lockt auch Touristen in die Inselmetropole.

! *Baedeker* TIPP

Besuch der Inselmetropole

Für den Besuch von Puerto del Rosario wählt man am besten den Vormittag oder die späteren Stunden am Nachmittag. Unter Mittag sind die wenigen Geschäftsstraßen und die Promenade am Hafen geradezu ausgestorben.
Wer mit dem Auto kommt, muss für die meisten Parkplätze im Zentrum (blaue Zone) einen Parkzettel ziehen. Die Parkdauer beträgt höchstens zwei Stunden. Da die Entfernungen in Puerto del Rosario jedoch gering sind, kann man sein Fahrzeug gut auch etwas weiter außerhalb bzw. in Hafennähe abstellen.

Bereits auf einer italienischen Seekarte von 1426 ist das heutige Puerto del Rosario verzeichnet. Immer wieder ankerten Handelsschiffe in der Bucht, zu einer dauerhaften Besiedlung kam es über Jahrhunderte hinaus jedoch noch nicht. Gegründet wurde Puerto del Rosario erst 1795 unter dem Namen »**Puerto de Cabras**« (= Ziegenhafen). Die Bezeichnung rührte von einer nahe gelegenen Ziegentränke her. Mitte des 20. Jh.s fand man, dass diese Bezeichnung dem Inselhauptort nicht gerecht werden könne, aus Puerto de Cabras wurde 1957 das sehr viel besser klingende »Puerto del Rosario« (= Hafen der Rosenkranzmadonna). Weitere wichtige Jahreszahlen in der Stadtgeschichte sind 1835, als Puerto de Cabras zur selbstständigen Gemeinde erklärt wurde, und 1860, als es **Inselhauptstadt** wurde. Den Aufstieg im 19. Jh. verdankte der »Ziegenhafen« in erster Linie englischen Geschäftsleuten, die von hier Kalk, Soda und den Farbstoff der Cochenille-Laus exportierten. Alle diese Produkte verloren gegen Ende des 19. Jh.s auf dem Weltmarkt an Bedeutung, dementsprechend war die Blütezeit von Puerto de Cabras um die Jahrhundertwende bereits beendet.
Von 1975 bis 1995 war Puerto del Rosario Sitz einer Einheit der spanischen **Fremdenlegion** (bzw. seit 1984 Sitz der Legion), eine Tatsache, die von der Bevölkerung mit unterschiedlicher Begeisterung

aufgenommen wurde. Die Kriminalitätsrate auf Fuerteventura stieg damals dramatisch an. Drei Legionäre waren sogar in einen Mordfall vewickelt, andere an Entführungen eines Flugzeugs bzw. einer Fähre. Mit den Jahren arrangierte man sich jedoch mit den Legionären, und als die Einheit im Dezember 1995 nach Almería (Südspanien) verlegt wurde, bedauerten nicht nur die Wirte im Amüsierviertel den Abzug.

Stadtbild Als Ausgangspunkt für einen Rundgang durch Puerto del Rosario bietet sich die von prächtigen Indischen Lorbeerbäumen bestandene **Plaza de España** am Hafen an. In einer kleinen Markthalle etwas oberhalb werden in den Vormittagsstunden frischer Fisch, Obst und

Puerto del Rosario Orientierung

Übernachten
① Fuerteventura Playa Blanca
② Palace Puerto Rosario
③ Pensión Tamasite

Essen
① Bodegón El Refugio
② Tinguaro V
③ Cafeteria Nau
④ Kiss

PUERTO DEL ROSARIO ERLEBEN

AUSKUNFT

Patronato de Turismo
Avenida de la Constitución 5
Tel. 928 53 08 44, Fax 928 85 16 95
www.cabildofuer.es

EINKAUFEN

Es sei gleich gesagt: Ein Einkaufsparadies ist Puerto del Rosario nicht. Die meisten Geschäfte findet man in der Calle León y Castillo bzw. in der Parallelstraße Calle Virgen de la Peña. Der größte Supermarkt der Insel ist Hiper Dino in der Ausfallstraße Avenida Juán de Béthencourt 43.

ESSEN

► Erschwinglich

Bodegón El Refugio
Calle León y Castillo 14
Tel. 928 53 26 11
Solide spanische Küche. Das Ambiente ist rustikal.

► Preiswert

Tinguaro V
oberhalb der Plaza de España
Tel. 928 85 10 86
Beliebter Treffpunkt für einen Kaffee oder einen Snack. Vom Restaurant schaut man hinab zur Markthalle und zum Hafen, oder man nimmt auf der schattigen Terrasse Platz.

Cafeteria Naufragio
Calle Prim. de Mayo/Jesús y Maria
Ein Teil der originellen Einrichtung stammt aus dem gestrandeten Schiff »American Star«.

Kiss
Calle Primero Mayo 55
Im Kiss hat man die Qual der Wahl zwischen 50 verschiedenen Eissorten. Alle sind hausgemacht! Geöffnet: Mo.–Sa. 10.00–22.00 Uhr.

NACHTLEBEN

Man glaubt es kaum, aber zumindest am Samstagabend ist einiges los in Puerto del Rosario. Man könnte den Abend im »Calle 54« beginnen, der angenehmsten Kneipe der Stadt. Später wechselt man ins »Mama Rumba« (Calle San Roque 17), wo heiße lateinamerikanische Rhythmen auch Nichttänzer begeistern. Weitere Alternativen sind die Discotheken »Camelot« (Calle León y Castillo 12) oder MAFASCA (Calle La Cruz). Ein junges Publikum trifft sich im »Temple« (Calle Teniente Duran 16). Die meisten der genannten Discos öffnen erst um 22.00 Uhr, ab Mitternacht sind sie dann gut besucht.

ÜBERNACHTEN

► Komfortabel

Fuerteventura Playa Blanca
3 km südlich, Richtung Flughafen
Tel. 928 85 11 50, Fax 928 85 11 58
Das an eine Karawanserei erinnernde Gebäude entstand 1966 als Parador. Inzwischen ist das Drei-Sterne-Haus in Privatbesitz, gilt aber dennoch als beste Adresse der Stadt. Hier logieren vor allem Geschäftsleute.

► Günstig

Palace Puerto Rosario
Avenida Ruperto González Negrín 9
Tel. 928 85 94 64, Fax 928 85 22 60
www.hmppuertodelrosario.com
Modernes Mittelklassehotel mit 88 Zimmern an der Promenade von Puerto del Rosario.

Pensión Tamasite
Calle León y Castillo 9
Tel. 928 85 02 80, Fax 928 85 03 00
Einfache Pension mit 16 Zimmern in zentraler Lage (ganz leise ist es also nicht!).

Gemüse verkauft. Von hier sollte man es nicht versäumen, auf der **Hafenpromenade**, der Avenida de los Reyes de España, entlangzuschlendern. Sie wurde in den letzten Jahren neu gestaltet und präsentiert sich heute als hübsche Flaniermeile mit Bänken und Palmen. Einen guten Überblick bekommt man von der bereits im 19. Jh. angelegten Außenmole. Über die Hauptgeschäftsstraße León y Castillo gelangt man dann zur Iglesia Nuestra Señora del Rosario und zum Unamuno-Museum.

Sehenswertes in Puerto del Rosario

Iglesia Nuestra Señora del Rosario Mit dem Bau der der Rosenkranzmadonna geweihten Kirche war bereits 1824 begonnen worden, fertig gestellt wurde sie jedoch erst in den dreißiger Jahren des 20. Jh.s. Im Innern beeindruckt vor allem die kunstvolle Mudéjar-Decke.

Parque de la Ciudad Westlich der Kirche erstreckt sich der Parque de la Ciudad, eine Grünfläche mit Bänken, Bäumen, Kinderspielplatz und Café.

Casa Museo Unamuno Dem spanischen Dichter, Schriftsteller und Philosophen Miguel de Unamuno y Jugo (►Berühmte Persönlichkeiten) wurde 1995 in der Calle Rosario 11 (gegenüber der Kirche) ein Museum gewidmet. Eingerichtet wurde es im ehemaligen Hotel Fuerteventura, in dem sich Unamuno und sein Leidensgenosse, der Abgeordnete und Journalist Rodrigo Soriano, nach ihrer Verbannung auf der Insel einquartiert

Casa Museo Unamuno: hier arbeitete der Dichter während seiner Verbannung.

hatten. Während seines viermonatigen Exils 1924 habe sich Unamuno auf der Dachterrasse des Hotels »nackt gesonnt und dabei geschrieben«, wie in seinem Werk »De Fuerteventura a Paris« zu lesen ist. In den von Unamuno bewohnten Räumen sind Bett, Schreibtisch und weitere Möbelstücke ausgestellt, die der Schriftsteller während seiner Verbannungszeit benutzte. Ergänzt wird die Sammlung durch Fotografien und Dokumente (geöffnet: Mo. – Fr. 9.00 – 13.00 und 17.00 – 19.00, Sa. 10.00 – 13.00 Uhr).

Umgebung von Puerto del Rosario

Playa Blanca

Etwa 4 km südlich von Puerto del Rosario erstreckt sich die vorwiegend von Einheimischen besuchte Playa Blanca. Mit ständigem Verkehrslärm durch den nahen Flughafen ist hier zu rechnen. Mit seinem ummauerten Hofbezirk wirkt das Hotel Fuerteventura Playa Blanca wie eine nordafrikanische Karawanserei.

Parque Holandés

Eine Küstenstraße verbindet Puerto del Rosario mit dem Touristenzentrum Corralejo an der Nordspitze der Insel. Auf dieser Straße passiert man nach ca. 13 km die Urbanisation Parque Holandés. Von den ursprünglich im Holländischen Park geplanten 20 000 Gästebetten wurde bisher nur ein Bruchteil fertig gestellt, seit einigen Jahren wird nun kräftig weiter gebaut. Das Zentrum des Parque Holandés bildet eine recht gelungene weitläufige Ferienanlage mit architektonisch interessanten Bungalows. Dazu gehört eine von Arkaden umgebene Plaza mit Bars, Restaurants und Läden. Als deutlicher Nachteil erweist sich die Tatsache, dass der nächste schöne Sandstrand, die Playa de Corralejo, ca. 10 km entfernt ist.

Tarajalejo

F 8

Im Süden von Fuerteventura liegt nahe dem Istmo de la Pared der Küstenort Tarajalejo. Das Hinterland bildet ein vergleichsweise grünes Tal. Schon wiederholt hat man in den letzten Jahrzehnten versucht, Anteil am »Touristenkuchen« zu bekommen – dem war bisher mäßiger Erfolg beschieden.

Neben dem kleinen Fischerort mit seinen engen Gassen, einigen einfachen Restaurants und Bars entstand am dunklen Sand- und Kiesstrand (daran hat sich auch durch das Aufschütten einiger Lasterladungen mit hellem Sand nichts geändert) eine Ferienanlage. Ein Aparthotel bietet seinen Gästen diverse Sportmöglichkeiten; die angeschlossene Reitschule (Centro Hipico) steht nicht nur Hausgästen zur Verfügung. Die ehemalige Hauptstraße wurde nach Fertigstellung einer Umgehungsstraße zur Promenade umfunktioniert und mit Palmen bepflanzt.

TARAJALEJO ERLEBEN

ESSEN

► Erschwinglich

Don Carlos
Avenida Las Palmas 2
Giniginámar
Tel. 928 87 01 22
In einer Villa wird österreichisch-international gekocht und in elegantem Ambiente serviert (außerhalb der Saison nur abends geöffnet).

► Preiswert

La Baraca
Calle Isidro Díaz
Tarajalejo
Ganz einfaches Lokal direkt am Strand. Von der Terrasse aus kann man dem Meeresrauschen zuhören.

La Brasero
an der Hauptstraße nach Gran Tarajal (bei unten erwähntem Aquarium)
Tarajalejo
Tel. 928 16 11 82
Auch auf Reisegruppen eingestelltes Ausflugslokal mit Pool.

ÜBERNACHTEN

► Komfortabel

Club Hotel Tofio
Avenida de las Palmeras
Tarajalejo
Tel. 928 16 10 01, Fax 928 16 10 28
www.clubhoteltofio.com
Drei-Sterne-Anlage mit 124 Zimmern und 184 Appartements. Angeschlossen ist dem Hotel eine Reitschule.

Aquarium Vom Flughafen kommend, weist ein Schild gleich am Ortsanfang nach rechts zum Aquarium. Der Zugang erfolgt durch das Restaurant El Brasero, in dem man zunächst den stattlichen Eintrittspreis von 4,50 Euro zu begleichen hat. Dafür kann man sich dann einige (recht trübe) Becken anschauen, in denen in kanarischen Gewässern vorkommende Fische gehalten werden (geöffnet: Di. – So. 10.00 bis 18.00 Uhr).

! *Baedeker* TIPP

Wanderung mit Meerblick

Ein alter Pfad verbindet Tarajalejo mit Giniginámar. Die ca. 6 km lange Strecke verläuft immer in Küstennähe, ist aber kein harmloser Spaziergang, sondern verlangt an einigen Stellen Trittsicherheit und Schwindelfreiheit. Da in Tarajalejo die Auswahl an Einkehrmöglichkeiten größer ist, startet man am besten in Giniginámar. Der Weg beginnt am Strand, westlich des Ortskerns, führt dann die Küstenböschung hinauf zur Punta del Morrete und weiter in westlicher Richtung. Er durchschneidet die Punta del Caracol und trifft kurz danach wieder an den Strand. Im letzten Wegstück vor Tarajalejo ist der Pfad kaum mehr begehbar, hier wechselt man zeitweilig auf eine ebenfalls in Küstennähe verlaufende Piste.

Umgebung

Zumindest unter der Woche ist das östlich von Tarajalejo gelegene **Giniginámar** ein abgeschiedener Flecken, obgleich hier auch bereits die ersten Appartementhäuser entstanden sind. Um das Fischerdörfchen zu erreichen, fährt man von Tarajalejo zunächst auf der Hauptstraße Richtung Gran Tarajal, nach 7 km biegt eine Straße nach Giniginámar ab. Am Wochenende teilen sich die Fischer von Giniginámar den flachen Kiesstrand mit einheimischen Ausflüglern.

Tesejerague

Wer Fuerteventura wirklich abseits der Touristenpfade erkunden möchte, sollte von Tarajalejo aus eine Fahrt ins Inselinnere nach Tesejerague unternehmen. Die neue Straße (sie zweigt ca. 3 km nördlich von Tarajalejo bei der Tankstelle von der Straße nach Gran Tarajal ab) erschließt eine karge Landschaft mit einsamen Gehöften und Dörfern. Ab und an setzen Tomatenfelder Akzente in der kahlen braunen Einöde. Einige Häuser, die sich in ihren gelblich-braunen Farbtönen ganz der Umgebung anpassen, sind heute verlassen und verfallen allmählich.

Tefía

G/H 4

Das im Inselzentrum, etwa auf halber Strecke zwischen Casillas del Ángel und La Oliva gelegene, von Bergen umgebene Tefía ist ein schlichtes, weit auseinander gezogenes Dorf mit einem interessanten Freilichtmuseum!

Früher wurde in dieser Inselregion intensiv Landwirtschaft betrieben, heute sind viele der Bauernhäuser verlassen. Ihre ehemaligen Bewohner haben sie aufgegeben, um andernorts nach profitträchtigeren Erwerbsmöglichkeiten zu suchen. Auch zahlreiche in mehr oder minder gutem Zustand befindliche Windmühlen, mit deren Hilfe Grundwasser an die Erdoberfläche gepumpt wurde, zeugen davon, dass in Tefía früher intensiv Landwirtschaft betrieben wurde.

Sehenswertes in Tefía

Ermita de San Agustín

Etwas abseits der Hauptstraße steht die Ermita de San Agustín. Die 1713 errichtete, später vergrößerte Kapelle umgibt eine weiße, von Zinnen gekrönte Mauer.
Auf dem Sportplatz neben der Kirche werden kanarische Ringkämpfe (**lucha canaria**) ausgetragen.

★★ Ecomuseo de la Alcogida

Am südlichen Ortsausgang lädt an der Hauptstraße das Ecomuseo de la Alcogida zum Besuch ein. Das **Freilichtmuseum** umfasst eine Mühle und sieben im traditionellen Stil errichtete Bauerngehöfte, die mit EU-Geldern restauriert wurden und nun – komplett eingerichtet – einen guten Einblick in das ländliche Leben vergangener Tage geben. Wie ehedem wird in einem der Gehöfte Vieh gehalten. Man kann zuschauen, wie Getreide gemahlen, Brot gebacken und Käse hergestellt wird. Auch das traditionelle Kunsthandwerk wird dokumentiert: Ein Töpfer hat seine Werkstatt in dem Freilichtmuseum, in anderen Räumlichkeiten wird genäht und gestickt. Im angeschlosse-

Tefía: Bauernhäuser wurden restauriert und in ein schmuckes Freilichtmuseum verwand

nen Museumsshop werden die Erzeugnisse verkauft. Beim Lösen des Eintrittstickets kann man sich Kopfhörer und Kassettenrecorder für die Audioführung geben lassen (geöffnet: Di. – Fr., So. 9.30 – 17.30 Uhr).

Umgebung von Tefía

Puertito de los Molinos

Am südlichen Ortsausgang von Tefía zweigt ein Sträßchen in westlicher Richtung nach Las Parcelas und Puertito de los Molinos ab. Schon die Fahrt dorthin ist ein angenehmes Erlebnis. Die Straße führt nah an den **Barranco de los Molinos** mit seinen steil abfallenden Basaltwänden heran. Da der Barranco meist etwas Wasser führt, grünt und blüht es hier. Nach 10 km endet die Straße an der Mündung des Barrancos. Hier stellt man das Fahrzeug ab, überquert auf einer kleinen Brücke den Barranco und gelangt zu den Häusern des »Mühlenhäfchens«, die heute fast ausschließlich als Feriendomizile genutzt werden. Die Figur auf dem Dorfplatz stellt die hl. Carmen dar, die Schutzpatronin der Fischer und Seeleute. Zum Verweilen laden zwei Restaurants und ein kleiner schwarzer Sandstrand ein. Vom Südende der Bucht führt ein gepflasterter Weg aufwärts. Er endet nach ca. 50 m bei einem schönen Aussichtspunkt.

Embalse de los Molinos

Nur zu Fuß oder mit dem Jeep erreicht man den **Stausee** Los Molinos. Die Anfahrt erfolgt zunächst auf der Straße nach Puertito de los Molinos. Gleich beim ersten Haus von Las Parcelas zweigt links eine Piste zum Embalse de los Molinos ab. Man erreicht den Stausee nach weiteren 3 km. Er hat ein Fassungsvermögen von 1 Mio. m³ und wurde in den vierziger Jahren des 20. Jh.s angelegt. Eine salzhaltige Quelle am Grund des Stausees sorgte dafür, dass das Wasser des Sees nie zur Bewässerung genutzt werden konnte. Ohnehin ist das Becken, das eine 100 m lange und gut 40 m hohe Staumauer abgrenzt, fast immer leer. Nur nach dem so genannten Jahrhundertregen von 1991 war es für kurze Zeit nahezu randvoll. Am sumpfigen Seeufer wachsen Tamarisken.

! *Baedeker* TIPP

Essen mit Aussicht

Es gibt nur wenige Plätze auf Fuerteventura wo man (zumindest unter der Woche) derart genüsslich und geruhsam speisen kann wie in den beiden Fischlokalen von Puertito de los Molinos. Die Restaurants »Casapon« und »La Terrazza« haben beide eine windgeschützte Terrasse mit herrlichem Meerblick. Das Speiseangebot ist begrenzt, aber wen kümmert das angesichts der schönen Szenerie? Geöffnet sind die Restaurants übrigens meist nur bis 18.00 oder 19.00 Uhr.

Tetir

H 4

Tetir, 10 km nordwestlich von Puerto del Rosario, liegt inmitten eines relativ fruchtbaren Tales. In der Umgebung werden vorrangig Getreide und Opuntien angebaut, doch werden viele Felder heute nicht mehr bestellt. Kaum vorstellbar, dass die kleine Ortschaft Puerto del Rosario einst an Bedeutung übertraf: Bis 1930 war Tetir Verwaltungssitz einer eigenständigen Gemeinde, zu der bis 1835 auch die heutige Inselhauptstadt gehörte.

Schmucke Häuser und eine ansehnliche Palmenallee verweisen auf relativen Wohlstand. Seit 1777 ist die 1745 geweihte **Iglesia de Santo Domingo de Guzmán** Pfarrkirche. Der Turm wurde erst 1883 fertig gestellt. Der teilweise vergoldete Barockaltar im Innern stammt aus dem 18. Jahrhundert.

Umgebung von Tetir

Temejereque

Eine schöne Sicht auf Tetir bietet sich vom nördlich aufragenden Temejereque (511 m ü.d.M.). Zur Sendestation auf dem Gipfel führt eine 3,5 km lange asphaltierte Straße hinauf.

La Matilla

Verlässt man Tetir in nordwestlicher Richtung, so erreicht man nach 4 km die Nachbarortschaft La Matilla, unterhalb des höchsten Berges im Inselnorden, des 689 m hohen Muda. Die Kirche Nuestra Señora del Socorro stammt aus dem 18. Jahrhundert. Obgleich Archäologen auf dem Gipfel des Muda 1986 Kultstätten der Altkanarier freilegten, wurde hier 1991 eine Radaranlage eingerichtet.

El Time Südöstlich von Tetir zweigt von der Straße nach Puerto del Rosario die Zufahrt zum Weiler El Time ab. Der Name – »Time« bedeutet in der Sprache der Altkanarier »Felsklippe« – bezieht sich auf die Lage: Die Ortschaft liegt am Rande eines tief eingeschnittenen Barrancos. Die Kapelle Nuestra Señora de la Merced wurde Anfang des 18. Jh.s erbaut.

Tindaya

H 3/4

Tindaya ist eine winzige Streusiedlung im Norden Fuerteventuras, wenige Kilometer südwestlich von La Oliva, am Fuße des gleichnamigen Berges. In die Schlagzeilen geriet sie in den neunziger Jahren, weil der spanische Bildhauer Eduardo Chillida den Tindaya aushöhlen und zu einem Kunstprojekt machen wollte.

Ihren Lebensunterhalt erwirtschaften die Einwohner von Tindaya nach wie vor überwiegend mit Landwirtschaft, vor allem Tomaten werden angebaut.

Ortsbild Die Häuser von Tindaya liegen weit auseinander zwischen Gärten und Feldern. Den Mittelpunkt bildet der kleine Platz bei der Kirche. Die **Ermita Nuestra Señora de la Caridad** birgt zwei Kunstschätze. Die Gemälde »Josephs Traum« und die »Unbefleckte Empfängnis« werden dem Meister zugeschrieben, der die Wandbilder in der Kapelle von La Ampuyenta geschaffen hat. Die Gemälde, die dringend der Restaurierung bedürfen, werden derzeit in der Sakristei aufbewahrt.

Montaña Tindaya

Altkanarische Felszeichnungen Die Montaña Tindaya ist eine steil ansteigende, äußerst markante Erhebung (397 m ü. d. M.) nördlich der Ortschaft. Den Altkanariern war dieser aus harten, der Erosion trotzenden Ergussgesteinen aufgebaute Berg heilig. Sie kamen auf dem Gipfel zu rituellen Handlungen zusammen. Man fand neben Tonscherben mehr als 100 in den Fels gehauene, schematisierte Darstellungen von Füßen. Diese sind ebenso wie der grandiose Ausblick vom Gipfel für viele Grund genug, den Tindaya zu erklimmen.

Besteigung des Tindaya Um die prähistorischen Gravuren zu schützen, wird die Besteigung des Tindaya mittlerweile jedoch strikt reglementiert. Man benötigt eine Genehmigung, die bei der kanarischen Umweltbehörde (Medio Ambiente, Calle Secondino Alonso / Ecke Calle San Roque, Puerto del Rosario) kostenlos erhältlich ist (Mo. – Fr. 9.00 – 14.00 Uhr). Dem Wachpersonal am Berg muss diese Genehmigung vorgelegt werden. Der Aufstieg auf den Tindaya beginnt an der durch den Ort führenden Hauptstraße, westlich der Kirche. Von hier geht es zunächst auf einer Piste, dann auf einem steilen Pfad aufwärts. Ein Spaziergang ist der Aufstieg nicht, teilweise müssen glatte Felsplatten passiert werden, und stellenweise geht es sehr steil bergauf.

Altkanarische Zeichnung auf dem Tindaya

Monument der Toleranz, Leere und Bescheidenheit

Für internationales Aufsehen sorgte 1997 ein Kunstprojekt des spanischen Bildhauers **Eduardo Chillida**. Er wollte den erloschenen Vulkan Tindaya aushöhlen, ein 50 mal 50 m großer Hohlraum sollte begehbar werden. Licht würde durch zwei Röhren in dieses »Monument der Toleranz, Leere und Bescheidenheit« einfallen. Als Zugang war ein 60 m langer und 15 m hoher Tunnel geplant. Die Regionalregierung der Kanaren unterstützte das Kunstprojekt, bei Umweltschützern stieß es jedoch auf erhebliche Ablehnung. Ihrer Meinung nach würde damit lediglich der 1991 begonnene und später wieder eingestellte Trachyt-Abbau in dem Naturschutzgebiet offiziell legitimiert. Auch nach dem Tod von Eduardo Chillida (1924 – 2002) wurde das gigantische Projekt, bei dem nach Vorstellung Chillidas Mensch und Erde im Kunstwerk wieder zusammen finden, vorläufig nicht aufgegeben. Die Inselregierung investierte Millionen für Untersuchungen über die technische Durchführbarkeit des Projekts, deren abschließendes Ergebnis steht noch aus.

Weitere Ziele in der Umgebung

Ca. 2 km südlich der Ortschaft erhebt sich bei der Montaña Quemada (294 m ü.d.M.) das Denkmal für den spanischen Philosophen und Schriftsteller **Miguel de Unamuno** (► Berühmte Persönlichkeiten), der 1924 für einige Monate nach Fuerteventura verbannt worden war. Man erreicht das weithin sichtbare Monument über eine Piste, die ca. 4 km südlich von Tindaya von der nach Tefía führenden Straße abzweigt. Auf einem Sockel steht die Statue von Unamuno, den Hintergrund bildet eine strahlend weiße Mauer. Das Denkmal wurde bereits 1970 errichtet, offiziell eingeweiht werden durfte es jedoch erst nach Beendigung der Franco-Diktatur.

Playa de Janubio Am Ende einer 10 km langen Schotterpiste, die 3 km südlich von Tindaya von der nach Tefía führenden Straße abzweigt, liegt eine hübsche hellgelbe Sandbucht. Im Sommer trifft man hier mitunter einige Spanier, die am Strand zelten. Sonst hat man den schönsten Strand an der Westküste, die Playa de Janubio, meist für sich allein (wegen der hohen Brandung und gefährlicher Strömungen sollte man jedoch nur im Flachwasserbereich baden).

Vallebrón In das 6 km östlich von Tindaya gelegene Vallebrón kommen nur wenige Touristen, so empfängt den Besucher eine ländliche Idylle. Zu den grünen Terrassenfeldern bilden die lehmfarbenen Gehöfte einen reizvollen Kontrast. Mit einem durchschnittlichen Jahresniederschlag von 200 bis 300 mm gehört die Gegend von Vallebrón zu den niederschlagsreichsten der Insel. Dadurch ist der Grundwasserspiegel hier noch nicht so gesunken wie andernorts auf Fuerteventura. Maulbeer-, Feigen- und Johannisbrotbäume können bisher noch überleben und säumen die kleinen Felder. Die Pfarrkirche aus dem 18. Jh. ist Johannes dem Täufer geweiht. Das Innere beherrscht ein farbenfroher Barockaltar.

Tuineje

G 7

Tuineje, an der durch das Inselzentrum führenden Hauptstraße, ist eines der Verwaltungszentren der sechs Gemeindebezirke auf der Insel – obgleich hier nur ca. 500 Menschen leben.

Längst hat das zu diesem Bezirk gehörende Gran Tarajal den Verwaltungshauptort wirtschaftlich an Bedeutung übertroffen. Das Gebiet um Tuineje ist relativ fruchtbar und wird intensiv landwirtschaftlich genutzt. Vor allem Tomaten werden im Umland angebaut (viele Plantagen wurden jedoch in letzter Zeit wegen Unrentabilität aufgegeben).

Im 18. Jh. war Tuineje mehrfach Ziel von Seeräubern. Gegen englische Piraten konnten sich die Dorfbewohner 1740 erfolgreich verteidigen, ein Ereignis, das in die Annalen als »**Schlacht von Tamacite**« eingegangen ist. In der Absicht, sich der Insel zu bemächtigen, war am 12. Oktober 1740 ein Trupp bei Gran Tarajal an Land gegangen und stieß von dort Richtung Tuineje vor. Eiligst rief der Inselkommandant wehrfähige Bauern zu-

! *Baedeker* TIPP

Historienspektakel

In Erinnerung an die »Schlacht von Tamacite« wird seit 1974 alljährlich die Fiesta de San Miguel gefeiert. Höhepunkt des mehrtägigen Festes um den 13. Oktober herum ist die Aufführung des Historienspektakels, in dem die Schlacht nachgestellt wird. In historische Kostüme gewandet, feiern die Bewohner von Tuineje ihren eindrucksvollen Sieg.

Nur noch wenige Menschen leben heute von der Landwirtschaft ...

sammen, die 2 km vor Tuineje an der Montaña de Tamacite auf die gut ausgerüsteten Briten trafen. Dennoch gelang es, die Eindringlinge ohne nennenswerte eigene Verluste zu besiegen. Als hilfreich erwiesen sich dabei Dromedare, die die mit nur fünf Gewehren bewaffneten Majoreros mit sich führten; in ihrem Schutz konnten sie vordringen und die militärisch überlegenen Engländer schließlich überwältigen. Sie erbeuteten dabei zwei Kanonen, die am Eingang des Heimatmuseums in ► Betancuria aufgestellt sind. Der Sieg ist noch heute Anlass, um alljährlich in der Woche um den 13. Oktober die **Fiesta de San Miguel** zu feiern.

Iglesia de San Miguel Arcángel

Die zweischiffige Pfarrkirche von Tuineje ist dem Erzengel Michael geweiht. Sie wurde 1790 vollendet. In der zentralen Nische des Hauptaltars steht die Figur des Erzengels. Historisch interessant ist das Gemälde am Altarsockel. Es zeigt die oben erwähnte **Schlacht von Tamacite**. Auffallend ist, dass damals noch sehr viel mehr Bäume rund um Tuineje standen. Die Pfarrkirche umgab im 18. Jh. – wie das noch heute in anderen Ortschaften von Fuerteventura (z.B. in La Ampuyenta) der Fall ist – eine Wehrmauer.

Umgebung von Tuineje

Tiscamanita

Das Dorf Tiscamanita, 4 km nördlich von Tuineje, zeichnet sich ebenso wie Tefía, Antigua oder La Oliva durch einige schöne Mühlenexemplare aus. Die Inselregierung hat diese Ortschaften durch eine »**Ruta de los Molinos**« miteinander verbunden.

Centro de Interpretación Los Molinos ►

In Tiscamanita wurde in einer restaurierten Mühle sowie im Haus des Müllers ein Besucherzentrum eingerichtet, das Centro de Interpretación Los Molinos (geöffnet: Di. – Fr., So. 9.30 – 17.30 Uhr). Man erhält hier Hintergrundinformationen über Konstruktion und Funktion der unterschiedlichen Mühlentypen, kann zuschauen, wie Weizen gemahlen wird, und testen wie das daraus hergestellte Gofio schmeckt. Die im ausgehenden 17. Jh. errichtete Kirche von Tiscamanita ist dem hl. Markus geweiht. Die Fassade erhielt ihr heutiges Aussehen 1750.

Malpaís Grande

Östlich von Tuineje und Tiscamanita erstreckt sich ein als »Malpaís Grande« bezeichnetes Lavafeld. Dieses »schlechte Land« entstand bei den jüngsten vulkanischen Aktivitäten auf Fuerteventura, vermutlich vor 10 000 Jahren. Die herausströmende erkaltende Lava hat hier zerklüftete, bizarre Formen geschaffen, die sich deutlich von älteren Gesteinsschichten abheben. Will man sich einen Überblick über das Malpaís Grande verschaffen, so verlässt man Tiscamanita bei der Bushaltestelle in östlicher Richtung. Man folgt einer Piste ca. 3 km, hält sich dann 400 m hinter der Hochspannungsleitung rechts und folgt dem Weg noch ca. 200 m. Vom Rand der **Caldera de la Laguna/** der die Lavamassen entströmten, schweift der Blick über das Lavafeld und den Inselsüden. An der Caldera de la Laguna wird Vulkanasche abgebaut, die für Pflanzen unentbehrliche Nährstoffe liefert.

Ermita de Guadalupe von Agua de Bueyes

Agua de Bueyes

An die Häuser von Tiscamanita grenzt nach Norden hin die Ortschaft Agua de Bueyes, was übersetzt »Ochsenwasser« bedeutet. Beachtenswert im Ort ist die Ende des 17. Jh.s erstmals erwähnte **Ermita de Guadalupe**. Sie birgt die mexikanische Skulptur der Virgen de Guadalupe, die 1759 auf die Insel kam. Heute ist sie allerdings als Virgen de la Lluvia bekannt, als Regenmadonna. Diesen Ehrentitel verdankt sie einem Ereignis Ende des 18. Jh.s. Nach monatelanger extremer Trockenheit holten die Bewohner der Region eines Tages »ihre Jungfrau« aus der Kirche, trugen sie in einer Prozession auf die Felder und baten inständig um Regen. Das Wunder geschah: Schon auf dem Rückweg begann es heftig zu regnen. Diese gute Tat hat man der Regenmadonna nie vergessen, alljährlich um den 28. Februar begeht man mit diversen Feierlichkeiten die Fiesta del Agua.

Valle de Santa Inés

G 5

Die Fahrt in das nur wenige Kilometer nördlich von Betancuria inmitten eines relativ breiten fruchtbaren Tales gelegene Valle de Santa Inés lohnt sich nur für denjenigen, der das abgeschiedene ländliche Fuerteventura kennen lernen will.

Abgesehen von einer kleinen Kapelle, einer schön restaurierten Mühle (am nördlichen Ortsrand) und einer besuchenswerten Töpferwerkstatt (Taller de Artesanía Cerámica) kann Valle de Santa Inés mit keinen Sehenswürdigkeiten aufwarten. Auf einsamen Pfaden kann zur Westküste wandern, z.B. zur Punta de Caletones.

VALLE DE SANTA INÉS ERLEBEN

ESSEN

▸ Erschwinglich

Abuelo Alfredo
Hauptstraße in Valle de Santa Inés
Tel. 928 87 87 64
Großes nur mittags geöffnetes Restaurant. Typisch kanarische Küche.

ÜBERNACHTEN

▸ Günstig

Aguas Verdes
Aguas Verdes
Tel. 928 87 83 50
Fax 928 87 83 27
www.aguas-verdes.com
Ferienanlage unter deutscher Leitung mit 70 Appartements. Der nächste Strand ist 600 m entfernt. Zum Sportangebot gehören Squash und Tennis, zudem werden Wanderungen organisiert.

Ermita de San Bartolomé

Die Ortschaft soll ihren Namen einer Stiftung verdanken. Zu Ehren ihrer Namenspatronin ließ Inés Peraza hier 1589 eine Kapelle errichten – der Name der Gönnerin wurde auf die Ortschaft übertragen. In ihrer heutigen Form stammt die Ermita de San Bartolomé aus dem 17. Jahrhundert. Sie besitzt ein holzgeschnitztes Portal, das der aus Antigua stammende José Melián Martín 1968 kunstvoll verzierte.

Umgebung von Valle de Santa Inés

Llanos de la Concepción

Im nördlichen Nachbarort Llanos de la Concepción beeindrucken eine schön restaurierte Windmühle sowie eine Noría, ein Wasserschöpfrad.

Aguas Verdes

In Llanos de la Concepción zweigt eine asphaltierte Straße Richtung Westküste ab. Sie führt zur Ferienanlage Aguas Verdes und endet nach 13 km an der Küste.

★ Vega de Río de las Palmas

F/G 6

Vega de Río de las Palmas oder kurz Vega de Río Palma ist mit seinen inmitten von winzigen Terrassenfeldern stehenden weißen und braunen Häuschen eine malerische Ortschaft. Auf der kleinen Plaza vor der Kirche – sie birgt das größte Heiligtum der Insel – scheint die Zeit stehen geblieben zu sein.

Die Ortschaft liegt etwa 5 km südwestlich von Betancuria, im Barranco de las Peñitas, einem der landschaftlich reizvollsten Gebiete Fuerteventuras. Zwar führt der Barranco heute nur noch in Ausnahmefällen Wasser, doch ist ausreichend Grundwasser vorhanden, damit einige Palmen gedeihen, Tomaten und andere Gemüsearten angebaut werden können. Es ist kaum noch vorstellbar, dass das Tal im 16. Jh. von einem ganzjährig fließenden Gebirgsbach durchzogen wurde. Die Inseleroberer Jean de Béthencourt und Gadifer de la Salle mussten sich durch den reißenden Bach bzw. durch dichtes Gestrüpp ins Inselinnere vorkämpfen.

! *Baedeker* TIPP

Kulinarischer Genuss

Auf dem zentralen Platz von Vega de Río de las Palmas, nur wenige Schritte von der Kirche entfernt, findet man das Café/Restaurant »Don Antonio«. In hübschem Ambiente kann man hier deutsch-kanarische Küche genießen. Wer nur einen Kaffee trinken möchte, nimmt am besten gleich an einem der Tische auf der Plaza Platz. Geöffnet: Mi. – So. 11.00 – 17.00, Fr. und Sa. bis 22.00 Uhr. Gehobenes Preisniveau.

Fuerteventuras wohl schönste Palmenoase: Vega de Río de las Palmas →

Sehenswertes in Vega de Río de las Palmas

Ermita de la Virgen de la Peña

Die im 17./18. Jh. errichtete einschiffige Kirche von Vega de Río de las Palmas birgt die kleine Alabasterstatue der Virgen de la Peña. Die nur 23 cm große spätgotische Marienfigur in der Zentralnische des Hauptaltars hat vermutlich bereits Jean de Béthencourt mit nach Fuerteventura gebracht. Der Virgen de la Peña wurde die erste Kirche der Insel in Betancuria geweiht. Bei dem Piratenangriff 1593, dem zahlreiche Gebäude in der Inselhauptstadt zum Opfer fielen, konnte sie rechtzeitig in Sicherheit gebracht werden. Das Versteck im Barranco de las Peñitas war so gut, dass man die kleine Statue erst Jahre später wiederfand (an dieser Stelle steht heute eine Kapelle). Die Marienfigur verblieb fortan in der Kapelle von Vega de Río de las Palmas. Seit 1675 ist die »Felsjungfrau« die **offizielle Inselschutzheilige**. Alljährlich am dritten Samstag im September finden ihr zu Ehren eine große Prozession und im Anschluss daran eine ausgelassene Fiesta statt. Geöffnet ist die Kirche Di. – So. 11.00 – 13.00 und 17.00 – 19.00 Uhr.

Umgebung von Vega de Río de las Palmas

★ Wanderung in den Barranco de las Peñitas

Vega de Río de las Palmas ist Ausgangspunkt für eine der schönsten Wanderungen, die man auf Fuerteventura unternehmen kann. Nahe dem südlichen Ortsausgang biegt von der Hauptdurchgangsstraße

Auf dem Weg zum Peñitas-Stausee

die Zufahrt zum Embalse de las Peñitas ab. Man folgt der Straße bis zum Ortsausgang, hält sich dann rechts und geht im meist ausgetrockneten Barranco in westlicher Richtung zum Stausee. Nach einer Gehzeit von ca. 15 Min. (nach Verlassen der Straße) steigt man auf deutlich erkennbarem Pfad nach rechts aufwärts. Der Weg verläuft oberhalb der Staumauer des 1942 angelegten, heute weitgehend versandeten Embalse de las Peñitas. Doch ist genügend Wasser vorhanden, um hier allmählich ein idyllisches Feuchtbiotop zu schaffen. Das dichte Gebüsch und Schilf bevölkern zahlreiche Vogelarten. Hinter dem Stausee geht es weiter auf einem befestigten Pfad. Schon nach wenigen Minuten nähert man sich der winzigen **Ermita de la Peña**. Die Kapelle steht an der Stelle, an der man im 17. Jh. die zuvor erwähnte Alabasterstatue der Virgen de la Peña wiedergefunden hat. Der Rückweg nach Vega de Río de las Palmas erfolgt auf derselben Strecke; für die insgesamt 6 km lange Tour muss man ca. 1,5 Std. einplanen.

REGISTER

a

b

c

d

e

f

g

h

i

j

k

VERZEICHNIS DER KARTEN & GRAFISCHEN DARSTELLUNGEN

BILDNACHWEIS

AKG S. 52 (oben)
Baedeker Archiv S. 96, 98, 99, 100, 101, 114 (Mitte)
Bilderberg/Alstills S. 4 (rechts), 111 (unten), 147
Bilderberg/Ellerbrock S. 11 (unten), 12 (unten), 69, 203
Bilderberg/Grames S. 10, 93, 118, 144, U4 (links)
Bilderberg/Peterschröder S. 84
Bilderberg/Schmitz S. 48
Borowski S. 1, 30, 34 (2 x), 38, 39, 46, 64, 76, 82, 86, 109, 110, 111 (Mitte), 114 (oben), 114 (unten links), 117 (Mitte und unten), 117 (unten), 120 (oben u. unten links), 123, 127, 129, 136, 140, 149, 150, 158, 186, 198
dpa S. 54
dpa/picture alliance S. 52 (unten)
Friedrichsmeier/Widmann S. 44, 125, 178, 207
HB Verlag/Lumma S. 7 (unten), 91, 117 (Mitte links), 135, 151, 157, 160, 163 (oben), 163, (Mitte), 163 (unten rechts), 165 (2 x), 166, 167, 173, 201 (unten)
HB Verlag/Widmann S. 7 (oben), 19, 26, 32, 41, 56/57, 73, 78, 108/109, 117 (oben rechts), 201 (oben), U4 (rechts)
HB Verlag/Zaglitsch S. 4 (links), 5 (rechts), 61, 67, 80, 88, 117 (oben links), 131, 163 (unten links), 169, 171, 183, 194, 205
IFA Bilderteam S. 29
laif/Kristensen S. 12 (Mitte), 133
laif/Neumann S. 3, 6, 105, 111 (oben), 122/123, 142, 187
laif/Tophoven S. 11 (oben), 176
Look/Frei S. 13, 14, 21, 47, 50, 114 (unten rechts), 152, 189, 208
Look/Limberger S. 11 (Mitte), 184, U2
Look/Richter S. 8/9, 12 (oben), 57, 141, 155, 204
Dr. Missler S. 9, 120 (oben rechts)
Wrba: S. 5 (links), 97, 120 (unten rechts)

Titelbild: laif/Modrow
Hintere Umschlagseite (Klappe): Look/Frei

IMPRESSUM

Ausstattung:
136 Abbildungen, 16 Karten und grafische Darstellungen, eine große Inselkarte
Text:
Birgit Borowski, Achim Bourmer
Bearbeitung:
Baedeker Redaktion (Birgit Borowski)
Kartografie:
Christoph Gallus, Hohberg; MAIRDUMONT GmbH & Co KG; Ostfildern (große Inselkarte)
Gestalterisches Konzept:
independent Medien-Design, München; Kathrin Schemel

Sprachführer in Zusammenarbeit mit Ernst Klett Sprachen GmbH, Stuttgart, Redaktion PONS Wörterbücher

Chefredaktion:
Rainer Eisenschmid, Baedeker Ostfildern

6. Auflage 2006

Urheberschaft:
Karl Baedeker Verlag, Ostfildern
Nutzungsrecht:
MAIRDUMONT GmbH & Co KG; Ostfildern

Printed in China
Gedruckt auf 100% chlorfrei gebleichtem Papier

BAEDEKER VERLAGSPROGRAMM

- Ägypten
- Algarve
- Amsterdam
- Andalusien
- Athen
- Australien
- Bali
- Baltikum
- Barcelona
- Belgien
- Berlin
- Bodensee
- Brasilien
- Bretagne
- Brüssel
- Budapest
- Bulgarien
- Burgund
- Chicago • Große Seen
- China
- Costa Blanca
- Costa Brava
- Dänemark
- Deutsche Nordseeküste
- Deutschland
- Djerba • Südtunesien
- Dominikanische Republik
- Dresden
- Elba
- Elsass • Vogesen
- Finnland
- Florenz
- Florida
- Franken
- Frankfurt am Main
- Frankreich
- Französische Atlantikküste
- Fuerteventura
- Gardasee
- Germany (engl.)
- Gomera
- Gran Canaria
- Griechenland
- Griechische Inseln
- Großbritannien
- Hamburg
- Harz
- Hongkong
- Indien
- Irland
- Island
- Israel
- Istanbul
- Italien
- Italien • Norden
- Italien • Süden
- Italienische Adria
- Italienische Riviera
- Japan
- Jordanien
- Kalifornien
- Kanada
- Kanada • Osten
- Kanada • Westen
- Kanalinseln
- Kenia
- Köln
- Kopenhagen
- Korfu
- Ionische Inseln
- Korsika
- Kos
- Kreta
- Kroatische Adriaküste • Dalmatien
- Kuba
- Kykladen
- La Palma
- Lanzarote
- Lissabon
- Loire
- Lombardei • Mailand • Oberitalienische Seen
- London

- Madeira
- Madrid
- Malaysia
- Malediven
- Mallorca
- Malta • Gozo • Comino
- Marokko
- Mecklenburg-Vorpommern
- Menorca
- Mexiko
- Moskau
- München
- Namibia
- Nepal
- Neuseeland
- New York
- Niederlande
- Norwegen
- Oberbayern
- Österreich
- Paris
- Peking
- Polen
- Portugal
- Prag
- Provence • Côte d'Azur
- Rhodos
- Rom
- Rügen • Hiddensee
- Sachsen
- Salzburger Land
- San Francisco
- St. Petersburg
- Sardinien
- Schottland
- Schwäbische Alb
- Schwarzwald
- Schweden
- Schweiz
- Seychellen
- Sizilien
- Skandinavien
- Slowenien
- Spanien
- Sri Lanka
- Stuttgart
- Südafrika
- Südengland
- Südtirol • Dolomiten
- Sylt
- Syrien
- Teneriffa
- Tessin
- Thailand
- Toskana
- Tschechien
- Tunesien
- Türkei
- Türkische Mittelmeerküste
- Umbrien
- Ungarn
- Usedom
- USA
- USA • Nordosten
- USA • Südstaaten
- USA • Südwesten
- Venedig
- Vietnam
- Washington DC • Capital Region
- Weimar
- Wien
- Zypern

LIEBE LESERINNEN, LIEBE LESER,

ein herzliches Dankeschön, dass Sie sich für einen Baedeker Allianz Reiseführer entschieden haben. Er wird Sie zuverlässig auf Ihrer Reise begleiten und Sie nicht im Stich lassen.
Natürlich beschreibt er die wichtigen Sehenswürdigkeiten, aber er empfiehlt auch die besten Surf- und Tauchmöglichkeiten, dazu Hotels für den großen und kleinen Geldbeutel, gibt Tipps für Restaurants, Shopping und für vieles mehr, was eine Reise zum Erlebnis macht. Dafür hat Redakteurin Birgit Borowski Sorge getragen. Sie ist für Sie regelmäßig nach Fuerteventura gereist und hat all ihre Erfahrungen in diesen Reiseführer gepackt.

Trotzdem: Die Erfahrung zeigt, dass Fehler und Änderungen nach Drucklegung, für die der Verlag keine Haftung übernehmen kann, nicht ausgeschlossen werden können. Für Kritik, Berichtigungen und Verbesserungsvorschläge sind wir Ihnen außerordentlich dankbar. Schreiben Sie uns, mailen Sie uns oder rufen Sie an:

► **Verlag Karl Baedeker GmbH**
Redaktion
Postfach 3162
D-73751 Ostfildern
Tel. (0711) 4502-262, Fax -343
E-Mail: info@baedeker.com

Besuchen Sie uns auch im Internet unter www. baedeker.com. Hier finden Sie jeden Monat den aktuellen Reisetipp der Redaktion und das gesamte Verlagsprogramm. Hier können Sie auch lesen, wer Karl Baedeker war und wie er seinen ersten Reiseführer geschrieben hat. Mit seinen über 175 Jahren ist der Karl Baedeker Verlag der älteste Reiseführer-Verlag der Welt.

www.baedeker.com

ZU GEWINNEN: STADTREISE NACH LONDON

Unter allen Einsendungen verlost der Verlag am Jahresende – unter Ausschluss des Rechtswegs – eine Städtekurzreise für zwei Personen nach London.
Freuen Sie sich auf ein spannendes Wochenende in London. Natürlich ist ein Baedeker Allianz Reiseführer London auch dabei!